Mila Kuhn

Tafeldienst – Eine Mutter wechselt die Seiten

Topicus

Das Buch

»Ich mochte sie alle, die ganze Bande. Die Braven wie die Aufmüpfigen, die Scheuen wie die Quatschbacken, die Pflegeleichten wie jene, die mir auch noch den letzten Nerv verödet haben.«

Als Mutter hatte Mila Kuhn an den Lehrkräften ihrer Kinder so einiges auszusetzen. Doch dann wagt sie ein Experiment und unterrichtet als Quereinsteigerin in einer Grundschule. Sie erlebt einen radikalen Perspektivwechsel: Die Schwarmintelligenz der Klasse ist ein ernst zu nehmender Gegner, und Unterrichten mit freundlichem Humor kann nur, wer sich zuvor die Position des Alphatiers der Klasse erkämpft hat.

Mit Witz, Einfühlungsvermögen und Mut zur Improvisation beißt sich Mila Kuhn durch und berichtet nun über die unzähligen skurrilen und unfreiwillig komischen Szenen, die an jedem neuen Schultag auf sie warteten – eine sehr unterhaltsame und erfrischend ehrliche Momentaufnahme des täglichen Wahnsinns an deutschen Schulen.

Die Autorin

Mila Kuhn, geboren 1966, ist seit ihrem Magisterabschluss in Germanistik Journalistin und arbeitete unter anderem für die Westdeutsche Zeitung. Seit 20 Jahren ist sie Freelancerin und verfasst Artikel für Online-Magazine und Tageszeitungen, aber auch Newsletter sowie Texte für Apps und Werbeagenturen. 2018 wagte die Mutter von zwei Kindern den Sprung ins kalte Wasser und unterrichtete für einige Monate an einer Brennpunktschule bei Wuppertal. Über ihre Erfahrungen berichtete sie anschließend in mehreren großen Tageszeitungen. Die lebhafte Resonanz auf diese Artikel zeigte ihr, wie groß das Interesse an den Themen Lehrermangel und den Stärken und Schwächen unseres Bildungssystems ist. So entstand »Tafeldienst – Eine Mutter wechselt die Seiten«, in dem die Autorin mit viel Humor von ihren Erlebnissen erzählt.

Mila Kuhn

TAFEL DIENST

Eine Mutter
wechselt
die Seiten

Topicus

Deutsche Erstveröffentlichung bei
Topicus, Amazon Media EU S.à r.l.
38, avenue John F. Kennedy, L-1855 Luxembourg
November 2020

Umschlaggestaltung: semper smile, München, www.sempersmile.de
Umschlagmotiv: © The_Pixel / Shutterstock; © Aniwhite / Shutterstock;
© Anna Frajtova / Shutterstock; © autsawin uttisin / Shutterstock;
© OctoPaper / Shutterstock; © Valeriya_Dor / Shutterstock
1. Lektorat: Judith Zimmer, Hamburg
2. Lektorat, Korrektorat und Satz: VLG Verlag & Agentur,
Haar bei München, www.vlg.de
Gedruckt durch:
Amazon Distribution GmbH, Amazonstraße 1, 04347 Leipzig /
Canon Deutschland Business Services GmbH, Ferdinand-Jühlke-Straße 7,
99095 Erfurt /
CPI books GmbH, Birkstraße 10, 25917 Leck

ISBN 978-2-49670-515-7

www.topicus-verlag.de

Inhalt

Vorwort 11

1. Die Brennpunktschule – Quereinsteigers Liebling 17

2. Mein erster Schultag – und ewig grüsst das i-Dötzchen 25

3. Das »System Elfmeter« 35

4. Das Lehrerzimmer – die verbotene Zone 49

5. »Wir üben jetzt den ›Moonwalk‹« 66

6. Sexualkunde – Scham-Offensive im Klassenzimmer 75

7. Der Schulgottesdienst ist aus – Gotzerdank! 82

8. »Mein liebstes türkisches Essen sind Pommes!« 95

9. Jedes Kind ist hochbegabt! 101

10. Bitte (nicht) petzen! Warum Verräter nützlich sind 111

11. »Mein Kind hat keinen Förderbedarf – es ist nur besonders!« 120

12. Inklusion – frisch gewagt ist halb verloren 129

13. Und leise kichern die »Twerge« 142

14. Lehrer wissen alles – oder? 155

15. Der kürzeste Lehrerwitz der Welt:
Es ist Pause! 165

16. Tod an der Tafel oder:
»Sie gab alles bis zum Schluss!« 173

17. »Nein, Sabrina, du gehst jetzt nicht aufs Klo!« 184

18. Mikrokosmos Morgenkreis 195

19. »Meine Mutter sagt aber, man rechnet
das anders!« 205

20. Sportfest: Ball in den Bauch –
und das Wetter war ja auch so schön! 214

21. Die Mathematik der Gefühle 232

22. Im Zentrum der Macht:
Innenansichten der Zeugniskonferenz 243

23. Hauptfach »Glück« 255

24. Showdown – I love you everybody! 269

Nachwort 281

Hinweis 283

Anmerkungen 284

Für Elina und Marius

Vorwort

Die zehnjährige Joyce besitzt laut Gutachten »wenig Impulskontrolle«. Das betrifft vor allem ihren Impuls, ununterbrochen in die Klasse zu rufen. Irgendwann platze ich: »Joyce! Halt. Jetzt. Endlich. Mal. Die. Klappe!!« Ooops. Und schon tönt ein Kind von hinten vorwurfsvoll: »Frau Kuhn! Das dürfen Sie aber nicht sagen!«

In der Pause mache ich eine vorsichtige Umfrage bei den Kolleginnen. »Klar darfst du das sagen, wieso nicht?«, findet eine. Eine andere aber guckt mich ziemlich empört an. Ich höre sie förmlich denken: »Keine pädagogische Ausbildung, eh? Das merkt man!«

Ich seufze innerlich. Oft hatte ich getönt, dass ich Grundschullehrerin werden würde, wenn ich noch mal jung wäre. Sie wissen schon: all die Freizeit, sich schon am frühen Nachmittag auf dem Liegestuhl aalen, drei satte Monate Ferien pro Jahr – hach! Kommt dann vielleicht ein Baby, verschwindet frau erst einmal ein paar Jahre in den Erziehungsurlaub, bevor sie mit einer Ministundenzahl gemütlich wieder einsteigt. Und überhaupt: Eine Grundschulklasse ist für eine Lehrerin doch nun wirklich noch einfach zu *handeln*. Die Kinder sind hier schließlich noch ziemlich »klein«. Doch was ich jetzt erlebe, hat mit solchen Tagträumen so gar nichts zu tun.

Eigentlich bin ich Journalistin. Ich beschritt dabei den üblichen Weg: Nach dem Studium machte ich zuerst ein

Volontariat bei einer Tageszeitung und arbeitete dort anschließend noch zwei Jahre als Redakteurin, bis unser erstes Kind kam. In Zeitungsredaktionen mit ihren Fünfzigstundenwochen, Spät- und Sonntagsdiensten sind Mütter ungefähr so erwünscht wie eine hartnäckige Schimmelblüte an den Wänden. Meine Arbeitszeiten wären mit den Öffnungszeiten einer Kita aber sowieso nicht kompatibel gewesen, und frauenfreundliche Teilzeitstellen waren in Zeitungsredaktionen nicht vorgesehen. Deshalb wurde ich erst mal Freelancerin. Ich schrieb für Tageszeitungen und Online-Magazine *Content,* also Artikel, Newsletter oder auch Handy-Apps. Es gab gute und magere Jahre. Denn wir freien Journalisten leben von der Hand in den Mund, wir sind die Stiefkinder und Klinkenputzer der Branche. Unsere Texte verstauben nicht selten erst mal in entlegenen Dateiordnern, bis sie den Redakteuren wieder einfallen oder von einem dienstfertigen Aufräumprogramm gleich selbsttätig gelöscht werden. Und bezahlt wird sowieso meist erst Wochen oder Monate später. Irgendwann schloss dann auch noch mein wichtigster Auftraggeber, der mir bis dahin ein wenigstens einigermaßen regelmäßiges Einkommen ermöglicht hatte, seine Pforten. Gleichzeitig fing meine Tochter mit ihrem Studium an, und das kostet bekanntlich Geld. Seufzend befand ich, dass ein fester Job mit absehbaren Einnahmen jetzt auch mal ganz schön wäre.

Eine Freundin hatte mir von der Option erzählt, auch ohne Lehramtsausbildung eine Stelle als Lehrerin zu bekommen. Ich konnte kaum glauben, dass das möglich sein sollte. Aber in NRW geht das tatsächlich, sofern es sich um eine reine Vertretungsstelle handelt und diese zeitlich befristet ist.[1] Der Lehrermangel ist hier (wie in vielen anderen Bundesländern) so groß, dass man es sich nicht leisten kann, besonders wählerisch zu sein. In der Not frisst der Teufel bekanntlich Fliegen, und Schulleiter stellen Menschen ein, die seit ihrer Kindheit kein Klassenzimmer mehr von innen gesehen haben.

Auf einmal bot mir das Leben also – was ja nicht so oft vorkommt – die Chance, meinen alten Tagtraum wahr werden zu lassen.

Langsam fing der Gedanke an, mir zu gefallen. Hier würde sich gleichzeitig noch eine weitere unverhoffte und durchaus verführerische Möglichkeit bieten: nämlich das, was mich an den Lehrern meiner Kinder immer gestört hatte, selbst besser zu machen. Nicht selten hatte ich mit anderen Müttern gelästert: wie wenig eine Lehrerin oder ein Lehrer offenbar bei einem auffälligen Kind durchgriff, wie schlecht manche Aufgaben erklärt wurden, wie ungeeignet eine bestimmte Rechenmethode für unsere armen Kinder war. Jetzt aber könnte ich die Sache quasi in die eigenen Hände nehmen, könnte alles besser machen.

Aber … wollte ich meinen Tagtraum überhaupt an der Wirklichkeit messen? Ich kam ins Grübeln. Okay, ich hatte Germanistik studiert, konnte auch ein bisschen Mathe. Für die Grundschule reichte das bestimmt, was brauchte man da schon mehr? (Eine Menge, aber das verdrängte ich erst mal.) Sehr realistisch kam mir das Ganze trotzdem nicht vor. Ich ging davon aus, dass es sowieso nicht klappen würde. Ernsthaft – wer stellt denn jemanden als Lehrkraft ein, der noch nie vor einer Klasse gestanden hat? Probieren konnte ich es ja, sozusagen fürs gute Gewissen und um hinterher sagen zu können, dass ich es wenigstens versucht hatte.

Wer hätte gedacht, dass es tatsächlich funktionieren würde? Dass mir so ziemlich die spannendste, aber auch beängstigendste Zeit meines Lebens bevorstand? Und dass ich Einblicke in die Realität einer deutschen Schule bekommen würde, die mich sprach- und ratlos machten? Nie habe ich in so kurzer Zeit so viel gelernt wie bei diesem Sprung ins (verdammt) kalte Wasser, und noch nie habe ich monatelang so wenig geschlafen. Ich habe völlig unbekannte Seiten an mir entdeckt, und all meine Gewitztheit als Mutter zusammengekratzt, um statt mit nur zwei gleich mit 30 Kindern klarzukommen.

Vor allem aber habe ich – in Ermangelung einer pädagogischen Ausbildung – gelernt, meiner Intuition zu vertrauen. Denn wie ein kluger Satz besagt, den ich einmal gelesen habe: Intuition ist geballte Intelligenz, nur schneller. Und schnell sein muss man als Lehrerin. Eine Klasse besitzt eine hochenergetische Schwarmintelligenz, und sie bietet einem fast sekündlich die Chance, komplett baden zu gehen, wie ich bald erleben durfte.

Überhaupt ist die Sache mit der Schnelligkeit die vielleicht größte Herausforderung am Direkteinstieg.[2] Denn dieser Blitzstart in einen völlig neuen Beruf hat etwas Surreales. Als Seiteneinsteiger leidet man in der ersten Zeit förmlich an einer Art Schizophrenie: Während ich mühsam so tat, als sei ich Lehrerin, sah ich mir gleichzeitig selbst dabei zu. Und fragte mich einigermaßen fassungslos, was genau ich da eigentlich machte.

Es dauerte viele Wochen, bis ich mich im Klassenzimmer nicht mehr fühlte, als hätte ich aus Versehen die falsche Tür genommen und wäre mitten in einem Theaterstück auf die Bühne gestolpert.

1.

Die Brennpunktschule – Quereinsteigers Liebling

Im Flur sehe ich den Schulleiter auf mich zukommen und setze schnell mein – hoffentlich offen und kompetent wirkendes – Bewerbungsgesicht auf. Doch er ruft mir nur zu: »Entschuldigung, aber gerade sind vier Kinder abgängig. Wir müssen sie suchen. Warten Sie bitte so lange ...!« Und schon eilt er atemlos an mir vorbei. Im Schlepptau hat er zwei besorgt wirkende Lehrerinnen, die mir nur geistesabwesend zulächeln.

Okay. Ich setze mich erst mal auf einen Kinderstuhl, der herrenlos im Flur herumsteht. Ein paar Meter entfernt redet eine Lehrerin gerade eindringlich auf eine alte Frau ein. Ich höre mit halbem Ohr, dass ihr Enkel offenbar schon wieder im Unterricht ausgerastet ist und deshalb abgeholt werden muss. Seine Großmutter nickt mit gequältem Blick, der Junge schaut gelangweilt weg und kickt eine herumliegende Sporttasche über den Fußboden. Ein Mädchen und ein Junge schlendern vorbei, obwohl gar keine Pause ist. Auf dem T-Shirt des Jungen ist ein vulgär ausgestreckter Mittelfinger zu sehen.

Ich überlege gerade, ob ich nicht auch lieber abgängig werden sollte, als der Schulleiter zurückkommt. Er wirkt die ganze Zeit über ein bisschen geistesabwesend, aber das Gespräch verläuft recht gut. Trotzdem kann ich meine Erleichterung kaum verbergen, als ich nachmittags den Anruf erhalte, dass ich die Stelle nicht bekomme. Es hatte sich auch noch eine junge Lehramtsabsolventin vorgestellt, die bevorzugt eingestellt werden muss. Sie möchte an dieser Schule erste Berufserfahrungen sammeln. Na dann, viel Spaß. Wie muss es sein, mit nur 24 Jahren, völlig unerfahren und selbst vermutlich noch kinderlos, hier zu unterrichten?

Vor diesem Gespräch hatte ich Stellenausschreibungen mit so verführerischen Formulierungen wie »Wir sind eine Brennpunktschule in der Nähe der Autobahn«, »Wir bevorzugen Bewerber mit der Qualifikation ›Deutsch als Zweitsprache‹« oder »Erfahrungen im Umgang mit sehr fordernden Kindern erwünscht« instinktsicher gemieden. Denn die beschworen ziemlich düstere Visionen vor meinem inneren Auge herauf. Ich war schließlich nicht wirklich Lehrerin, und ich erwog nicht einmal ansatzweise, mir derartige Challenges zuzutrauen.

Und ja, ich gestehe: Es waren auch Zeitungsartikel über Grundschüler, die ihre Lehrer schlagen, und über Lehrer, die verzweifelte Brandbriefe an die Medien verfassen, die meine Vorstellung von »solchen« Schulen prägten. Vielleicht geht es Ihnen ja auch so. Erst als ich eigene Innenansichten in einer Schule mit teilweise sehr schwierigem Publikum bekam, erhielt mein etwas eindimensionales Bild mehr Konturen. Doch so weit war ich noch lange nicht.

Sicherheitshalber bewarb ich mich anfangs also nur an Schulen ohne solch furchterregende Stellenbeschreibungen. Trotz des

Lehrermangels war ich bei den Vorstellungsgesprächen nie allein: In den am Straßenrand vor der Schule geparkten Autos saßen meist gleich mehrere junge Frauen und warteten ebenfalls darauf, dass die festgesetzte Uhrzeit für ihr Bewerbungsgespräch näher rückte. Die meisten Schulleiter, die mich einluden, machten sich gar nicht erst die Mühe, ihre Ansichten über Nichtlehrer, die sich an ihre Schule verirrt hatten, zu verschleiern.

»Also, Sie kommen natürlich nur infrage, wenn die vier *richtigen* Lehrer absagen!«, eröffnete mir schon die erste Rektorin. »Wir haben da ein paar junge Absolventinnen, die eine Übergangsstelle suchen, bis sie eine Festanstellung bekommen.«

Ach so. Ja klar, verstand ich. Die zweite Schulleiterin sagte mit leicht selbstgefälligem Blick: »Wir liegen zum Glück in einem *guten* Wohnviertel. Wir werden nicht auf Sie zurückgreifen müssen. Wir haben immer auch genug Bewerber *mit* Lehramtsausbildung.« Aha. Aber warum hatte sie mich dann überhaupt eingeladen? Sie druckste herum, und bald wurde klar: weil es sich gegenüber dem Schulrat gut macht, ein möglichst umfangreiches Angebot an Bewerbern zu präsentieren. Denn das Schulamt hat das letzte Wort in Sachen Einstellungen. Und man zeigt als Rektorin gern, dass man sich sozusagen aus einer wahnsinnigen Fülle an Bewerbern die Crème de la Crème herausgepickt hat.

Ich begriff allmählich die ernüchternde Wahrheit: Als Quereinsteigerin war ich der Notstopfen, das Lehrerdouble, das niemand haben wollte, der GAU, an den man als Schulleiter lieber noch gar nicht denken mochte. Man lud diese Menschen – meist Magister und Master – zwar ein, betete aber inständig darum, dass bitte, bitte auch richtige Lehrer und Lehrerinnen aufkreuzen würden. Wie kamen diese Leute bloß darauf, sie könnten sich mal eben so vor eine Klasse stellen …? Durchaus verständlich übrigens. Ich saß quasi auf der Ersatzbank: Erst, wenn die ausgebildeten Lehrer alle absagten, wurde ich überhaupt in Betracht gezogen. Doch das war eher unwahrscheinlich.

Okay, nun wusste ich Bescheid. Litt ich bei den ersten Gesprächen noch unter dem üblichen Lampenfieber, zerstreute sich das allmählich. Ich schlenderte zunehmend entspannt zu den einzelnen Terminen. Ich machte mir einen Sport daraus, immer unkonventioneller aufzutreten. Schließlich wollte ich mit Kindern arbeiten, und da durfte man doch fröhlich und kreativ sein, oder? Ich trug jetzt Blumenjeans statt Blazer, erschien mit einer riesigen Ethno-Tasche statt mit Businessmappe, und um es auf die Spitze zu treiben, verfasste ich meine E-Mail-Bewerbungen in bunter Schrift. Zu meiner nicht geringen Überraschung kam das gut an. Bald hatte ich die nächste Einladung.

Nach dem Gespräch sagte der Schulleiter: »Ihre Persönlichkeit hat uns sehr angesprochen, Sie wären unsere erste Wahl gewesen. Tja, *wenn* Sie eine richtige Lehrerin wären. Aber so …« Er schüttelte bedauernd den Kopf. Der nächste Rektor hatte ebenfalls keine Stelle für mich, bot mir aber an, einige Monate unbezahlt zu arbeiten – quasi als die älteste Praktikantin, die diese Schule je gesehen hatte. Arbeiten »für lau« war aber nicht das, was mir als Alternative zum schlecht bezahlten Stand einer Freelancerin vorschwebte.

So kam ich nicht weiter. Ich musste widerwillig einsehen: An den Bullerbü-Schulen in den Wohngegenden der einkommensstärkeren Bevölkerung hatte ich keine reellen Chancen. Der allgegenwärtige Lehrermangel betraf offensichtlich vor allem die Schulen mit eher kompliziertem Publikum. Sollte ich mein mulmiges Bauchgefühl ignorieren und mich doch an den schwierigen Schulen bewerben? Erst vor Kurzem hatte meine Mutter mich am Telefon ängstlich gewarnt, es seien sogar schon Lehrer von Viertklässlern mit dem Messer angegriffen worden. (Ich finde es immer sehr schön, wenn meine Eltern mich motivieren und mir Mut machen.) Andererseits, was blieb mir anderes übrig? Und anschauen konnte man sich die Sache ja mal. Ganz unverbindlich.

Auf den ersten Blick scheinen sie alle Vorurteile zu bestätigen: die sogenannten Brennpunktschulen. Sie liegen oft in Vierteln, in denen auf zwei Häuserzeilen vier Handyshops kommen und wo an der Hauptverkehrsstraße Kinder spielen, die noch nie einen Wald aus der Nähe gesehen haben. »Stabile Haushalte«, sagt Wikipedia möglichst unverfänglich,[3] sind hier in der Minderzahl. Heißt übersetzt: Viele Familien hier sind pleite. Oder nicht intakt. Oder beides.

Eine Schule mit schwieriger Klientel kann aber auch in einem gut durchmischten Viertel oder im Stadtzentrum liegen. Was genau eine Brennpunktschule ist, dafür gibt es nämlich keine einheitliche Definition, und von außen kann man eine solche Schule auch nicht erkennen. Fakt ist nur: An diesen Schulen gibt es überdurchschnittlich viele Kinder mit nichtdeutschen Wurzeln oder mit »erhöhtem sozial-emotionalem Förderbedarf« – die dürre Amtsbezeichnung für »ziemlich auffällige Kids«. Die tatsächliche Höhe dieses Anteils schwankt und kann locker zwischen 40 und 85 Prozent oder mehr variieren.

In jedem Fall ist die Burn-out-Gefahr für Lehrkräfte hier ziemlich hoch, und es gibt eher wenige Lehrer, die dieses Risiko verlockend finden. Dass ein Lehrer denkt: »Ich sollte mich jetzt wirklich mal an einer Brennpunktschule bewerben«, ist ungefähr so wahrscheinlich, wie dass Kim Kardashian sich in einer Suppenküche vorstellt.

Deshalb müssen Schulleiter hier gezwungenermaßen besonders oft auf Seiteneinsteiger zurückgreifen. Nicht zufällig unterrichten an solchen Schulen etwa doppelt so viele Lehrer ohne Lehramtsausbildung wie an weniger problematischen Schulen.[4] Man fängt also als absoluter Frischling da an, wo sonst keiner hinwill. Und wo selbst erfahrene Lehrerinnen nicht selten schluchzend aus der Klasse fliehen, wie ich später selbst beobachten durfte.

Nachdem mir der Job an der ersten Brennpunktschule von einer bedauernswerten Junglehrerin weggeschnappt worden ist, sitze ich ein paar Tage später schon wieder mit flauem Gefühl in einem Schulleiterbüro. Die Rektorin und ihre Stellvertreterin haben Kaffee und Plätzchen bereitgestellt und sind mir auf Anhieb sympathisch. Sie finden, dass Quereinsteiger eine große Bereicherung sein können – weil sie andere Erfahrungen, frische Ideen und unübliche Qualifikationen mitbringen. Ich freue mich, denn ich finde das auch.

Sie fragen mich außerdem, ob ich Erfahrung mit Kindern hätte, die kein Deutsch können, oder mit Kindern, die ein schwieriges Verhalten zeigen. Also, mein halbwüchsiger Sohn sagt manchmal zu seinem Kumpel: »Alda, das ist voll *crank*!«, und das Verhalten meiner Kinder finde ich zeitweise mehr als schwierig. Aber das ist wohl nicht gemeint.

Trotzdem scheine ich die Schulleiterin zu überzeugen. Immerhin habe ich vor 100 Jahren oder so mal auf Lehramt studiert, dann aber wegen der damaligen Lehrerschwemme (ein Wort, das verzweifelte Bildungspolitiker heute im Duden nachschlagen müssen) in den Magisterstudiengang gewechselt. Ein bisschen Restwissen in Pädagogik und Didaktik ist noch hängengeblieben, auch wenn die pädagogischen Theorien, die damals auf dem Uni-Lehrplan standen, leider so gar nichts mit der Wirklichkeit im Klassenzimmer zu tun haben, wie ich bald feststellen werde. Einige Jahre habe ich außerdem Kindern, deren Eltern nicht viel Geld hatten, kostenlose Nachhilfe gegeben. Und natürlich habe ich meine Hausaufgaben gemacht: Seit Wochen habe ich zu den aktuellen Unterrichtsmethoden an Grundschulen recherchiert und mir bei YouTube unzählige Lehrvideos für Referendare angeschaut.

Als ich nach dem Gespräch nach Hause fahre, sagt mir mein Bauchgefühl schon: Ich habe den Job. Ich bekomme es mit der Angst zu tun. Will ich ihn überhaupt? Bisher ist das

Ganze schließlich eher eine Art Versuchsballon gewesen. Ich habe irgendwie nicht wirklich mit einer Anstellung gerechnet und mich in Sicherheit gewähnt (okay, das war angesichts des extremen Lehrermangels mehr als naiv). Fast hoffe ich auf eine erneute erlösende Absage.

Stattdessen ruft mich ein paar Tage später die zuständige Schulrätin höchstselbst an. Es haben sich ausschließlich nicht ausgebildete Lehrer beworben, und unter denen hat die Rektorin mich ausgewählt und im Schulamt empfohlen. Die Schulrätin hat ihr Okay gegeben und lädt mich nun ein, den Vertrag zu unterzeichnen. Mehrere Tage lang erwäge ich sehr ernsthaft, wieder abzusagen. Aber mein Stolz lässt Kneifen nicht zu. Außerdem, um es mal mit einem Songtext zu sagen: Ich bin (nicht mehr ganz) jung und brauche das Geld.

Als die Dame vom Schulamt gut gelaunt den Vertrag vor mir auf den Tisch legt, verstehe ich zuerst nicht, wo ich unterschreiben soll. Es ist nur noch die Zeile »Unterschrift Lehrkraft« frei. Es braucht lange Sekunden und schließlich den Tipp der leicht irritierten Schulrätin, bis ich verstehe, dass *ich* diese Lehrkraft bin. Ich dachte, hier müsse die »echte« Lehrerin unterzeichnen, die ich vertreten werde. Alles fühlt sich noch so fremd an, dass mir ein anderer Gedanke gar nicht gekommen ist.

Es dauert viele Wochen, bis ich alle Dokumente zusammenhabe, die der Staat verlangt, wenn jemand im öffentlichen Dienst, noch dazu mit Kindern, arbeiten will. Vom erweiterten Führungszeugnis über das Familienstammbuch bis hin zur beglaubigten Kopie der Geburtsurkunde. Wieso um Himmels willen reicht da nicht der Personalausweis? Wird der von angehenden Lehrern zu oft heimtückisch gefälscht?

Ich stelle mir vor, wie zahllose, von Deutschlands bekanntestem Quereinsteiger »Herr Müller« (aus »Fack ju Göhte«) inspirierte Menschen am Bahnhof herumschleichen. Um sich dort mit hochgeschlagenem Kragen falsche Dokumente zu besorgen und sich so den Zugang zum heiß begehrten Lehrerberuf zu erschwindeln. (Weil der schließlich so top bezahlt ist? Oder weil man da ungestraft mit der Paintball-Pistole auf Kinder schießen darf?) Sogar der Tag meiner Jahrzehnte zurückliegenden Führerscheinprüfung wird abgefragt. Ich vermute, dass auf dem Formular einfach noch etwas Platz übrig war und ein kreativer Beamter überlegt hat, wie man den möglichst sinnfrei füllen könnte – so aus rein ästhetischen Erwägungen.

Weil die Schule nicht warten kann, bis die Verwaltung all diese wichtigen Informationen verarbeitet hat, fange ich einfach schon mal an. »Meine« Schule ist ein Altbau aus dem frühen 20. Jahrhundert in freundlichem Gelb. Hier gehen 180 Kinder zur Schule, ein großer Teil hat einen Migrationshintergrund oder einen erhöhten emotionalen Förderbedarf, wie die Schulleiterin angedeutet hat. Ob das schon reicht, um sie als Brennpunktschule zu bezeichnen? Später werde ich auf diese Frage sagen: Jein. Denn es gibt Schulen mit weitaus mehr schwieriger »Kundschaft«. Ein ausgebrannter Lehrer aus Berlin-Neukölln würde diese Schule hier vermutlich als Lehrergenesungsheim betrachten. Andererseits: Wenn diese Schule keine ungewöhnlich problematische, sondern im Grunde fast normal ist, wenn also der hohe Anteil an verhaltensauffälligen Kindern und dysfunktionalen Elternhäusern alltäglich ist – wäre das nicht noch erschreckender?

Hier soll ich jedenfalls erst mal für einige Wochen eine krankgeschriebene Lehrerin vertreten und deren vierte Klasse übernehmen. Ist sie zurück, werde ich als Springerin in weiteren Klassen eingesetzt. In den letzten Tagen vor dem Start versuche ich, mir vorzustellen: Wie werde ich als Lehrerin sein? Wie werde ich bei den Kindern ankommen? Werden sie mich mögen? Ein ziemlich falscher Ansatz übrigens, aber das weiß ich zu diesem Zeitpunkt noch nicht.

2.

Mein erster Schultag – und ewig grüsst das i-Dötzchen

Eine kleine Schultüte (Geschenk von Mann und Kindern), ein Pausenbrot, eine Tasche mit Büchern – irgendwie kommt mir das Ganze seltsam bekannt vor. Fehlt nur noch das klassische i-Dötzchen-Foto vor der Tafel mit den altmodischen Schreibschrift-Buchstaben (gibt's die eigentlich noch?). Mit wackeligen Knien und verkrampft fröhlichem Gesichtsausdruck drücke ich die Schultür auf. Wo war noch mal das Lehrerzimmer? Ich habe einen nur rudimentär ausgeprägten Orientierungssinn und werde mehrere Tage brauchen, bis ich den Weg kenne. Und noch länger, bis ich in dem mehrflügeligen Gebäude die verschiedenen Klassenräume finde. Irgendwann erreiche ich schließlich doch noch das Lehrerzimmer, atme einmal tief durch und gehe forschen Schrittes hinein.

»Na? Gut geschlafen?«, fragt eine Kollegin augenzwinkernd. Nee, nicht so. Die Rektorin tröstet mich: »Also, Ihr Vorgänger war sogar ausgebildeter Lehrer. Aber wir waren alle heilfroh, als der wieder weg war. Wir konnten ihn am Schluss nicht mehr allein in die Klassen lassen, es musste immer jemand mit rein.« Alles klar. Jetzt geht es mir viel besser.

Eine junge Lehrerin kommt auf mich zu. Sie stellt sich vor: »Ich bin Kristin Maternus.«* Ich solle sie ruhig duzen. Auch die anderen Kolleginnen bieten mir sofort freundlich das Du an. Gut, dass ich alle Namen schon auf der Schul-Homepage nachgeschaut und heimlich geübt habe, samt dazugehörigem Gesicht. Ich hab's nicht so mit Namen. Kristin ist es, die ich als Erstes vertreten soll, weil die alleinerziehende Mutter demnächst ausgelaugt zur Mutter-Kind-Kur abreisen wird. Erst wenn sie wieder zurück ist, soll ich auch in anderen Klassen Vertretungsstunden geben.

Kristin bemüht sich, nett zu sein und optimistisch zu wirken, aber ich merke ihr die Zweifel an. Und auch eine gewisse Distanz, schließlich bin ich bestimmt 20 Jahre älter als sie, werde aber jetzt für einige Zeit ihr »Azubi« sein. Eine etwas schräge Situation. Ich bemühe mich, locker und unkompliziert zu wirken, um ihr die Scheu zu nehmen, was aber nur mäßig gelingt.

Wir unterrichten ab heute erst mal drei Wochen gemeinsam in ihrer Klasse. Eine Anleitung oder Einweisung bekomme ich nicht. Es wird offenbar erwartet, dass ich selbst ahne, was zu tun ist. Ich gehe also einfach herum, helfe in den hinteren Reihen, wenn sie vorne ist, setze mich zu den Kindern an den Tisch, die noch Unterstützung beim Lösen der Aufgaben brauchen oder eine Lernbehinderung haben. Ich mache mir Notizen, lasse mir die Lehrbücher und Materialordner zeigen. Ich

---

* Sämtliche Namen geändert.

versuche angestrengt, mir möglichst viel gleichzeitig zu merken. Wofür eine Referendarin zwei Jahre Zeit hat, das muss ich mir in wenigen Wochen draufpacken. Mir ist klar, dass das sowieso allenfalls teilweise gelingen kann, aber schon das ist kaum zu schaffen.

Nach einigen Tagen darf ich den Unterricht trotzdem für kurze Zeit auch schon allein übernehmen. Wobei »dürfen« irgendwie nach etwas Erstrebenswertem klingt. Doch das ist es für mich nicht. Ich *will* noch gar nicht mit den Kids allein sein. Zuerst bin ich zum Glück immerhin nur mit der halben Klasse im Raum, während die anderen mit Kristin zum Fahrradtraining auf den Schulhof gehen. Damit die Kids und ich besser miteinander warm werden können und so.

Aber schon das führt bei mir zu einer Gewichtsabnahme von einem Pfund pro 45 Minuten, denn die Sache mit der Autorität klappt noch gar nicht. Sobald die Kollegin den Raum verlässt, fangen alle an zu quatschen. Meine Anweisungen gehen im Lärm unter. Mehrere Kinder verschränken die Arme und weigern sich, überhaupt eine Aufgabe anzugehen. Sie tun bei ihren Sitznachbarn groß und grinsen mich breit an. Andere schlagen einfach mal ihrem Nächsten mit dem Buch aufs Haupt, um auf schnellstem Weg ein bisschen Stimmung zu erzeugen. Ein paar Jungs tauschen unter dem Tisch ungerührt Fußball-Sammelkarten.

Bei jedem Einzelnen muss ich mich mühsam und per hochpersönlicher Ansprache durchsetzen. Und zwar nicht ein Mal, sondern unzählige Male. Dabei hat Kristin die Klasse wohlweislich schon so halbiert, dass zwischen zwei Schülern immer ein Platz frei geblieben ist. So wollte sie die mögliche Interaktion der Kinder untereinander reduzieren, zu Deutsch: sicherstellen, dass der Sitznachbar zu weit weg zum Quatschen ist. Doch diese Sitzordnung zerfällt mir sofort; es setzt sich zusammen, was (gefühlt) zusammengehört. Meine Proteste werden überhört, egal, wie sehr ich versuche, wirklich entschieden rüberzukommen. Bei Kristin waren die Mädchen und Jungen doch noch so ruhig. Was hat *sie,* was ich nicht habe? Bei ihr schien es sogar eine wirklich pflegeleichte Klasse zu sein. Davon entdecke ich in dieser Monster Academy keine Spur mehr. Ich fühle Panik, denn ich spüre, wie ich von Sekunde zu Sekunde mehr an Autorität verliere. Und wie mich die Kinder, die meine Reaktionen natürlich aus den Augenwinkeln genau beobachten, als ernst zu nehmende Lehrerin schon nach wenigen Augenblicken abzuhaken beginnen.

Die meiste Zeit bin ich aber zum Glück noch nicht allein im Raum. Zwar darf ich jetzt schon ein paar Stunden vor der gesamten Klasse abhalten, aber das richtige Leben ist das noch nicht, denn die Kollegin sitzt hinten und sorgt mit gestrengem Adlerblick dafür, dass es ruhig bleibt. Anschließend gibt sie mir Tipps, was ich noch besser machen kann. Doch diese wenigen Stunden sind auch schon alles, was ich an Ausbildung bekomme. Für Vertretungsstellen gibt es in NRW nicht die berufsbegleitende Qualifikation, wie sie für die dauerhafte Festanstellung von Quereinsteigern vorgesehen ist. Und das, obwohl auch Vertretungsstellen oft über lange Zeiträume von anderthalb Jahren und mehr laufen und daher ebenfalls richtige Lehrerstellen sind. Ich denke manchmal: Gut, dass viele Eltern nicht wissen, wie schlecht vorbereitet ich auf ihre Kinder losgelassen werde.

Apropos losgelassen. Ein paar Wochen später ist es tatsächlich so weit: Ich stehe das erste Mal solo an der Tafel. »Du musst am Anfang streng sein. Nett sein kannst du später. Sonst machen sie mit dir, was sie wollen«, hat mir Kristin am Vortag noch eindringlich geraten. Sprach's und verabschiedete sich in die Kur. Dort will die zweifache Mutter neue Energie für ihren kräftezehrenden Job und den Familienalltag tanken.

In der Nacht habe ich kaum geschlafen. Um halb sechs habe ich aufgegeben, den Wecker ausgestellt, geduscht und versucht, die dunklen Augenringe zu überschminken. Das Frühstück lasse ich neuerdings sowieso immer ausfallen. Ich kriege einfach nichts runter. Viel zu früh bin ich schon in der Schule. Die ersten Grüppchen von Kindern stehen trotzdem schon auf dem Schulhof und in den Fluren herum, vermutlich weil ihre Eltern auch schon früh zu ihren Jobs mussten. Ich schließe das Klassenzimmer schon mal auf.

Ein leerer Klassenraum hat etwas seltsam Meditatives. Er wirkt sehr still mit seinen noch hochgestellten Stühlen, dem vergessenen Stift auf einem Tisch, dem Rauschen des alten Baums vor dem Fenster, das man plötzlich hört, weil der übliche Lärmpegel fehlt – alles wirkt wie aus der Welt gehoben. Vielleicht gerade, weil man weiß, wie lebendig und laut es nur wenig später hier zugehen wird.

Während ich mit fahrigen Händen die Magnetsymbole für den heutigen Stundenplan an die Tafel hefte, trudeln allmählich die ersten Schüler ein. Ich pappe bunte Zahlen für den Mathe-Unterricht, Buchstabenmännchen für Deutsch, zwei seilspringende Mädchen für die Pause und ein Ballsymbol für Sport fest. Sind diese Bildchen nicht eigentlich längst zu Kita-like für coole Viertklässler? Na ja, schaden kann die Übersicht nicht. Es ist ein bisschen wie bei einer Fernsehzeitschrift: Wer zu Hause keinen Blick mehr auf den Stundenplan geworfen hat, erfährt hier noch mal, was für ein Unterhaltungsprogramm ihn heute erwartet.

Inzwischen hat sich der Raum hinter mir gefüllt, fast alle sind da. Ich atme einmal tief durch und schließe die Tür des Klassenzimmers hinter dem letzten Trödler.

Ich straffe die Schultern, begrüße die 4a und bekomme das übliche, geleierte »Gu-ten Mor-gen Frau Ku-hun« zurück. Immer noch habe ich das leise Gefühl, neben mir zu stehen. Wo habe ich noch mal das Skript hingelegt, an dem ich mich durch den Vormittag zu hangeln gedenke? Ich nehme es in die schweißnassen Hände. Zuerst steht da: »Kurze Ansprache«. Schließlich ist es für die Klasse der erste Tag ohne die von den meisten heiß geliebte Klassenlehrerin. Ich erkläre etwas von: »Ich weiß, ihr werdet Frau Maternus sehr vermissen«, und dass wir trotzdem »sicher bald ein tolles Team« sein werden. Was man halt so sagt bei dieser Art *Pep-Talk*. Es gibt keinerlei Reaktion. 27 Augenpaare schauen mich glasig und gleichgültig an. Ich fühle mich allein, verdammt allein.

Okay, fangen wir einfach mal an. Mein fünfseitiger Plan sagt als Nächstes: »Anwesenheit kontrollieren«. Gut, dass die Kinder wissen, wer fehlt, denn ich selbst würde das noch gar nicht bemerken. Dann kommen die Punkte: »Entschuldigung von Vicky für Fehltag anfragen!«, »An unterschriebenen Elternbrief zur Fahrradprüfung erinnern!«, »Geld für Verpflegung Sportfest einsammeln und Liste erstellen, wer bezahlt hat!«. Du liebe Güte, an wie viele Dinge man gleichzeitig denken muss.

Aber nun, fettgedruckt: »1. Stunde Mathe, Rechnen mit Maßeinheiten«. Jetzt geht's also wirklich los. Man darf die Kids natürlich nicht einfach so mit einer kalten Mathedusche erschrecken. Das habe ich in den YouTube-Videos für Referendare gelernt, die ich mir seit Wochen reinziehe, um mir ein Mindestmaß an Lehrerinnenwissen draufzuschaffen. Vielmehr braucht jede Stunde zunächst ein *Warm-up*, die sogenannte »Hinführung«: »Ihr kennt ja schon einige Maßeinheiten für Entfernungen. Wer erinnert sich noch, welche es da gibt?«

»Och nee, nicht schon wieder Maße!«, nölt ein kleiner Chor los, als hätte er das vorher geprobt. Einige Kinder melden sich immerhin. Andere wollen zwar auch etwas beitragen, rufen aber einfach umstandslos dazwischen. Es wird ziemlich laut. Meine Ermahnung, vor dem Reden doch bitte aufzuzeigen, verhallt fruchtlos. Leicht gehetzt und früher als geplant springe ich weiter zur sogenannten »Motivationsphase« und stelle Fragen wie: »Wisst ihr ungefähr, wie weit euer Schulweg ist?« oder »Wie viele Schritte braucht man wohl, um einmal um unseren Schulhof zu rennen?«

Es wird immer unruhiger, jeder gibt unaufgefordert und lautstark seinen Senf dazu. Auf meiner Oberlippe bildet sich ein dünner Schweißfilm. Okay, sie sind offenbar genug motiviert. Atemlos rufe ich noch schnell das Ziel der Stunde in den Trubel: »Genau! Und heute wollen wir die verschiedenen Längeneinheiten vergleichen und mit ihnen rechnen!« Aber wollen sie das wirklich? Egal, es hört eh keiner mehr zu.

Am besten, ich gehe jetzt umstandslos zur »Erarbeitungsphase« über. Mit neuer Entschlossenheit sage ich: »Schlagt bitte alle das Mathebuch auf Seite 63 auf. Wir machen die Aufgabe 5.« Schon nach nur acht Aufforderungen haben die meisten das Buch müde aus dem Ranzen gefischt und maulend geöffnet, einige haben es sogar schon geschafft, ihr Rechenheft zu zücken. Fünf Kinder haben leider mal wieder kein Matheheft dabei. Ich hole lose Blätter mit Karos von einem Stapel im Schrank, den die Klassenlehrerin dort in weiser Voraussicht immer vorrätig hat.

Drei Kinder sitzen immer noch völlig untätig da, schauen in die Luft oder pulen an ihren Nägeln. »Warum ist euer Buch nicht aufgeschlagen?«, frage ich streng. »Wir haben nicht das normale Mathebuch. Sondern ein eigenes. Du hast nicht gesagt, was wir da drin machen sollen.« Mist, das hatte ich vergessen. Die Kinder mit Dyskalkulie, also einer Rechenschwäche, haben ja eigene Lernmaterialien. Nach hektischem Blättern verrät mir mein Skript, wo sie in ihrem Buch gerade sind.

Puh, endlich läuft es besser, es ist fast ruhig. Etwa eineinhalb Minuten lang. Dann schnappt sich ein Kind den Radiergummi seines Sitznachbarn, ohne zu fragen. Es gibt eine lautstarke Rangelei. Während ich schlichte, entstehen innerhalb von Sekunden weitere Brandherde: An sämtlichen Tischen beginnt eine fröhliche Unterhaltung, alle legen die Stifte und die Arbeit erst mal nieder. Am Regal mit den Trinkbechern treffen sich vier Jungs zum After-Work-Plausch an der Bar. Zwei notorische Schwatzbacken, die absichtlich getrennte Plätze haben, setzen sich unauffällig zusammen. Drei Kinder umringen mich, um ihre Sitznachbarn zu verpetzen, während hinten links eine Papierballschlacht entbrennt. Ich suche das Megafon, doch leider gibt es keins.

Mühsam stelle ich wieder so etwas Ähnliches wie Ordnung her. Ich habe keine Übung darin, knapp 30 lärmende Kinder zu übertönen. Zwar habe ich ein paarmal erlebt, dass auch die Klassenlehrerin ziemlich laut wurde, um sich durchzusetzen. Aber im Gegensatz zu ihrem beeindruckenden Donnerwetter, bei dem sie souverän Blitze aus den Himmeln griff und in die Klasse schleuderte, klingt meine eigene Stimme piepsig und gekünstelt. Ein paar Kinder spüren das instinktiv und lachen höhnisch los.

Für den Rest des Vormittags bin ich mehr damit beschäftigt, ein totales Chaos zu verhindern, als damit, zu unterrichten. Alles, was ich als Mutter über gelungene Kommunikation mit Kindern gelernt habe, funktioniert hier nicht. Ich-Botschaften (»Es ist mir hier zu laut! So kann ich mit euch keinen Unterricht machen!«) verhallen ebenso wie Appelle zur Kooperation (»Wir müssen mal gemeinsam überlegen, wie wir das hier besser lösen können!«). Auch mein Schmollverhalten (»Also, wenn das nicht klappt, dann müssen wir das Stationenlernen leider abbrechen«) löst nur leere Blicke aus, bevor sich die Kinder wieder Wichtigerem zuwenden. Selbst das berühmte »Lernen aus den Folgen« scheitert grandios, die Ankündigung: »Wenn wir mit dem Stoff nicht durchkommen, müsst ihr nachher eben länger bleiben«, erntet nur die gut gelaunte Antwort: »Das macht nichts, wir sind eh den ganzen Nachmittag im Offenen Ganztag!« Mir wird klar: Auch die Sache mit dem Nachsitzen ist heute eine stumpfe Maßnahme geworden, weil die meisten Kinder sowieso bis 16 Uhr in der Schule sind, wo sie auch ihre Hausaufgaben machen.

In meinem Bewusstsein poppt unwillkürlich das Wort Raubtierdompteuse auf. Und ich verstehe: Ich bin nicht nur laut Vertrag, sondern auch ganz konkret in der Probezeit. Die Klasse testet ausgiebig, wie ich mich halte, und geht dabei erst mal sportlich über alle Grenzen hinaus. Ich seufze heimlich: Statt hier die Einzelkämpferin zu geben und heiser zu werden beim Versuch, den Dauerlärmpegel zu übertönen, könnte ich auch zu Hause im Homeoffice sitzen. Ich könnte in die Bäume schauen und die Stille unseres kleinen Waldhauses genießen. Und überhaupt – bin ich nicht sowieso eher introvertiert? Welcher Teufel hat mich bloß geritten, dass ich mich dazu berufen fühlte, mich vor diese Chaostruppe zu stellen? War es nicht schon immer so, dass ich mich viel wohler fühlte in der Rolle der Zuschauerin, die das Gesehene analysiert, als in der Rolle der Akteurin? Stattdessen werde ich ab jetzt sogar täglich einen mehrstündigen Auftritt vor diesem schwierigen Publikum hinlegen müssen. Kurz: Was. Genau. Mache ich. Hier eigentlich???

So geht das mehrere Tage lang, und es wird nicht besser. Abends heule ich meinem Mann verzweifelt die Ohren voll, und nachts kann ich nicht schlafen. War die Sache mit dem Lehrerjob vielleicht doch eine Schnapsidee?

»Und? Wie läuft es denn so? Macht dir der Job Spaß?«, fragt mich ein paar Tage später zu allem Überfluss auch noch Rektorin Birgitta, und schaut mich dabei arglos und freundlich an. Ich verschlucke mich fast an meinem Kaffee, meine Gesichtszüge drohen zu entgleisen. Mühsam bastle ich ein Lächeln zusammen, das irgendwie freudig und zuversichtlich wirken soll.

»Äh. Ja, schon. Also, es ist … auf jeden Fall sehr spannend!«, sage ich und nicke, als ob ich meine Begeisterung nur gerade nicht so zeigen könnte. Denn *Spaß* ist so ziemlich die letzte Vokabel, die mir in meinem momentanen Zustand einfallen würde. Wer im Überlebensmodus ist, hat keinen Spaß. Ebenso gut hätte sie mich fragen können, ob es mir Spaß macht, täglich einmal quer durch ein Löwengehege zu rennen, während sich die hungrigen Raubkatzen schon mal die Lätzchen umbinden. Nur gut, dass sie nicht weiß, dass ich mir jeden Mittag auf der Heimfahrt ausrechne, wie lange die Kündigungsfristen vor und nach Ende der Probezeit sind. Ich will jedoch nicht, dass sie glaubt, sie hätte die Falsche eingestellt, deshalb behalte ich meine Nöte lieber für mich.

3.

Das »System Elfmeter«

So geht das nicht weiter. Ich beginne zu verstehen: Mein Ideal vom Unterrichten mit Freundlichkeit, Empathie und Humor mag vielleicht nett gemeint sein – aber ganz sicher hat es nur dann eine Chance, wenn ich mich zuvor auf den dornigen Weg zum Alphatier der Klasse gemacht habe. Und genau das wird mein neues Projekt.

Am nächsten Morgen frage ich die Kinder unschuldig: »Wer versteht etwas von Fußball?« Sofort gehen die Finger begeistert hoch (endlich kapiert diese neue Lehrerin, was uns wirklich interessiert!). Ich frage harmlos weiter, was eine Gelbe Karte und was eine Rote Karte ist. Jedes Kind weiß es. Gelb: letzte Warnung, Rot: Platzverweis. Jetzt höre ich auf zu lächeln und verkünde mit Raubkatzenblick: »Und genauso funktioniert es auch hier! Wer stört, bekommt die Gelbe Karte. Hilft das nicht, gibt's eine Rote Karte.«

Bei Rot muss kind mit einem fiesen Arbeitsblatt in eine andere Klasse gehen. Bei gravierenderen Vergehen bekommt der junge Delinquent zudem eine Nachricht für die Eltern mit, die unterschrieben zurückgegeben werden muss. Das ist erstaunlicherweise sehr gefürchtet, auch bei sonst nur schwer zu beeindruckenden Kindern. Die Kids sind einen Moment lang verblüfft über meine Ansage. Aber dann leuchtet ihnen das System sichtlich ein. So etwas wie erstaunter Respekt blitzt in den Augen auf. Alle sind ungewohnt still. »Frau Kuhn, du musst dann aber auch Grüne Karten vergeben, wenn wir etwas gut machen«, findet Evan, ein sommersprossiger Junge. Hm. Ich finde das eigentlich auch, schließlich will ich nicht nur maßregeln, sondern vor allem das Prinzip der positiven Verstärkung nutzen. Ich verspreche, darüber nachzudenken. Ab dem nächsten Tag gibt es – nicht ganz fußballkonform – auch »Grüne Karten«, und wer drei davon hat, bekommt einmal hausaufgabenfrei.

Das System zeitigt gute Ergebnisse, und ich sehe zum ersten Mal Land. Zumindest, wenn nur einzelne subversive Elemente den Unterricht zerschießen wollen. Doch was tun, wenn nicht nur ein paar wenige stören, sondern gleich die ganze Klasse quatscht? Ich kann sie ja schlecht alle rüber zur Kollegin schicken (obwohl …?).

Ich brauche auch hier eine Lösung. Und führe die – zugegebenermaßen ziemlich gemeine – Hausaufgaben-Erpressung ein: Wird es zu laut, fange ich schweigend an, das Wort »HAUSAUFGABE« an die Tafel zu schreiben. Mit jedem Buchstaben bekommen die Kinder etwas mehr auf. Schon nach wenigen Sekunden fangen sie an, sich gegenseitig anzustoßen und zu rufen: »Ey, jetzt seid doch mal still! Mann, die ist schon beim U!« Weiter als bis zum S komme ich nie. Na also, geht doch. Zufrieden wische ich mir die Hände am graugelben Tafelschwamm ab (hat eigentlich schon mal jemand die Keimbelastung von so einem Teil untersucht?).

Die Klasse läuft jetzt rund, zumindest meistens. Mehrere Kinder, die die Rebellion wohl einfach mal probieren mussten, knicken ein und werden zahm, als wäre nie etwas gewesen. Sie freuen sich sichtlich, wenn ich auf sie eingehe, sie ermutige und lobe. Ich spüre: Eigentlich wünschen sich alle Kinder Aufmerksamkeit und Interesse, sie alle wollen gesehen und gemocht werden – auch die scheinbar Gleichgültigen oder die harten Knochen mit nur rudimentär ausgeprägtem Sozialverhalten. Einige wirken jetzt fast dankbar, dass sie sich nicht mehr ununterbrochen mit mir anlegen müssen, und ich begreife plötzlich: Nicht nur mich, sondern auch sie kosten Lärm und ständige Konflikte Kraft. Jetzt, wo ich die »Arbeitsruhe«, wie es im Fachjargon heißt, herstellen kann, entsteht endlich auch Raum für Lockerheit und Humor im Unterricht. Das Ganze fängt tatsächlich an, mir Spaß zu machen.

Wäre da nicht die Sache mit den Namen. »Emil, nee, Leo, ach Quatsch, Luca, lies bitte mal weiter vor!« Drei Augenpaare gucken mich verwirrt an. Das ist aber auch ätzend mit diesen vielen Vornamen. Welches verwirrte Hirn hat sich überlegt, dass man die Kinder hier fast allwöchentlich umsetzen muss? Eine Kollegin erklärt mir später geduldig (denn diese Anfänger wissen ja echt gar nichts), die Idee dahinter sei natürlich, dass jeder mal neben jedem sitze, weil das die Gemeinschaft ganz doll stärke und der bösen Grüppchenbildung vorbeuge. Ach so. Das ist schön für die Gemeinschaft, sofern's denn funktioniert – aber schlecht für die Lehrkraft. Denn immer wenn ich mir gerade gemerkt habe, wer neben wem und an welchem Tisch sitzt, ist plötzlich alles wieder anders. Und da ich manchmal auch in anderen Klassen Vertretungsstunden habe, muss ich mir nicht nur die 27 Gesichter und Namen dieser Klasse merken, sondern schnell auch die 180 Namen aller Kinder der Schule.

Ganz ehrlich? Die Braven merke ich mir immer zuletzt. Die Namen der notorischen Quertreiber dagegen lerne ich fast sofort, weil die Frequenz unserer Interaktion, um es mal so auszudrücken, exorbitant höher ist. (»Lea, die Zahnspangendose bleibt jetzt zu, sonst kassiere ich sie ein! Lea …? Hallooo, Lea!! Du hast schon mitgekriegt, dass ich mit dir rede?«)

Dieser Dominanz der Störenfriede in meinem Bewusstsein versuche ich natürlich entgegenzuwirken. Ich achte bewusst auch auf die stillen Mäuse und versuche, sie vor dem Abrutschen in die Unsichtbarkeit zu bewahren. Ich weiß nämlich noch, wie schwer es meiner eigenen Tochter fiel, sich in der Schule zu melden. Und wie oft mir Lehrer im Elterngespräch und mit deutlichem Vorwurf in der Stimme gesagt haben, mein Kind sei zu still. So als ob ich von zu Hause aus irgendetwas daran hätte ändern können. Ist es nicht Aufgabe eines dafür ausgebildeten Pädagogen, auch ein zurückhaltendes Kind einzubeziehen? Ich kann meinem Kind ja schlecht ein Headset aufsetzen, um es von zu Hause aus anzufeuern: »Jetzt! Meld dich! Du schaffst es!«

Da fällt mir auch wieder der Tag ein, als mein Chefredakteur mich mal in eine Grundschule schickte. Ich sollte dort eine Umfrage bei den Erstklässlern machen, was sie sich zu Weihnachten wünschten – ein typischer Volontärsjob, denn für so was erhebt sich kein gestandener Redakteur von seinem Schreibtischstuhl. Jedenfalls hatte ich schon damals ein Herz für die Schüchternen und Leisen. Ich brauchte für meinen Artikel etwa acht Kinderzitate und bat die Klassenlehrerin, mir ruhig die zurückhaltenden Mädchen und Jungen rauszuschicken, die selten mal im Mittelpunkt standen. Denn ich war sicher, sie würden besonders stolz sein, ihr Bild in der Zeitung zu entdecken. Es mussten sich schließlich nicht immer dieselben ins Zentrum der Aufmerksamkeit drängen.

Ich fand, dass das eine prima Idee war, und kam mir sehr weise vor. Leider hatte ich etwas Wichtiges vergessen: dass die Stillen eben nun mal sehr still sind. Es antwortete denn auch von den acht ausgewählten Mädchen und Jungen nur ein einziges Kind überhaupt auf meine freundlichen Fragen. Und das sagte nur ein Wort: »Playmobil«. Der Rest sah mich mit großen, angstvollen Augen an und schwieg während der gesamten Zeit. Zu sehr waren sie vom Fotografen und der fremden Zeitungsfrau eingeschüchtert. Na super!

Das Ende vom Lied war, dass *ich* ihnen krampfhaft Vorschläge dazu machte, was sie sich zur Weihnacht denn so alles wünschen könnten, und sie zufällige Treffer mit einem angedeuteten Nicken quittierten. Woraufhin ich diese »Antworten« notierte, um meinen Artikel daraus zu basteln. Unser Fotograf grinste mich breit an und hob spöttisch den Daumen, bevor er zum nächsten Termin entschwand. Ja, du mich auch, knurrte ich lautlos.

Nun habe ich jedenfalls die Chance, es besser zu machen. Die Kinder kennen mich, sie vertrauen mir, ich bin keine Fremde mehr. Wer sich aus Schüchternheit nicht am Unterricht beteiligt, den nehme ich immer wieder einfach so dran und lobe ihn besonders, wenn die Antwort richtig war. Die meisten dieser Kinder wagen es nach einiger Zeit, sich von sich aus zu melden.

Falls auch Ihr Kind zur eher ruhigen Sorte gehört, hier noch ein Tipp von der »anderen Seite«: Lehrer sind auch nur Menschen. Sie merken sich nicht unbedingt, wie viele wahnsinnig bedeutsame Dinge ein Kind im Laufe des Halbjahres gesagt hat. Sie merken sich aber, wer *überhaupt* etwas gesagt hat. Falls Ihr Kind sich vielleicht deshalb nicht meldet, weil es Angst hat, die richtige Antwort nicht zu wissen, dann kann es dem Lehrer einfach Fragen stellen. Wenn ein Kind mich etwas fragt, interpretiere ich das automatisch als Interesse, und Interesse kommt immer gut an. Es genügt schon, wenn ein schüchternes Kind ein- bis zweimal pro Stunde etwas sagt oder fragt. Wenn Ihre Tochter oder Ihr Sohn sich das vornimmt, ist in Sachen Mitarbeitsnote schon sehr viel gewonnen.

Den eher stillen Mädchen und Jungen helfe ich aber auch mit Grünen Karten: Wenn ein sehr zurückhaltendes Kind es bei mir die ersten Male schafft aufzuzeigen, gibt's ein Kärtchen. Kein Kind protestiert deswegen, auch nicht diejenigen, die sich ständig melden. Als ich das Kartensystem einführte, hatte ein Junge besorgt geäußert: »Das mit den Grünen Karten ist aber ungerecht. Es gibt Kinder, die immer alles wissen, und die kriegen dann ganz oft eine Grüne Karte. Und wenn man nicht so gut ist, kriegt man nie eine!« Daraufhin hatte ich erklärt, dass die Belohnungskärtchen immer genau für das vergeben werden, was einem eben *nicht* leichtfällt: Die Reinquatscher bekommen eine, wenn sie es mal einen Vormittag lang schaffen aufzuzeigen, bevor sie reden. Die sehr Stillen bekommen eine, wenn sie sich trauen, sich ein paarmal zu melden. Wer immer toll mitarbeitet, bekommt auch in regelmäßigen Abständen eine. Ebenfalls belohnt wird manchmal eine besonders originelle oder auch hilfreiche Idee im Unterricht. Oder wenn drei Kinder sich nach Schulschluss öfter mal unaufgefordert die Besen geschnappt und den Klassenraum gefegt haben.

Mit diesem flexiblen Einsatz der Karten waren absolut alle einverstanden. Kinder haben einen ausgeprägten Gerechtigkeitssinn, der aber nicht starr (wie die Gesetze von uns Erwachsenen), sondern ausgesprochen feinfühlig und situationsnah funktioniert. Nach einer Weile machten mich die Kinder sogar von sich aus darauf aufmerksam, wenn ein Sitznachbar eine Grüne Karte verdiente: »Frau Kuhn, Nelly hat sich heute vier Mal gemeldet, und du hast das gar nicht gemerkt. Kann sie nicht eine Grüne Karte haben?«

Irgendwann beherrsche ich endlich alle Namen, sodass ich jedes Kind zielsicher ins Fadenkreuz meiner Aufmerksamkeit nehmen und Lob oder Tadel passgenau verteilen kann. Trotzdem liegt diese Schule nicht in Lummerland, und es gibt immer noch Schüler, die es jeden Tag aufs Neue wissen wollen.

Der Aufstand hat dabei viele Gesichter. Da sind die klassischen »Aufmüpfe«, die auf jede Aufforderung mit Maulen reagieren – ziemlich vorhersehbar. Dann die Kinder, die zur Sinnhaftigkeit jeder Aufgabe erst mal eine Podiumsdiskussion veranstalten wollen. Oder die kleine, aber sehr nervige Gruppe, die hartnäckig so tut, als existierte ich gar nicht und als könnte sie mich nicht hören. Getoppt nur noch von den Totalverweigerern, die jede Mitarbeit offen boykottieren, grinsend und mit verschränkten Armen.

Zu dieser Gruppe gehört Jana. Die große Elfjährige ist stark übergewichtig und trägt – vielleicht als lang eingeübten Schutz vor Hänseleien – eine aggressiv-mürrische Grundstimmung zur Schau. Als ich in ihrer Klasse eine Vertretungsstunde gebe, ätzt sie sofort los und verkündet, dass sie bei dieser neuen Lehrerin »keinen Strich« machen werde. Ich ignoriere sie, erkläre der Klasse kurz mein Elfmetersystem und trete noch ein bisschen herber auf als sonst. Jana ist zwar jetzt still, kritzelt aber nur herum und arbeitet nicht mit. Ich tue so, als ob ich nicht merke, dass sie provozieren will. Nach einer Weile gehe ich zu ihr hin und sage freundlich: »Ah, ich sehe, du hast noch nicht angefangen. Ich habe die Aufgabe vielleicht nicht gut erklärt. Lass mal sehen. Also hier musst du zuerst …« Sie hat Zoff erwartet und ist jetzt perplex und sichtlich in der Zwickmühle. Habe ich wirklich nicht kapiert, wie schlimm sie ist? Soll sie weiterpöbeln, um mir das noch mal klarzumachen? Auch, um die Erwartung zu bedienen, die die anderen Kinder an sie haben? Andererseits – sie bekommt so viel negatives Feedback von den Lehrern. Sie ist es leid. Zögerlich nimmt sie ihren Stift und legt grummelnd los.

Als ich einige Minuten später die nächste Runde durch die Klasse drehe, um zu sehen, wie weit alle sind, zeigt sie plötzlich auf: »Gucken Sie mal, Frau Kuhn, ist das richtig so?« Ich staune, sie hat tatsächlich eine halbe Seite vollgeschrieben. Ich schaue mir alles an, übersehe erst mal die Fehler, lobe einen besonders guten Einfall und sage: »Du bist richtig gut in Deutsch, weißt du?« Das hat ihr vermutlich noch niemand gesagt, denn ihre Noten sind hier schwächer als mäßig. Überrascht wird sie rot und lächelt unwillkürlich.

Von da an arbeitet sie viel besser mit. Meine aus ziemlich dünner Luft gegriffene Behauptung, sie sei gut in Deutsch, entfaltet nach und nach ihre Wirkung. Sie wird tatsächlich besser. Der Satz, dass Kinder eigentlich immer unsere Erwartungen erfüllen möchten, egal ob diese gut oder schlecht sind, scheint zumindest hier zu stimmen. Das übellaunige und ständig provozierende Mädchen ist verschwunden.

Diese Art selbsterfüllender Prophezeiung kann keine Wunder bewirken, aber sie *hat* eine gewisse Wirkung, und die ist nachgewiesen: Im Rahmen eines bekannten Experiments haben amerikanische Wissenschaftler[5] eine Schule besucht und den Lehrern erklärt, man wolle die Kinder testen, um zu sehen, bei welchen Kindern bald eine besonders große Leistungssteigerung zu erwarten sei. Anschließend wurden den Lehrern die Namen dieser Kinder genannt. Die Forscher kündigten an, im nächsten Jahr wiederzukommen, um die Entwicklung dieser begabten Kinder weiter zu dokumentieren, und verabschiedeten sich.

Als sie im folgenden Jahr wiederkamen, hatte fast die Hälfte der ausgesuchten Kinder im Test einen um 20 bis 30 Punkte höheren IQ als zuvor. Das war natürlich sehr schön. Doch der Clou an dem Versuch war: Keines der Kinder, die angeblich kurz vor einer großen Verbesserung ihrer Leistungen standen, war tatsächlich als überdurchschnittlich begabt getestet worden. Sondern die Jungen und Mädchen waren einfach per Los zufällig ausgewählt worden. In Wirklichkeit sollte das Experiment nämlich prüfen, welche Auswirkungen eine bestimmte Erwartungshaltung der Lehrer auf den IQ der Kinder hat (bei dessen Ermittlung nicht nur die Intelligenz, sondern auch das Allgemeinwissen gemessen wird) – mit spannendem Ergebnis, wie gesehen. Als Zückerchen wurden die betreffenden Kinder übrigens von ihren Lehrern auch noch als überdurchschnittlich sympathisch empfunden.

Dieser sogenannte Pygmalion-Effekt konnte danach noch öfter bestätigt werden. Er sorgt im Schulalltag dafür, dass der Lehrer dem Kind, von dem er besonders viel Gutes erwartet, mehr persönliche Zuwendung gibt. Er räumt dem betreffenden Schüler zudem eine längere Wartezeit bei Antworten ein und lobt ihn häufiger. Dies alles wiederum stärkt natürlich das Selbstvertrauen des Kindes und verbessert oft tatsächlich dessen Leistungen.

Das Fazit für mich als Neulings-Lehrerin ist jedenfalls: Wie klug meine Schüler sind, hängt auch davon ab, für wie klug ich sie *halte*. Und dass es nicht verkehrt sein kann, wenn ich lieber etwas zu viel an Begabung in ihnen vermute als zu wenig.

Doch zurück zu den schwierigeren Exemplaren unter den Kids. Ich erkenne nicht ganz ohne Erleichterung: Zwar sind bereits hier an der Grundschule viele Kids hammerhart drauf – allein, es fehlt ihnen die Lebenserfahrung und das, sagen wir, Standing. Sie haben meiner in vielen Jahren erworbenen mütterlichen Tücke noch relativ wenig entgegenzusetzen. In einer dritten Klasse sitzt zum Beispiel Luis. Als ich das erste Mal zur Tür hereinkomme, ruft der kräftige Zehnjährige vom Typ Dominator stolz: »Bei uns werden Sie's schwer haben. Wir sind nämlich die lauteste Klasse der Schule!« Ich sage nur knapp: »Nein. Nicht bei mir!«, und gebe in den nächsten zehn Minuten erst mal die eiserne Lady mit Haaren auf den Zähnen.

Anfangs flackern noch ein paar kurze Aufstände auf, dann ist es an den Tischen ruhig. Außer bei Luis, der – vom Größenwahn geschüttelt – immer noch versucht, seine Ehre als

Meuterer der Klasse zu retten. Postwendend fordere ich ihn auf, den nächsten Absatz im Buch vorzulesen. Ich nehme aus Prinzip jeden sofort dran, der reinquatscht. Es ist dann nicht mehr so wahnsinnig attraktiv für die Kids, meine Aufmerksamkeit auf sich zu ziehen – denn das bedeutet immer Arbeit.

Luis aber grinst nur und fängt betont langsam und in Erstklässler-Manier an zu lesen: »Haam-buurg iiist der g-g-gröößte See-haa-fen D-d-d-Deutschlands.« Ja, das ist wirklich witzig. Anstatt mich aber nun erwartungsgemäß mit ihm anzulegen, tue ich einfach so, als glaubte ich ihm das Theater. Ich unterbreche ihn mitfühlend: »Schade, dass du im dritten Schuljahr noch fast nicht lesen kannst. Dann liest der Frederic eben jetzt mal weiter.«

»Aber … ich KANN gut lesen, ich bin doch nicht blöd!«, ruft Luis – peinlich berührt, weil ich ihn offenbar für dumm halte. Tja, leider, leider kann ich ihn nicht mehr hören. Ich habe mich längst weggedreht und lausche jetzt sehr konzentriert Frederics Lesevortrag.

Frederic ist nicht nur Luis' Tischnachbar, sondern auch sein treuer Gefolgsmann. Die beiden bilden mit einem weiteren Jungen ein hartgesottenes Trio Infernale. Doch wie erhofft, nutzt Frederic jetzt die Chance, sich von seinem Anführer ein bisschen zu emanzipieren, und liest besonders zügig und flüssig. Ich lobe ihn ausführlich, woraufhin er zufrieden lächelt und die bösen Blicke, die Luis ihm zuschießt, geflissentlich ignoriert. Muss ich noch erwähnen, dass Luis sich in dieser Stunde noch mehrere Male dringlichst zum Lesen meldet, um mir zu zeigen, dass er's doch draufhat? Ich kichere ein lautloses Panzerknackerlachen in mich hinein.

Ich weiß nicht, ob ich ohne die Erfahrungen mit meinen eigenen Kindern solche und viele andere Situationen hätte lösen können. Als Mutter lernt man bekanntlich, schnell zu sein und situativ zu reagieren. Zum anderen kennt man typische Gedankengänge von Kindern und kann daher immer schon zwei Überlegungen weiter sein als sie. Das hilft sehr, denn jeder Schulvormittag bietet unzählige Chancen, auf Glatteis zu geraten und dabei keine sehr elegante Figur zu machen. Immer wieder gibt es Szenen, die man nicht vorhersehen kann und auf die einen auch kein Examen vorbereitet. Natürlich ist man dennoch nicht für alles gewappnet, denn trotz allem sind der Mutter- und der Lehrerinnenjob sehr unterschiedlich.

Wie die meisten Anfänger hatte ich mir vor allem gewünscht, von den Kindern gemocht zu werden. Ich bemühte mich deshalb, nett und gleichzeitig möglichst cool zu sein. Böse Falle! Denn Harmoniesucht ist – zumindest an einer Schule wie hier, mit vielen problematischen Kindern – der sicherste Weg in den Untergang, wie ich denn auch unverzüglich erfuhr. Das Paradox ist: Nicht wer gemocht werden will, sondern wer Kinder mag, wird Sympathie auslösen. Auch oder gerade, wenn er etwas strenger ist. Denn er nimmt die Kinder ernst und respektiert sie, verlangt zugleich aber auch selbst Respekt. Dieses Prinzip verstehen die meisten Kinder problemlos.

Als ich anfangs noch verzweifelte Durchsetzungsprobleme hatte, meinte mein Göttergatte ziemlich gönnerhaft: »Na ja, das ist halt so ein Frauending. Ich als Mann würde mir natürlich auf keinen Fall von so kleinen Pimpfen auf der Nase herumtanzen lassen.«

»Träum weiter!«, grunzte ich nur. An meiner ersten Klasse hatten sich nämlich gleich drei gestandene Männer hoffnungslos die Zähne ausgebissen. Zuerst bekanntlich mein Vorgänger, der examinierte Lehrer, den man nicht mehr allein in die Klasse lassen konnte, weil er sonst geteert und gefedert hinausgejagt worden wäre. Dann der bullig-bärtige Polnischlehrer, der eigentlich für die Migrationskids eingestellt worden war, aber aus Personalnot auch manchmal im regulären Unterricht eingesetzt wurde. Als er mich zwei Stunden lang vertreten sollte, gelang es ihm nicht einmal, die Kinder vollständig ins Klassenzimmer zu kriegen; drei blieben fast während der ganzen Stunde bockig im Flur sitzen.

Als ich ihn später fragte, wie es denn so gelaufen sei, wich der klotzige Mann vom Typ Türsteher meinem Blick aus und murmelte etwas von: »Hm, ja, war ganz okay«, bevor er plötzlich ganz dringend wegmusste. Wahrscheinlich, um sein Kaminbesteck zu reinigen oder den Wellensittich zu füttern. Ich erfuhr erst von einer Kollegin, die die jungen Verweigerer bei ihrem Sit-in im Korridor erwischt hatte, wie grandios er gescheitert war. Nicht unerwähnt bleiben darf in Sachen angeborener männlicher Autorität aber auch der Religionslehrer. Er konnte nur mit mir (oder der eigentlichen Klassenlehrerin) gemeinsam unterrichten, weil er sonst bei den jungen Wilden kein Bein auf die Erde bekommen hätte. Tja, Männer weinen eben lieber heimlich.

Wenn Kinder nicht hören, kann das aber auch daran liegen, dass ihnen der ganze Lärm zu viel geworden ist und sie deshalb kurzerhand die Schallschutz-Kopfhörer aufgesetzt haben. Auch die gehören nämlich zum unabdingbaren Wellness-Angebot heutiger Schulen. (Vielleicht sollte ich die einfach auch mal benutzen.) Ursprünglich für ADHS- oder auch Inklusionskinder gedacht, die sich damit besser konzentrieren können, werden sie längst von allen nach Belieben verwendet. Ich argwöhne, dass viele sie nicht deshalb aufsetzen, weil sie dann besser arbeiten können, sondern weil sie die störende Stimme der Lehrkraft damit besser ausblenden können.

Nachdem ich ein paarmal so ein Ding gelupft habe, um mir bei seinem jungen Träger Gehör zu verschaffen, kapierte ich: Ich hätte längst verhindern müssen, dass die Kinder sich die Schutzhörer einfach so schnappen können. Denn natürlich sind die nur für die Stillarbeit gedacht. Das weiß auch jede Kollegin außer mir. Wieder einmal haben die Kinder eine der Lücken, die meiner Ahnungslosigkeit geschuldet sind, weidlich ausgenutzt. So langsam aber lerne ich, wie der Hase läuft.

Trotzdem kann ich sie nicht verschweigen: die Mädchen und Jungen, die ich weder mit mehr Erfahrung noch mit psychologischen Tricks oder Roten Karten erreichen konnte. Die fast zwanghaft über alle Grenzen hinweggingen und nicht einmal die elementarsten davon anerkannten. Solche Kinder höhnen, pöbeln und können sich weder auf Zuwendung einlassen (die sie als Schwäche missdeuten), noch sprechen sie auf die harmlosen Druckmittel einer Lehrerin an. Dass ich manche Kinder unter ihrer Maske aus Selbstentfremdung und trauriger Wut nicht ein einziges Mal wirklich erreichen konnte, gehörte zu den frustrierendsten Erfahrungen meiner Zeit als Lehrerin.

Wie gut das mit der Durchsetzung jetzt aber zumindest meistens klappt, erlebe ich einigermaßen überrascht bei einer ziemlich peinlichen Panne. Eine als schwierig geltende Klasse ist nach den üblichen Testkämpfchen ruhig und arbeitet wie am Schnürchen. Ich muss zugeben: Ich bin immer ziemlich stolz, wenn mir so etwas gelingt. Es kostet mich aber auch wahnsinnig viel Kraft. Nichts geht in diesen Klassen von selbst, und es wird kein unachtsamer Moment verziehen. Während ich am heimischen Schreibtisch schon mal einige Minuten aus dem Fenster schauen konnte, um mir eine gute Überschrift zu überlegen, erlaubt ein Schulvormittag keine zehn Sekunden des Durchatmens, und das meine ich wörtlich.

Ich erkläre der Klasse jedenfalls gerade etwas und gehe dabei rückwärts in Richtung Tafel. Blöd nur, dass ich vergessen habe, dass es in diesem Raum ein Podest gibt, auf dem die Tafel erhöht steht. Ich falle mitten im Satz über die Kante und rolle mich nach hinten ab, während ich die Blätter meines Skripts in die Luft schmeiße. Unwillkürlich rutscht mir ein »Schei…!« heraus, während die Arbeitsblätter sanft herabsegeln und sich auf dem Boden verteilen. Ich rappele mich hoch und erwarte, dass die Kinder im nächsten Moment lauthals losgrölen. Es bleibt aber totenstill, alle gucken nur erstarrt.

Zart erstaunt wird mir klar: Es traut sich einfach keiner, mich auszulachen. Dabei hätte ich das gar nicht übelgenommen, ich selbst hätte als Kind definitiv losgelacht. In mir regt sich das schlechte Gewissen, ich spüre ein leises Mitleid mit den armen Unterdrückten. Vielleicht habe ich es ja mit der Strenge doch übertrieben …?

Offenbar nicht. Einige Tage später mache ich mit einer anderen Klasse gerade eine »Flitzepause« auf dem Schulhof: Die Kinder dürfen, wenn die Konzentration nachlässt, zwischendurch mal ein paar Runden rennen. Okay, ich gestehe, manchmal mache ich das auch, weil *ich* einfach nicht mehr kann und dringend ein paar Minuten an die Luft muss (das mit dem Flitzen verkneife ich mir natürlich). Da sehe ich einen Schüler aus dem Gebäude auf mich zukommen. Es ist Mahmed. Er ist aus der Klasse, in der ich kürzlich meinen Tafel-Stunt vorgeführt habe. Ratlos sagt der große, stämmige Junge: »Frau Kuhn, wir wissen nicht, was wir machen sollen. Frau Krasnitz is' einfach rausgelaufen. Sie hat geweint. Ich glaub', weil wir so laut waren.« Ich verspreche, im Lehrerzimmer Bescheid zu sagen, dass jemand in die Klasse kommt. Und denke insgeheim, dass es für die Psyche einer Lehrkraft immer noch gesünder ist, den Säbelzahntiger zu geben, als allzu flauschig zu sein.

4.

Das Lehrerzimmer – die verbotene Zone

Rechts die obligatorische Kaffeemaschine, daneben ein kaputter Farbkopierer, eine Kiste mit Hütchen für das Fahrradtraining, hinten zwei scheue Bufdis (Bundesfreiwilligendienstler), die am Handy daddeln. An der Wand hängt groß der Spruch: »No brain, no headache!« Ich muss grinsen. Doch das mit dem Kopfweh ist gar nicht so abwegig. Wer sich hier zu viele Gedanken macht, kommt um Kopfschmerzen nicht herum, wie ich bald merken werde.

Auch die Schulpsychologin, der Deutschlehrer für die Migrationskids und der örtliche Gemeindereferent, der den Religionsunterricht gibt (zu geben versucht), flüchten sich in Freistunden und Pausen hierher. Denn das Lehrerzimmer ist der einzige Rückzugsort für entkräftete Lehrkräfte, die Kinder haben hier Zugangsverbot. Auch ich selbst darf nun endlich diese »Sperrzone«, die mich schon als Kind neugierig gemacht hat, betreten.

Jeder hat am Lehrerstammtisch seinen Lieblingsplatz, und ich als Neuling muss einen der hinteren Stühle nehmen, die noch nicht fest vergeben sind. Noch weiter hinten sitzen nur die Praktikanten und die Mädels und Jungs, die ein Freiwilliges Soziales Jahr absolvieren. Sie machen sich oft seltsam unsichtbar, reden kaum und wirken die meiste Zeit innerlich abwesend. Ob dieses Jahr für sie wirklich so »freiwillig« ist? Oder ist es eher eine Verlegenheitslösung? Vielleicht sind sie aber auch einfach nur ernüchtert angesichts der Wirklichkeit an dieser Schule, die mit dem Zauber von »Ich möchte später gern mit Kindern arbeiten!« so wenig zu tun hat.

Das Lehrerzimmer ist auch ein bisschen das Wohnzimmer der Schule. Die Kaffeemaschine ist im Dauereinsatz, hier darf man die ganze Anspannung mal loslassen, und fast jeden Tag steht irgendeine Leckerei auf dem Tisch, die jemand als dringend benötigte Nervennahrung spendiert hat. Hier trifft man die Sportlehrerin in der Pause auch manchmal in Unterwäsche an, weil es weder eine Turnhalle noch Umkleidekabinen gibt, der Sportplatz ein gutes Stück von der Schule entfernt ist und sie nicht noch mehr Zeit mit Umziehen verlieren will.

Das Lehrerzimmer ist aber vor allem eines: ein Ort der Wahrheit. Hier werden keine Profilneurosen gepflegt und keine Selbstdarstellung betrieben, wie ich es aus so manchen Redaktionskonferenzen kenne. Die psychischen Belastungen des Lehrerdaseins zwingen offenbar zur Ehrlichkeit. Denn das Unterrichten ist nur ein Teil des Jobs, und manchmal fast der kleinere. Wohingegen der größere Teil darin besteht, sich unter hohem Energieaufwand einigermaßen durchzusetzen, um so etwas wie Unterricht überhaupt zu ermöglichen. Das gilt übrigens nicht nur für mich als blutige Anfängerin, sondern auch für die Lehrkräfte mit langjähriger Erfahrung. »Du fängst jeden Montag wieder von vorne an«, sagt eine Kollegin halb resigniert. »Am

Wochenende wird in der Familie oft das bisschen wieder kaputtgemacht, was du bei dem Kind unter der Woche erreicht hast.«

Ohne sich offen aussprechen zu können, ohne manchmal auch ihre Ratlosigkeit eingestehen zu dürfen, würden Lehrerinnen und Lehrer diesen Job wohl nicht lange durchhalten. Zwar steht man immer allein vor der Klasse, aber es hilft schon sehr, zu wissen, dass man zumindest mentalen Rückhalt hat. Und dass – wenn gar nichts mehr geht – die Kolleginnen jederzeit umstandslos helfen.

Überhaupt sind Grundschullehrer und -lehrerinnen so ziemlich die authentischsten und am meisten geerdeten Menschen, die ich bisher getroffen habe. Mehr Sein als Schein lautet die angenehme Devise, denn alles Unechte funktioniert bei Kindern (und auch den Kollegen) eh nicht und schleift sich deshalb automatisch ab. Die absolute Echtheit ist zugleich aber auch eines der Dinge, die den Job so wahnsinnig anstrengend machen. »Es gibt keine Trennung zwischen deiner Rolle als Lehrerin und dir als Person. Sondern du gibst dich in diesem Beruf immer ganz«, bringt es Kollegin Annegret auf den Punkt.

Mit der ganzen Persönlichkeit involviert zu sein – das klingt doch eigentlich gut. Nach Selbstverwirklichung im Job und so – wer träumt nicht davon? Aber es führt eben auch dazu, dass es an fast jeder Schule eine dauerkrankgeschriebene Lehrerin mit Belastungsdepression gibt. Wen hier einmal der Mut und die Kraft verlassen, der fasst anschließend nur schwer wieder Fuß, weil das Unterrichten an einer Schule wie dieser keinerlei Schwäche, kein Nachlassen der Körperspannung und des Durchsetzungswillens erlaubt. Hier kann man sich nicht in steigender Dosis wieder »einschleichen«, kann mit seiner Energie nicht haushalten, sondern brennt immer auf höchster Stufe. Ich habe es täglich erlebt: Wenn ich nicht voll auf der Höhe war, zerfiel mir die Klasse förmlich unter den Händen, und

Unterricht wurde schon nach wenigen Augenblicken zur Qual – was auf Dauer ziemlich depressionsfördernd ist.

Es fällt auch ausgebildeten Lehrern oft schwer, ihre Sorgen aus dem Job im Lehrerzimmer zu lassen und sie nicht huckepack mit nach Hause zu nehmen. »Ich hab' schon wieder die ganze Nacht nicht geschlafen«, klagt Victoria heute Morgen und wirft sich schlapp in ihren Stuhl. »Es ist wegen Teresa. Ich weiß nicht, was ich da noch machen soll.« Alle nicken und brummen zustimmend, sie kennen das verhaltensauffällige Mädchen.

Fast jeden Tag sitzt eine Kollegin mit grauem Gesicht und Kopfweh am langen Tisch des Lehrerzimmers. Eine ist von der Dauerbelastung bereits herzkrank geworden, obwohl sie dafür eigentlich noch zu jung ist. Eine andere bekomme ich gar nicht erst zu Gesicht, weil sie seit Monaten krankgeschrieben ist. Und auch wenn die Atmosphäre im Lehrerzimmer fast immer gut und positiv ist, habe ich den Eindruck: Weil jede Lehrkraft selbst genug Stress hat, hat jeder wenig Energie übrig, um sich auch noch die Sorgen anderer länger als nur für wenige Augenblicke anzuhören. Als ich zu Selma einmal anerkennend sage: »Du hast es aber auch nicht gerade leicht mit diesen drei echt superschwierigen Jungs in deiner Klasse. Ich bin schon geschafft, wenn ich die mal eine Stunde habe«, treffe ich einen Nerv, und die Kollegin, die ich bisher selten habe klagen hören, sprudelt förmlich los. Eigentlich habe sie noch ein Jahr bis zur Pensionierung, aber ihr Mann habe kürzlich erst wieder gesagt, sie solle doch schon jetzt in den Ruhestand gehen und sich »das nicht länger antun«.

Einer der Väter der Problemkinder hat neulich übrigens fast dasselbe zu ihr gesagt, nur unter anderen Vorzeichen: Es sei gut, blaffte er, dass sie »nächstes Jahr endlich weg sei«, nachdem sie es gewagt hatte, seine Frau und ihn wieder einmal auf das extreme Verhalten ihres Sprösslings anzusprechen. Das hat die erfahrene Selma, die ich sogar im Umgang mit Problemkindern nie unfreundlich oder gar laut erlebt habe, sehr gekränkt.

Natürlich sind solche Eltern Ausnahmen, aber oft sind es gerade die Mütter und Väter der sehr auffälligen Kinder, mit denen ein gutes Gespräch schwer ist. Das ist ja auch nicht ganz unlogisch, denn nichts anderes bedeutet es ja, wenn ein Kind einen »schwierigen sozialen Hintergrund« hat. Dass die meisten Eltern ihre Arbeit gut finden, erlebt Selma zum Glück kurz darauf an ihrem Geburtstag: Gleich mehrere Mütter sind extra morgens mit in die Klasse gekommen, um der bei Kindern und Eltern beliebten Lehrerin zu gratulieren.

»In letzter Zeit geht es mir gar nicht gut«, gesteht mir eines Tages sogar Schulleiterin Birgitta. »Mir wird hier manchmal alles zu viel.« Der Alltag wächst ihr nach mehreren Jahrzehnten über den Kopf. Die Kinder waren früher anders, nicht so hammermäßig drauf. Sie kann sich manchmal nicht mehr so gut durchsetzen, die Energie fehlt. »Neulich war jemand vom Schulamt zu Besuch – ausgerechnet in der letzten Stunde, wo die Klasse sich sowieso nicht mehr konzentrieren kann. Hinterher hat er sich beschwert, dass es in meinem Unterricht so chaotisch sei. Das war total peinlich!«, klagt die patente und gutmütige Lehrerin ratlos.

Da ist es richtig entspannend, wenn ausnahmsweise mal nicht über die Schüler gesprochen wird. »Seit ich Low Carb mache, ist meine Verdauung viel besser«, verrät mir Inge, während sie zufrieden einen Stangensellerie zermalmt, »denn weißte, ich hatte früher so oft Verstopfung. Wegen der Wechseljahre.« Ich sage ihr, dass ich es wirklich toll finde, dass sie das Problem jetzt nicht mehr hat. Gleichzeitig schiele ich auf den Hefezopf mit Mandeln, den Andrea heute für alle mitgebracht und auch schon aufgeschnitten hat … Ich entscheide, dass mir Nervennahrung in diesem Job wichtiger ist als eine geregelte Verdauung, und drücke mir mit entschuldigendem Blick erst mal zwei dicke Scheiben mit Honig und Butter rein.

Viel Zeit zum Essen bleibt aber nicht. Schon rückt Christina sich vorne wieder einen Stuhl an die Wand, klettert hinauf und reckt sich zum Schulgong an der Wand hoch. Sie will das Signal für das Ende der Hofpause geben. Der Gong ist nämlich kaputt und muss jetzt immer mit der Hand ausgelöst werden. Unser Hausmeister ist gelernter Maler, und offenbar gehört Pausenklingeln-Reparieren nicht zu seinen Kernkompetenzen. Zum Schulbeginn, am Ende jeder Stunde und nach der Pause muss die Sportlehrerin – wir finden, die eignet sich für alpine Disziplinen am besten – also in schwindelnder Höhe die Klingel kurzschließen. Ich argwöhne insgeheim, dass sie auch fremde Autos durchaus auf diese Weise starten könnte. Manchmal vergessen wir den Gong leider, und dann läutet es eben fünf Minuten später. Ich finde, das Ganze hat was. Zeit wird relativ. Das ist sehr undeutsch – und sehr entspannt. Für eine fachgerechte Reparatur ist eh kein Geld da, und wozu auch? »Nichts hält so lange wie ein Provisorium«, besagt schließlich eine alte Handwerkerweisheit.

Apropos Geldmangel: Hier gibt es wenigstens noch genug Klopapier. An der Schule meines Sohnes wird neuerdings sogar das von der Stadt rationiert, es steht der Schule nur noch eine abgezählte Anzahl Rollen pro Woche zu, kein Witz. (Und merke: Das war noch *vor* Corona-Zeiten.) Manchmal springen wir Eltern ein und spendieren eine Extra-Packung. Dic Optik der Toiletten verzaubert die kleinen Besucher dafür immerhin mit dem Charme des 19. Jahrhunderts. Das ist auch an »meiner« Schule so, und tatsächlich ist der Trend zur Retro-Toilette bundesweit ziemlich flächendeckend. Nach Angaben der Städte[6] gibt es im ganzen Land einen Sanierungsstau an Schulen von über 40 Milliarden Euro, und vor allem die sanitären Einrichtungen fristen fast allerorten ein trauriges Dasein.

Der Verzicht auf moderne Sanitäranlagen und so unnötigen Luxus wie Toilettenpapier fällt uns aber leicht. Schließlich verstehen wir, dass die Steuern für Wichtigeres ausgegeben werden müssen. Zum Beispiel für die Kunst: Eine Art Vogelnest aus

Feingold, das in einer Berliner Grundschule seinen Platz erhielt, kostete die Stadt nach eigenen Angaben mickrige 92 500 Euro, einschließlich einer Hightech-Sicherheitsvitrine für das kostbare Anschauungsstück.[7] Kurze Zeit später wurde das Goldnest leider trotzdem geklaut und ist seither verschwunden. Schade irgendwie. Vielleicht wäre es doch sinnvoller gewesen, man hätte die Geldscheine gleich als Toilettenpapier verwendet, schließlich herrscht ja hieran großer Mangel, und so wären sie wenigstens noch zu etwas gut gewesen.

Ach ja, und da ist auch noch die massive Stahlbrücke für Haselmäuse (ja, auch ich wusste nicht, wie diese Tierchen überhaupt aussehen), die jetzt für gut 90 000 Euro eine Landstraße in Niederbayern überspannt. Sie soll die kleinen Nager vor dem Überfahrenwerden schützen.[8] Bisher wurde leider noch keine einzige Haselmaus beim ordnungsgemäßen Queren der Konstruktion gesichtet. Vielleicht hätte man die Mäuse zunächst mit Aushängen über diese Möglichkeit informieren müssen. Denn der Zweck der tonnenschweren Konstruktion erschließt sich ihnen wohl ebenso wenig auf den ersten Blick wie dem menschlichen Betrachter.

Gegen solch wichtige Projekte sind jedenfalls Laptops, Whiteboards und Schulbücher nun wirklich überflüssiger Schnickschnack. Sollen die Fördervereine der Schulen und die Eltern die doch selbst bezahlen, befindet der Staat denn auch folgerichtig des Öfteren.

Doch auch wenn man von Widrigkeiten wie mangelnder technischer Ausstattung mal absieht, hat der Lehrerjob heute mit einer »Unsere kleine Farm«-Idylle nur noch wenig zu tun. Nach einem Vormittag, an dem ihre Problemkids ihr wieder einmal die ganze Energie ausgesaugt haben, sagt Andrea, die sowieso ziemlich rebellisch veranlagt ist und gern Klartext spricht: »Das ist nicht gerecht, oder? Dass die an der weiterführenden Schule mehr verdienen. Ich meine, auf dem, was wir hier mühsam an Grundlagen schaffen, können sie dort doch erst aufbauen.« Deshalb und weil die Grundschuljahre prägende Jahre sind, fordert die Lehrergewerkschaft GEW auch seit Langem, dass Lehrer aller Schularten gleich bezahlt werden.

Zu Recht, wie ich (nicht ganz uneigennützig) finde. Denn auch ich realisiere langsam, dass ich hier gleich zwei Berufe habe – mindestens: Nicht nur muss ich den Stoff möglichst geschickt und unterhaltsam ans Kind bringen, und zwar gleich mehrfach: für die regulären Kinder, für behinderte Kinder, für Kinder mit Lernstörungen, für Kinder, die schlecht Deutsch können, für Kinder mit Lese-Rechtschreib- oder Rechenschwäche. Ich muss es außerdem erst mal hinbekommen, dass Ruhe ist, um überhaupt gehört zu werden. Nebenbei fungiere ich auch noch als Seelentrösterin, Beraterin sowie Bezugs- und Vertrauensperson in Personalunion.

Dieser »Zweitjob«, also alles, was nicht mit reiner Stoffvermittlung zu tun hat, ist der anstrengendere und macht nach meinem Empfinden locker 50 Prozent des Unterrichts aus. Dieser Anteil ist an der weiterführenden Schule – zumindest nach dem, was ich an den Schulen meiner Kinder beobachtet habe – deutlich geringer. Oft hätte ich mir gewünscht, dass die Lehrer hier mehr Empathie zeigen, am einzelnen Kind interessierter sind. Oder überhaupt interessiert sind.

Für mich sind jedenfalls nicht Börsenmakler, Hochschuldozenten oder Topmanager, sondern die Lehrer an problematischen Grundschulen die wahren *High Performer.* Denn sie managen gleich mehrere verantwortungsvolle Jobs zur gleichen Zeit.

Es geht zudem nicht ausschließlich ums schnöde Geld. Ein Job, der gut bezahlt wird, hat auch ein höheres Ansehen. Was nicht nur dabei helfen würde, den riesigen Lehrermangel an Grundschulen zu beseitigen. Sondern auch dabei, endlich mehr Männer an die Primarschulen zu locken. Denn die achten offenbar wesentlich stärker als wir Frauen darauf, für ihre Mühe auch angemessenen Cash zu sehen, was vermutlich einer der Hauptgründe ist, weshalb sie an Grundschulen sehr unterrepräsentiert sind.

Mehr Lehrer würden nicht nur für eine etwas prickelndere Atmosphäre in unserem weiblich dominierten Lehrerzimmer sorgen. Sie wären vor allem wichtig für die Kinder, denn sie würden dem Überhang von uns Frauen bei der Erziehung entgegenwirken: Immer noch sind es ja meist die Mütter, die in die Babypause gehen und fürs Kind da sind. In der Kita dann sind es wiederum fast nur Frauen, die die Kinder betreuen, und auf der Grundschule setzt sich die weibliche Dominanz noch weitere vier Jahre fort.

Männer aber haben eine andere Art des Miteinanders mit Kindern. Ein Mann kann zum Beispiel die Eigenheiten von Jungs besser verstehen, die gerade uns weiblichen Lehrkräften oft zu schaffen machen: ihre Rangkämpfchen, ihre größere motorische Unruhe, ihre oft erst später entwickelte Geschicklichkeit beim Schreiben, Ausmalen, Ausschneiden. Wenn Jungs ein Problem mal nicht politisch korrekt, heißt: mit Worten, sondern lieber körperlich lösen, berufen Lehrerinnen (zumindest die, die selbst keine Söhne haben …) oft gleich empört einen Krisenstab ein. Der Mann dagegen bleibt hier meist erst mal gelassen, denn er kennt das alles noch aus eigener Erfahrung. Aber auch Mädchen profitieren von der anderen Art männlicher Lehrer, weil diese das Bild, das sie von Erwachsenen außerhalb ihrer eigenen Familie bekommen, erst vervollständigt.

Im Lehrerzimmer wird aber trotz aller Baustellen auch viel gelacht. Meine Kolleginnen sind allesamt erstaunlich unerschrocken, positiv und optimistisch gestimmt. Sie mögen Kinder, und sie mögen ihren Job. Sie bereiten nicht selten auch noch in ihrer Freizeit Klassenfahrten, Lern- und Bastelmaterialien oder Schulfeste vor. Und übernehmen last but not least immer wieder auch unbezahlte Vertretungsstunden, was wegen des dramatischen Lehrermangels heute wie selbstverständlich verlangt wird.

Jede Kollegin spricht von den Kindern ihrer Klasse außerdem (fast) immer positiv und mitfühlend. Selbst über Kinder, die den Unterricht fast täglich implodieren lassen, wird zwar manchmal ratlos, aber mit Einfühlung und Empathie gesprochen, niemals abfällig.

Klar gibt es – wie in allen Berufen – manchmal auch unter Lehrern menschlich schwierige Exemplare. Die gab es schon in meiner eigenen Schulzeit, und es gab und gibt sie vereinzelt auch an den Schulen meiner Kinder. Es wären aber sicher noch deutlich weniger, wenn Lehrer im Klassenzimmer nicht so alleingelassen würden. Als Lehrer ist man den lieben langen Tag fast nur mit Kindern oder Halbwüchsigen zusammen. Man bekommt also kaum je ein fundiertes und reifes Feedback zum eigenen Unterricht. Schulleiter gehen nämlich so gut wie nie in die Klassen, um die Qualität des Unterrichts zu kontrollieren. (Das wird lieber den Beamten von der Schulbehörde überlassen, dic alle Jubeljahre mal erscheinen, um die Beförderungswürdigkeit eines Lehrers zu überprüfen.)

Nicht einmal bei mir wurde abgecheckt, ob ich überhaupt klarkam. Die Rektorin, die selbst unterrichten, zusätzlich viele Vertretungsstunden übernehmen und sich auch noch um den Verwaltungskram kümmern musste, hatte dafür einfach keine Zeit. Dass ich nicht hoffnungslos unterging, davon überzeugten sich meine Kolleginnen lediglich dadurch, dass sie im Vorbeigehen mal ein paar Momente von außen an meiner Klassentür lauschten (wie mir eine von ihnen später grinsend gestand). Oder indem sie in den ersten Tagen öfter wahnsinnig wichtige, unaufschiebbare Dinge mit mir klären mussten, für die es unabdingbar war, mal kurz in meinen Unterricht zu platzen. Nachdem sie gesehen (und den anderen berichtet) hatten, dass ich offenbar zurechtkam, hörten diese Stippvisiten schnell auf.

Was hätte ich alles anstellen können, so vollkommen unbeachtet, unkontrolliert und unbegleitet? Vielleicht hätte ich diese Freiheit ja doch ein wenig mehr ausnutzen sollen. Wir hätten die Vormittage damit verbringen können, zusammen Klatschzeitschriften zu lesen, Picknicks im Klassenraum abzuhalten, Turniere mit dem Tischkicker zu veranstalten, neue Frisuren auszuprobieren, Hautcremes und Seifen selbst herzustellen oder Montagsmaler zu spielen …

Überhaupt schauen Lehrer untereinander kaum jemals beim anderen herein. Dabei wäre so ein korrigierendes Moment durch Kollegen oder auch Schulleiter generell sehr wertvoll. Denn wer seine Arbeit nie auf den Prüfstand stellen muss, keinerlei Supervision bekommt, kann ungute Angewohnheiten entwickeln. Kleine Macken können sich zu größeren auswachsen, und manchmal bleibt auch der Elan, immer das qualitativ Beste zu geben, mit den Jahren unmerklich auf der Strecke.

Der Ehrenkodex, sich nicht in den Unterricht eines Kollegen einzumischen, hat mich sehr erstaunt. Teamarbeit ist in den meisten Berufen schließlich längst eine Selbstverständlichkeit. Wäre es nicht ein besseres Qualitätsmanagement, wenn alle Lehrer im Laufe eines Schuljahres einmal reihum bei den Kollegen hospitieren würden? Anschließend könnten alle bei einer heißen Latte macchiato zusammenhocken und sich gegenseitig sagen, was ihnen in dieser Unterrichtsstunde besonders gefallen hat. Und umgekehrt: Ideen sammeln, wie man eine bestimmte Situation hätte anders lösen können, oder wie man den Stoff vielleicht noch spannender ans Kind bringen könnte.

Ältere Lehrer könnten jüngeren dabei etwas von ihrer langjährigen Erfahrung abgeben, die jüngeren wiederum könnten die alten Hasen dazu inspirieren, Dinge einfach mal ganz anders zu handhaben. Sodass das nächste Aufsatzthema vielleicht nicht »Mein schönstes Ferienerlebnis« lautet, sondern: »Was ich gern vorführen würde, wenn ich meinen eigenen YouTube-Channel hätte.«

Als ich dazu ein bisschen recherchiere, erfahre ich: All das gibt es theoretisch längst, es nennt sich Evaluation. Die kann von außen erfolgen, also durch Inspektoren des Schulamts, die einzelne Schulen besuchen und streng inspizieren. Sie kann aber auch von den Lehrern einer Schule selbst durchgeführt werden.

Dabei wird nicht nur der Unterricht auf den Prüfstand gestellt. Auch Laune und Stimmung von Schülern und Eltern, die Förderung von Kindern mit Lernproblemen oder Behinderungen sowie der Wohlfühlfaktor der Räume samt ihrem technischen Standard werden gecheckt (in vielen Grundschulen sind die Schüler-PCs längst unter einer dicken Staubschicht versunken und vergessen, weil sich kein Mensch um Pflege und Aktualisierungen kümmert). Also, das klingt doch erst mal gut – nach scheckheftgepflegter Schule und so.

Doch leider, leider: In vielen Bundesländern ist die Kontrolle durch Inspektoren der Schulbehörde auf unbestimmte Zeit ausgesetzt – wegen des Lehrermangels. Inspektoren sind nämlich auch Lehrer, und sie werden an den Schulen dringender gebraucht als in den Amtsstuben. Außerdem wurden die Schulen in der Vergangenheit oft alleingelassen, wenn es darum ging, die gefundenen Schwachstellen auszubessern. Es gab weder mehr Geld noch mehr Stunden und Personal.[9]

Aber auch die sogenannte Selbstevaluation, wenn eine Schule ihre Qualität selbst überprüft, läuft oft ins Leere. Weil sie zum einen meistenorts freiwillig ist und sich nicht alle Kollegien dazu aufraffen können. Sie kostet immens viel Zeit und Personal, was die Schulen beides nicht haben. Vor allem aber wissen Lehrer nicht angeborenerweise, wie man eine systematische

Qualitätsprüfung durchführt, denn das kommt in ihrem Studium nicht vor.

So passiert letztlich oft gar nichts, weder von außen noch intern, und in diesem Fall ergibt minus mal minus leider keineswegs plus.

Doch zurück ins Lehrerzimmer. Abgesehen von der guten Bodenhaftung, die alle hier gemeinsam haben, entdecke ich alle Menschentypen, die es auch woanders gibt: die Selbstbewussten wie die Harmoniebedürftigen, die Taffen ebenso wie jene, die aus ihrem Nettigkeitsreflex gar nicht mehr herausfinden.

Da ist zum Beispiel Karin. Karin kennt sich sehr gut mit auffälligen Kindern aus, sie hat eine sonderpädagogische Ausbildung. Wenn wir über problematische Kinder reden, analysiert sie sie treffend und versteht die Ursachen und Hintergründe für ihr Verhalten bestens. Als ich aber einmal bei ihr im Unterricht helfe, verstehe ich, dass Ausbildung allein noch keinen Lehrer macht. Eigentlich hatte ich gedacht, *ich* sei diejenige, die noch nicht weiß, wie's geht. Zunehmend sprachlos sehe ich nun zu, wie Karin ständig nervös lacht und sich für jede Anweisung bei der Klasse entschuldigt. »Ja, ich weiß, ihr habt auf Deutsch jetzt gar keine Lust! Das mit den Adverbien ist ja auch total langweilig. Aber es hilft nichts, wir müssen das jetzt machen, das steht leider im Lehrplan« (neuerliches, entschuldigendes Kichern).

Sie ringt ratlos die Hände, als ihr keiner mehr zuhört, sondern die ganze Klasse zu quatschen beginnt. Sie versucht gar nicht erst, die Kinder ruhig zu bekommen. Stattdessen spricht sie lauter und lauter, um den Geräuschpegel doch noch irgendwie zu übertönen. »Wir bilden jetzt Arbeitsgruppen«, verlautbart sie als Nächstes. »Wer will sich zusammensetzen? Setzt euch einfach mal jeweils zu fünft zusammen, ja?«, fordert sie die Klasse völlig instinktfrei auf. Und es passiert, was passieren muss: Sofort treffen sich die fünf schlimmsten Hardcorekids am

Tisch ihres Anführers. Sogar ich mit meiner Mini-Erfahrung als Lehrerin achte längst darauf, schwierige Kinder bei Gruppenarbeiten immer getrennt zu setzen, weil sich sonst explosive Synergie-Effekte ergeben, die kaum noch kontrollierbar sind. Aufrichtig erstaunt sieht Karin nun zu, wie die Jungs das ausgeteilte Arbeitsmaterial zerlegen und sich kreischend damit bewerfen.

Und ich lerne: Im Gegensatz zur Familie, wo es Raum für Freiheiten, Diskussionen und demokratische Entscheidungen gibt, existieren im Klassenzimmer nur zwei Möglichkeiten: Entweder übernimmt der Lehrer die Führung – oder die Klasse. Dazwischen gibt es nichts. Wenn eine Lehrkraft ihre Rolle als Boss nicht übernehmen will oder kann, dann finden sich innerhalb von Sekunden genügend Kinder, die ihr das gern abnehmen.

Einen ganz anderen Typus Lehrer verkörpert Annegret. Sie fühlt sich fast mehr als Mutter denn als Lehrerin. Sie ist ausgesprochen liebevoll und empathisch. Alle Kinder sind irgendwie auch ihre eigenen Kinder. Sie läuft Marlon, einem Jungen aus ihrer Klasse, beim Sportfest Hunderte Meter weit hinterher, als er einfach beschließt, das Stadion zu verlassen. Sie ist die Einzige, die überhaupt einen nennenswerten Einfluss auf Marlon hat, wir anderen werden von ihm entweder ignoriert oder verhöhnt. »Er traut eben nur mir«, keucht sie atemlos, als sie (sehr viel später) zurückkommt, den finster dreinblickenden Jungen im Schlepptau. Ich bewundere sie für ihre Geduld, denn nach einer Stunde mit Marlon bin ich selbst reif für zwei Stunden Gesprächstherapie. Wieder merke ich, nur dieses Mal mit umgekehrten Vorzeichen: Es braucht mehr als nur ein Lehramtsstudium, um eine gute und geduldige Lehrerin zu werden, und Annegret hat's einfach drauf.

Es ist gut, dass Lehrer so unterschiedlich sind. Denn in jedem Lehrertypus finden sich einige Kinder besonders stark wieder und fühlen sich verstanden. Umgekehrt kann auch ein

Lehrer, der ganz anders ist als es selbst, ein Kind bereichern, weil es sich dadurch im Umgang mit unterschiedlichsten Menschen übt. Deshalb ist es so wichtig und richtig, dass es heute schon in der Grundschule zusätzlich zum Klassenlehrer oder der Klassenlehrerin auch mehrere Fachlehrer gibt – idealerweise natürlich Frauen *und* Männer, ältere wie jüngere, ruhigere und vielleicht spritzigere, und strengere Exemplare ebenso wie nachgiebigere.

Die besten Ratschläge bekam ich selbst fast immer von den älteren Kolleginnen. Die hatten fast alles schon mal gesehen und erlebt und waren durch die üblichen Probleme mit den Kindern nur noch schwer aus der Ruhe zu bringen. Zwar hatte sich bei einigen von ihnen schon eine gewisse Resignation in die Unerschrockenheit gemischt, weil sie in ihren ersten Berufsjahren viel weniger verhaltensauffällige Kinder erlebt hatten als heute. Und weil sich auch das dickste Fell im Laufe der Zeit abnutzt, wenn es jeden Tag strapaziert wird.

Trotzdem bin ich nie ohne einen guten und oft auch angenehm pragmatischen Tipp von ihnen weggegangen. »Also es gibt Kinder, mit denen darfst du erst gar keinen Machtkampf anfangen«, verriet mir zum Beispiel Judith, eine gestandene Kollegin. »Denn den verlierst du. Weil sie auf nichts ansprechen, auf kein Druckmittel, gar nichts. Wenn zum Beispiel Sabrina wütend aus der Klasse läuft, dann geh ihr nicht nach. Lass sie einfach. Sie versteckt sich irgendwo, aber sie verlässt nicht das Gebäude. Sie kriegt sich wieder ein und taucht dann relativ schnell wieder auf!«

Dieser Rat überraschte mich. Musste ich mich nicht in jeder Situation behaupten, wenn ich nicht auf verlorenem Posten landen wollte? Doch der überraschende Tipp war Gold wert. Er bewahrte mich vor so manch unlösbarer Situation und dem damit verbundenen Gesichtsverlust, weil ich die Konflikte mit den harten Brocken unter den Kindern dann doch lieber pragmatisch löste. Zum Beispiel durch Ignorieren eines Affronts, oder auch durch einen Handel, bei dem ich nachgab, mich aber dafür in einem anderen Punkt durchsetzte.

Das mag unbefriedigend klingen. Aber angewandte Pädagogik hat oft etwas Provisorisches an sich, es gibt hier keine Patentlösungen. Für Kinder gibt's keine Gebrauchsanleitung, und manches Problem umschifft man lieber, anstatt vergeblich zu versuchen, es auf die Schnelle mal eben so knacken zu wollen.

Manche der anderen Kolleginnen sind dagegen so mit ihrem eigenen Stress beschäftigt, dass sie sich kaum dafür interessieren, wie ich zurechtkomme. Bei zwei von ihnen spüre ich sogar große Vorbehalte gegen mich, die »Barfußlehrerin«. Völlig verständlich übrigens, mir wäre es wohl ähnlich ergangen, wenn eine Lehrerin morgens in der Redaktion erschienen wäre und so getan hätte, als habe sie von Natur aus irgendwelche Blattmacherqualitäten.

Trotzdem wünschte ich manchmal, auch die Zweiflerinnen würden mich unterstützen, anstatt entweder gar nicht oder wenn, dann nur in ironischem Tonfall mit mir zu reden. Als eine andere Kollegin solch ein frostig-unterkühltes Gespräch mitbekommt, steht sie mir entschieden bei: »Solche wie dich brauchen wir! Lass dich nicht abschrecken. Ich habe ein gutes Bauchgefühl bei dir!« Wie mutig und erstaunlich ist es, dass sie (und die meisten anderen Kolleginnen) es schaffen, ihren natürlichen Misstrauensreflex zu überwinden. Wie offen und optimistisch müssen sie sein, um mir mit unerschütterlicher Zuversicht zu zeigen, dass ich es schaffen werde.

Die beiden Eisköniginnen aber bleiben bis zum Schluss distanziert. Sie geben mir zu verstehen, dass ich in ihren Augen weder dazugehöre, noch irgendeine Eignung als Lehrerin besitze, obwohl sie nicht ein einziges Mal in meinen Unterricht gekommen sind. Sie grüßen mich morgens kaum, wenn ich ins Lehrerzimmer komme, sondern ignorieren mich weitgehend. Vor allem Alina, deren gebleichtes Haar immer aussieht, als habe sie Stroh zu Gold spinnen wollen, sei dabei aber auf halber Strecke gescheitert. Sie kommentiert alles, was ich sage, spöttisch und mit spitzen Bemerkungen.

Bei dieser Wetterlage ist es eher kontraproduktiv, wenn ein sommersprossiger Knirps auf dem Schulhof lauter als nötig sagt: »Frau Kuhn, du bist viel netter als Frau X!« Die betreffende Kollegin, die gerade in der Nähe steht, guckt, als hätte sie unterm Pult in einen alten Kaugummi gefasst. Ich stöhne innerlich auf. Dieser Satz wird ihre Gefühle mir gegenüber sicher noch um ein paar weitere Grade unter den Gefrierpunkt senken. Gleichzeitig freue ich mich insgeheim über die spontane Zuneigungsbekundung. Wie unschuldig und wie verdammt naiv ist die Ehrlichkeit eines Kindes!

5.

»Wir üben jetzt den ›Moonwalk‹«

Die Aufmerksamkeitsspanne der Kinder ist, sagen wir, nicht die längste. Als ich meine ersten Unterrichtsstunden plane, gehe ich mal pessimistisch von zehn Minuten stillen Arbeitens im Heft aus. Eine Kollegin lacht spontan los, als ich ihr das erzähle. Kurz darauf erlebe ich auch, wieso: Die Kinder können sich maximal drei bis fünf Minuten konzentrieren, bevor die ersten schon wieder laut werden. Ich muss also alle paar Minuten etwas Neues an möglichst unterhaltsamen Aufgaben und Anreizen bieten, damit mir die Crew nicht zerkrümelt. Die korrekte Berufsbezeichnung für so etwas ist aber nicht Lehrerin, sondern Stand-up-Comedian.

Spontan fällt mir ein, dass eine Freundin neulich über eine Literaturlesung gesagt hat, da finde eine »Frontalperformance« statt. Dieses erstaunliche Wort hatte ich noch nie gehört, und es klang für mich irgendwie ein bisschen brutal (mussten die Zuhörer da schusssichere Westen tragen …?) Aber eigentlich trifft dieser Begriff ziemlich gut das, was auch ich gerade mache, finde ich: Ich stehe frontal und exponiert vor der Klasse und performe tapfer, damit mir das Publikum nicht einschläft, sondern etwas kriegt fürs Geld.

Um den Unterhaltungswert meiner Stunde zu erhalten, darf ich zum Beispiel nicht zu weitschweifig in meinen Erklärungen werden. Aber wie verdammt komplex die Welt ist, merkt man erst, wenn man sie Kindern erklären soll. Gerade gewittert es draußen, und es donnert heftig. Die Kinder gruseln sich ein bisschen. »Donner entsteht, wenn zwei Wolken zusammenstoßen«, erklärt Zweitklässler Miguel altklug den anderen. Das kann ich natürlich so nicht stehen lassen.

»Nein, ganz so ist das nicht«, fange ich an. Äh, aber wie genau ist es dann? Ich versuche, mich zu erinnern. »Also, Blitze sind elektrische Entladungen. In den Wolken kann durch sehr unterschiedliche Temperaturen elektrische Spannung aufgebaut werden. Und wenn die zu groß wird, wird sie abgeleitet, meistens auf den Boden.«

»Aber wieso knallt das?«, will Samira wissen. Ja, wieso eigentlich? Ich krame hektisch in den staubigen Erinnerungsfetzen an meinen Physikunterricht. »Es hat etwas mit der extrem schnellen Ausdehnung der Luft zu tun.«

»Was ist Ausdehnung?«

»Also, wenn Luft heiß wird, dehnt sie sich aus. Fast alle Sachen, die heiß werden, werden etwas größer, auch wenn man das kaum sieht«, hebe ich an. »Wenn ihr zum Beispiel warm badet, dann wird euer Körper etwas größer.« Gut, das war jetzt echt ein dämliches Beispiel, aber sei's drum. »Und ein Blitz ist eben extrem heiß. Die Luft drum herum wird deshalb auch sehr plötzlich warm. Sie dehnt sich dann so schnell aus, dass sie dabei die Schallgeschwindigkeit überschreitet.« Schallgeschwindigkeit? 30 ratlose Augenpaare versuchen, meiner Physikvorlesung zu folgen. Du meine Güte, ich verheddere mich gerade hoffnungslos in den Naturgesetzen, und keiner kapiert was. Wenn das so weitergeht, lande ich in drei Minuten bei der Relativitätstheorie.

Ich setze noch mal ganz neu an. »Also, ihr habt ja sicher schon mal einen Düsenjäger gehört, wenn er die Schallmauer durchbricht und es dann so donnert wie bei einem Gewitter, nicht wahr?« Nein, das haben sie noch nie gehört, denn der Kalte Krieg, den ich selbst noch erlebt habe, ist längst vorbei. Düsenflugzeuge üben über Wohngebieten schon lange keine so schnellen Manöver mehr, dass die Schallmauer (»Frau Kuhn, was ist eine Schallmauer?«) durchbrochen würde.

Mir reicht's jetzt. Ich mache kurzen Prozess: »Also, die Luft um den Blitz herum pufft so schnell weg von ihm, dass das knallt.« So!

»Aaah! Jetzt! Jaa!« Auf allen Gesichtern leuchtet zufriedenes Verstehen auf. Wieso sagt die das nicht gleich?

Manchmal kommt mir hier alles so sinnlos vor …

Wenn im Unterricht der Spannungsbogen einbricht, liegt das aber nicht immer an der Lehrkraft, sondern oft auch daran, dass die Kinder extrem unterschiedlich sind in ihrem Tempo. Wenn sie sich ein paar Aufgaben im Arbeitsheft vornehmen sollen, gibt es solche, bei denen der Groschen immer ruckzuck fällt, und andere, die viel länger knobeln müssen. Am längsten brauchen naturgemäß die Förderkinder, die ich nacheinander an ihren Tischen besuche, um zu helfen. In der Zwischenzeit sind die ersten längst wieder fertig mit ihrer Aufgabe und fangen an, sich zu langweilen. Das Ganze verschärft sich noch, wenn ich für die Stunde zu wenig vorbereitet habe. Ich bin unerfahren und verschätze mich oft mit dem Lernpensum. Bereite ich zu viel vor, wird die Hälfte von der Klasse nicht geschafft, ist es zu wenig, stehe ich mit leeren Händen da und muss improvisieren. Und zwar sekundenschnell, denn alle Lücken im Ablauf werden von den Kids sofort bereitwillig mit Lärm gefüllt.

In all diesen Fällen brauche ich einen Plan B, und ich muss zugeben, meistens lasse ich sie einfach schon mal im Arbeitsheft weitermachen. Noch besser sind natürlich unsere Projektwerkstätten. Das sind Hefter mit Arbeits- und Rätselblättern zu einem bestimmten Thema, und wir haben fast immer so eine Werkstatt in Bearbeitung. Die können die Kinder dann zücken, wenn sie mit ihren regulären Aufgaben fertig sind, um darin Quizfragen zu lösen, zu zeichnen oder Rätsel zu knacken.

Nun gibt es da leider ein paar besonders nervi… äh, eifrige Schüler, die auch hiermit längst durch sind. Ich muss gestehen, dass die mir manchmal schon arg auf den Zeiger gehen, weil ich bald nichts mehr in petto habe, was ich ihnen noch zum Fraß vorwerfen könnte. Wenn wieder mal einer schon nach wenigen Minuten triumphierend ruft: »Frau Kuhn! Ich bin schon *wiiieder* fertig!«, dann denke ich nur noch knurrend: »Ja. Das ist wirklich toll. Vielleicht sollte ich deinen Eifer mal etwas kanalisieren. Du könntest zum Beispiel schnell noch die Fenster putzen oder draußen meinen Wagen waschen, er hätte es ziemlich nötig.«

Ich weiß, das sind sehr unheilige Gedanken, denn eigentlich wollen auch die besonders schnellen Kids ja bloß meine Anerkennung. Und die kriegen sie auch, ich kann mich schließlich beherrschen. Sie können ja außerdem nichts dafür, dass das Arbeitstempo der Klasse sich immer auch an den schwächeren Kindern orientieren muss, damit die den Anschluss nicht verlieren. Trotzdem kann ich jetzt meine eigene frühere Klassenlehrerin etwas besser verstehen. Sie tat etwas, was heute völlig undenkbar wäre, was einen Aufstand der Elternschaft und vermutlich eine sofortige Beurlaubung samt Disziplinarverfahren zur Folge hätte: Sie schickte uns kurzerhand Besorgungen machen, wenn wir fertig waren und nichts zu tun hatten. Ja, Sie haben richtig gehört. Wir wurden dann einfach mal die 500 Meter zum Metzger, zur Reinigung oder zum Bäcker geschickt.

Diese Gänge zu zweit waren sehr begehrt (und ein toller Ansporn, schneller zu arbeiten), denn dort bekamen wir meist eine Scheibe Fleischwurst, einen Dauerlutscher oder ein Brötchen geschenkt. Ja, das ist lange her, und in Ordnung war das natürlich auf keinen Fall, schon allein wegen der Aufsichtspflicht. Toll fanden wir's trotzdem, denn so kamen wir zu etwas Bewegung außer der Reihe (Flitzepausen gab es damals noch nicht) und durften eine Viertelstunde Unterricht verpassen. Nicht zu vergessen, dass auch der Kiosk mit diesem leckeren Esspapier für einen Pfennig pro Blatt und den dicken Lakritz-Salinos auf dem Weg lag. »Wie geil ist *das* denn!«, lautete denn auch der neidvolle Kommentar meiner eigenen Kinder, als ich ihnen von den inoffiziellen Kurzausflügen erzählte.

Heute muss ich die Kinder im Unterricht ärgerlicherweise beschäftigen, ohne sie ausbeuten zu dürfen. Aber auch das geht oft nicht lange gut, denn selbst mit allen Tricks und Aufgaben bleibt es nur wenige Minuten ruhig; bald bricht schon wieder Picknick-Atmosphäre aus, wenn ich nicht Schlag auf Schlag neue Anregungen biete.

Ab der vierten Stunde wird es richtig schlimm. Alle Kinder sind inzwischen müde und überreizt, konzentriertes Arbeiten geht fast gar nicht mehr. Und das, obwohl die Klasse oft noch zwei weitere Schulstunden vor sich hat. Das liegt nicht daran, dass sie in ihren Köpfen in den ersten vier Stunden bereits so wahnsinnig viel Wissen abgespeichert hätten, dass da nichts mehr hineinpassen würde. Aber wer bis spät in die Nacht am Handy oder der Playstation gedaddelt hat, wie es ein großer Teil der Mädchen und Jungen regelmäßig tut, der hält eben vormittags nicht so lange durch.

Nur bei einer einzigen Sache geht Schülern offenbar niemals die Energie aus: beim Schwätzen und Lärmen. Hier merkt man von Müdigkeit nie auch nur den Hauch einer Spur. Ich lerne: Lärmen ist offenbar ein Urbedürfnis aller Schulkinder des

Planeten, und das sollte ich vielleicht irgendwie berücksichtigen. Ich überlege ein bisschen. Und erfinde den »Feierabend-Countdown«: Wenn die Kids sich in der letzten Stunde noch mal zusammenreißen, machen wir am Ende des Schulvormittags einen rituellen Raketenstart in die Freiheit. Und der erfreut sich schnell riesiger Beliebtheit. Dabei zählen wir rückwärts von zehn bis eins – und zwar gemeinsam, rhythmisch und sehr, sehr laut. Bei null öffne ich die Tür, mache einen Hechtsprung zur Seite und lasse die glücklich kreischende Meute hinausstürmen (befremdete Blicke zufällig vorbeikommender Kolleginnen inklusive).

Aber so weit ist es heute noch nicht. Wir sind erst in der vierten Stunde. Durchs Fenster sehe ich schon die ersten Kolleginnen mit ihren Klassen für eine kurze Spielpause auf dem Schulhof erscheinen. Das Absacken der Lernbegeisterung erreicht offenbar in allen Klassen gerade eine erste Spitze. Die Kinder dürfen bei einer Spielpause für etwa zehn Minuten auf die Spielgeräte, um sich auszutoben. Diese Spontanpause ist so was wie eine Verzweiflungslösung, wenn im Unterricht einfach nichts mehr geht. Es gibt da einen gewissen Erdrutscheffekt: Sobald die erste Kollegin einknickt und sich draußen blicken lässt, verspüren auch die anderen den unwiderstehlichen Impuls, der eigenen Klasse (und sich selbst) ebenfalls etwas Luft und Sonne zu gönnen. Man steht ein bisschen herum, quatscht und genießt den Hauch des Verbotenen, denn diese Pause steht in keinem Stundenplan.

Trotzdem muss man irgendwann natürlich wieder rein ins Klassenzimmer. So richtig ins Arbeiten komme ich mit den Kindern um diese Uhrzeit aber nicht mehr. Da ist Kreativität gefragt. Ich schaue mir einiges von den erfahrenen Kolleginnen ab: zum Beispiel rhythmische Klatschlieder, damit die Kids ein bisschen aus ihrer frühmittäglichen Trance geweckt werden. Oder die Klopfmassage, bei der die Kinder ihrem

Tischnachbarn zu einer kleinen Geschichte den Rücken und die Schultern massieren.

»Wir kneten jetzt erst mal wie bei einer Pizza. Jetzt wird der Teig gewalkt und gedrückt. Jetzt wird die Pizza geklopft, jetzt ausgerollt, jetzt belegt.« Die kleinen Hände machen auf dem Rücken des jeweils anderen Kindes entsprechende Bewegungen. Zwei der Jungs massieren nicht, sondern kloppen sich gegenseitig grölend und in Klingonen-Manier auf den Rücken, dass es dröhnt. Solange sie sich dabei einig sind und noch beide lachen, greife ich nicht ein, sondern übersehe das Ganze lieber.

Dabei fällt mein Blick auf Esma. Das aus Syrien stammende Mädchen mit den großen braunen Augen sitzt nur schüchtern da, schaut hilflos und macht nicht mit. Neben ihr sitzt stumm ihr Tischnachbar Liam und sieht ebenfalls ratlos aus. Ich frage Esma, was los ist. Sie windet sich. Nein, sagt sie dann, sie mag Liam nicht anfassen und auch nicht von ihm angefasst werden. Ich ahne, in welche inneren Konflikte sie diese Relax-Übung, wie sie an vielen Schulen Alltag ist, stürzt. Vielleicht sind auch ihre Eltern einigermaßen befremdet, wenn sie zu Hause von der gegenseitigen Rückenmassage in der Klasse erzählt. Sie nickt erleichtert, als ich ihr anbiete, dass *ich* ihre Schultern ein bisschen lockere, und dasselbe mache ich anschließend bei ihrem Sitznachbarn.

Nach solchen *Fresh-ups* ist die Klasse immerhin wieder ein bisschen munterer. Manchmal sogar *zu* munter. Denn natürlich bringt das Ganze auch eine gewisse Unruhe in die Klasse. Jetzt ist es wichtig, die Truppe wieder zu sammeln und zurück ins Lernen zu führen – am besten spielerisch, damit der Übergang leichter fällt. Tja, schöne Idee, bloß wie? Da ist es mir doch besonders willkommen, wenn Impulse und Ideen von den Kindern selbst geliefert werden: »Frau Kuhn, können wir ein Rechenspiel machen?«, ruft ein Mädchen. Klar, warum nicht? Mal überlegen, was kenne ich denn da? Leider nix. Zum Glück aber die Kinder.

Wir bilden zwei Reihen, und ich stelle den jeweils ersten Kindern Blitzaufgaben zum großen Einmaleins. Wer zuerst das Ergebnis ruft, bekommt einen Punkt für sein Team. So weit, so gut. Richtig schönes Spiel, finde ich. Und so einfach. Leider sind beide Schlangen sehr lang. Während wir vorne spielen, bricht in den hinteren Regionen schnell Jahrmarkt-Atmosphäre aus. Es wird gekreischt, gelacht, geschubst und lautstark gequatscht. Wir können vorne bald nichts mehr hören. Die vorderen Kinder, die das Rechenquiz lösen müssen, schreien wütend nach hinten, dass die anderen doch mal still sein sollen. Ich wiederum schreie auch und versuche, sie alle zu übertönen. Doch meine Stimme ist bei den 150 Dezibel, die inzwischen herrschen, völlig unhörbar. Die Kinder schauen nur ratlos auf meine wütenden Mundbewegungen. Ich bin müde. Sehr müde.

Später stehen dann noch zwei Referate an. Lisa hat etwas über das Pop-Idol Michael Jackson vorbereitet und wartet schon die ganze Zeit aufgeregt darauf, endlich dranzukommen. Nicht, weil sie eine kleine Rampensau wäre und dringend vor Publikum stehen möchte. Sondern weil sie es möglichst schnell hinter sich bringen will. Sie ist eine scheue Maus, die sich gern hinter dem Vorhang ihrer langen, glatten Haare versteckt, sich kaum meldet und immer ganz leise spricht. Schüchtern stellt sie sich jetzt an die Tafel, sichtlich bemüht, möglichst unsichtbar zu bleiben. Nur ihre Ohren ragen rechts und links überdeutlich aus den etwas strähnigen Haaren hervor.

Sie heftet ein paar Poster des Popstars an und fängt hauchzart an zu flüstern. »Ich kann nix hören!«, ruft der erste Junge ungeduldig von hinten. Andere stimmen ein oder fangen einfach an, sich zu unterhalten. Mühsam kriege ich die Klasse trotz fortgeschrittener Stunde noch mal halbwegs ruhig. Lisa quält sich durch das Referat und ist immer noch kaum hörbar. Ich leide und schwitze mit ihr. Endlich ist sie durch. Jetzt darf die Klasse Fragen stellen. Ich bin gespannt, was die Kinder so alles wissen wollen. »Wie groß war Michael Jackson denn?«, »Wie hieß die Straße, wo er gewohnt hat?«, »Was war sein Lieblingsessen?«.

Ich verdrehe die Augen. Das ist nicht deren Ernst, oder?

»Also, diese Fragen sind ein bisschen zu speziell«, erkläre ich den Kids stellvertretend für die überforderte und völlig verstummte Lisa. »Fragt sie doch mal etwas anderes. Zum Beispiel, welches seine bekanntesten Hits waren, welche Farbe er gern trug, ob er Geschwister hatte oder so.« Doch auch auf diese und alle weiteren Fragen zuckt Lisa nur rat- und sprachlos mit den Schultern. Ich seufze innerlich und beantworte sie gezwungenermaßen selbst.

Eigentlich müssten wir jetzt auch noch Hannes' Referat über mittelalterliche Ritter hören. Aber ich spüre, hier geht heute nichts mehr. Ich hole mein Handy raus, rufe ein Michael-Jackson-Musikvideo auf, werfe die Musikanlage an und verkünde: »So. Und jetzt üben wir mal gemeinsam Michael Jacksons ›Moonwalk‹!« Alle Köpfe gehen hoch, die schon halb geschlossenen Augen werden überrascht aufgerissen, begeistertes Johlen erhebt sich.

Den Rest der Stunde geht bei uns die Party ab – natürlich aus rein pädagogischen Erwägungen und ausschließlich im Dienste des Wissenserwerbs. Es ist trotzdem nicht ganz ungünstig, dass der Raum etwas abgelegen ist und uns niemand hören kann. Irgendwie finde ich es in solchen Momenten schon erstaunlich, dass ich für so etwas auch noch bezahlt werde. Und was soll ich sagen, ich bin gar nicht so unbegabt im *Backslide* …

6.

Sexualkunde – Scham-Offensive im Klassenzimmer

»Du musst in der 4b noch das Thema ›Sexualerziehung‹ machen, ich habe dir mal das Arbeitsheft hingelegt«, sagt die Kollegin beiläufig. Ach so. Gut. Das Heft der Bundeszentrale für gesundheitliche Aufklärung umfasst stolze 60 Seiten. Also, da sollten wirklich keine Fragen offenbleiben.

Bleiben sie auch nicht. Wörter, die man in seriösen Medien nicht ausschreibt und die im TV mit einem Piep überlegt werden, sind hier ausdrücklich erwünscht: »Welche anderen Wörter für Geschlechtsverkehr kennst du noch?« lautet eine Frage. Die Kinder melden sich. »Ficken«, sagt einer, »Poppen« ein anderer. »Äh ja, richtig. Sehr schön. Dann tragt das mal ein.«

Ob die Eltern auch nur einen Schimmer davon haben, was für Dialoge wir hier führen? Allmählich verstehe ich, wieso meine eigenen Kinder sich immer so bedeckt gehalten haben, wenn ich sie – natürlich betont beiläufig – nach dem

Aufklärungsunterricht gefragt habe, und vielleicht kennen Sie das ja vom eigenen Nachwuchs auch. Ich muss sagen, ich wäre als Mutter wohl tatsächlich einigermaßen befremdet gewesen, hätte ich so eine Aufgabe im Heft meiner Kinder entdeckt. Ich selbst hielt mich jedenfalls schon für progressiv, weil ich meiner Tochter mit sieben Jahren ein sehr harmloses Aufklärungsbuch für Kinder vorgelesen hatte, als ihr jüngerer Bruder unterwegs war.

Aber auch als Lehrerin frage ich mich jetzt irritiert: Sind solche Wörter wie in dieser Aufgabe wirklich nötig? Ist eine derartige Offenheit um jeden Preis gerechtfertigt, auch schon in so jungem Alter? Doch die nächste Aufgabe im Arbeitsheft versöhnt mich wieder. Denn dort wird gefragt: »Wie klingen diese Wörter für dich? Sind sie positiv oder eher negativ?« Und tatsächlich haben auch die Neunjährigen bereits ein sicheres Gespür dafür, welche Begriffe liebevoll und welche abwertend klingen. Und es gibt beruhigenderweise kein Kind, das die Formulierung »Liebe machen« nicht schöner fände als »bumsen«.

Überhaupt, die Liebe. Auf die nächste Frage »Warst du schon einmal verliebt?« wird zuerst ein bisschen gekichert. Man guckt sich gegenseitig erst mal abwartend an. Nach einigen Augenblicken geht zögernd der erste Finger hoch. »Ich war schon mal verliebt. In ein Mädchen hier aus der Klasse«, gesteht Robin, ein rothaariger Junge, mit ernstem Gesicht. »Ich sage aber nicht, wer es war.« Niemand lacht, die anderen müssen diese Offenbarung erst einmal verdauen. Ermutigt durch das romantische Geständnis zeigen nach wenigen Momenten weitere Kinder auf, um zu bekennen, dass auch sie bereits wissen, was Schmetterlinge im Bauch so alles mit einem anstellen können. »Ich hatte keinen Hunger mehr. Ich war immer aufgeregt, wenn ich den Jungen sah. Ich hab' mich aber nicht getraut, ihm zu sagen, dass ich ihn mag«, erzählt Joana. Keiner johlt, pfeift oder lacht, wie man es auf der weiterführenden Schule bei

Pubertierenden erleben würde. Die Liebe ist noch zu fremd, zu groß und zu ernst, um sich darüber lustig zu machen. (Okay, vermutlich ist das in der Pubertät noch genauso, aber das will man sich natürlich auf keinen Fall anmerken lassen.)

Überhaupt gibt es im Aufklärungsunterricht kaum Peinlichkeit, es gibt keine Albernheit, keine Verlegenheit und keine obszönen Witze. Nicht weil die Kinder schon so abgebrüht wären, denn das sind sie nicht. Sie sind völlig offen, sie reden interessiert, neugierig und fast ohne Scham über das Thema. Die Einzige, die sich ein bisschen schämt, bin ich. Zum Beispiel, wenn ein Kind völlig ungerührt vorliest, wie die Scheide der Frau bei Erregung weiter wird, um das Glied des Mannes besser einlassen zu können. Da bin ich schon arg peinlich berührt und frage mich, wie meine eigene Grundschullehrerin es wohl gefunden hätte, wenn sie solche Texte mit uns Kindern hätte durchnehmen müssen. Die Antwort ist sehr einfach: Das wäre völlig undenkbar gewesen. Zu meiner Zeit gab es gar keinen Aufklärungsunterricht in der Grundschule. Und meine (damals schon recht alte) Lehrerin hätte solch lückenlose Schilderungen in einem staatlichen Lehrbuch sicher als Skandal empfunden. Da finde ich den heutigen Ansatz viel besser, selbst wenn manches gewöhnungsbedürftig ist. Denn auch damals warteten wir Kinder natürlich nicht, bis wir im Biologieunterricht der weiterführenden Schule endlich erfuhren, woher die kleinen Babys kommen. Sondern wir klärten uns gegenseitig auf dem Schulhof auf. Und den Mix aus Halbwahrheiten und irgendwo Aufgeschnapptem, aus Irrtümern, purem Blödsinn und verstörenden Obszönitäten, den wir uns da gegenseitig erzählten, wünsche ich keinem Kind als Basiswissen.

Verliebtsein gab es natürlich auch damals schon. Manchmal war es vielleicht aber auch nur das, was wir Präpubertierende dafür hielten. Auch bei uns wurde jedenfalls schon heimlich geschwärmt und angehimmelt, und es wurden Briefchen mit zarten Liebesbezeugungen durch schwitzige Hände weitergereicht. (»Lieber Thomas. Willst du mit mir gehen? Kreuze bitte an: Ja___. Nein___.«) Ich weiß nicht, wie es Ihnen geht, aber rückblickend glaube ich, wir haben die Sache mit dem Verliebtsein vielleicht eher geübt als wirklich empfunden. Wenn ein Mädchen einen Jungen sympathisch fand oder umgekehrt, dann musste das doch wohl Liebe sein, oder?

Ich muss gestehen, ich selbst war damals eher der berechnende Typ. Ich erinnere mich noch verschwommen an Malte. Eigentlich war der blasse, eher schlaff wirkende Junge mir zuerst nie aufgefallen. Andererseits hatten zwei meiner Freundinnen bereits einen Verehrer in der Klasse, und ich fürchtete, als alte Jungfer zu enden, wenn ich nicht schleunigst nachzog – immerhin war ich fast schon zehn. Ich hatte also kurzerhand das Angebot an Jungs gescannt, und Malte wirkte irgendwie willensschwach und leicht zu haben. Er wusste denn auch nicht so ganz, wie ihm geschah, als ich mir ihn für meine Avancen auserkor. Ich begann umstandslos mit der Verführung, fing also an, ihm Bazooka-Joe-Kaugummis zu schenken (riesige, rosafarbene Barren – also *das* waren mal Kaugummis) und ihm Liebesbriefe zu schreiben.

Nach kurzer Irritation war er denn auch durchaus erfreut ob des unerwarteten Interesses an seiner Person. Und als wir bald darauf auf Klassenfahrt fuhren, war es endlich so weit: Noch im Bus gab Malte mir scheu einen dicken Schmatzer auf die Wange, und ich tat es ihm gleich und küsste postwendend zurück. Damit war vor aller Augen besiegelt, dass wir jetzt offiziell ein Paar waren. Ich muss sagen, der Rest der Lovestory löst sich irgendwie im Nebel meiner Erinnerung auf, unsere Romanze blieb wohl ebenso lau wie kurz.

Inzwischen bin ich mit der Klasse im Arbeitsheft weiter vorangeschritten. Jetzt geht es gerade um Frauen, die sich in Frauen verlieben, und Männer, die Männer lieben. Auch hier sind die Kinder auf entspannte Weise vorurteilsfrei. Und wieder staune ich, denn ich brauche die Jungen und Mädchen auch bei diesem Thema gar nicht zur Toleranz zu erziehen – sie *sind* nämlich tolerant! Ich verstehe: Wo über Menschen mit anderen Neigungen gehetzt wird, da wurde explizit zur Intoleranz erzogen, denn von selbst entsteht sie nicht. Es reichen schon ein paar abwertende Sprüche im Elternhaus, damit auch der Sohn auf dem Schulhof einen anderen Jungen mit »Du Schwuchtel!« beschimpft. Nicht selten übernehmen dann auch andere Kinder solche Abwertungen unreflektiert und geben sie weiter. Und umgekehrt: Wo Kinder nicht negativ konditioniert werden, ist das Prinzip »leben und leben lassen« gar kein Problem. Denn lange bevor Kinder lernen, Menschen in Schubladen zu stecken, wissen sie intuitiv, dass die Welt bunt ist und nicht schwarz-weiß. Sie nehmen das fraglos und völlig selbstverständlich hin.

Wir sprechen auch über das, was die Liebe ausmacht, warum gegenseitiger Respekt und Vertrauen so wichtig sind, und was sie bedeuten. Dabei erfahre ich über die Familien der Kinder ein paar Dinge, die ich gar nicht unbedingt wissen wollte. Viele Eltern werden das jetzt nicht gern hören, aber Grundschullehrer wissen fast *alles* über sie und über die häuslichen Verhältnisse. Am besten vergessen Sie diese Info gleich wieder. Es wird Ihnen sonst vermutlich schwerfallen, der Lehrerin oder dem Lehrer Ihres Kindes beim nächsten Elternsprechtag noch in die Augen zu sehen. Denn Mädchen und Jungen im Grundschulalter (erst recht, wenn sie noch Erstklässler sind) plaudern weitgehend ungefiltert. Sie wissen nicht, was »man« erzählen kann und was besser privat bleiben sollte.

So erfahre ich nicht ganz uninteressiert, dass Jessys Vater letzte Nacht auf dem Küchentisch geschlafen hat (Echt jetzt? Das geht?), weil er im Schlafzimmer wegen irgendeines Vorkommnisses nicht erwünscht war. Ich erfahre auch, dass die

Mama von Paul mit gleich zwei Männern zusammenlebt, die sich wohl auch gut vertragen. Oder dass der Papa und die Mama von Lennox ständig streiten und sich vielleicht scheiden lassen wollen, wie der Junge mit angstvoller Stimme und hilflosem Gesichtsausdruck erzählt.

Der Einzige, der während des gesamten Sexualkundeunterrichts weder eine Miene verzieht, noch ein Wort sagt, ist Ali. So locker von Dingen zu reden, die bei ihm zu Hause vermutlich ein absolutes Tabuthema sind, ist ein bisschen *too much* für den muslimischen Jungen, der sich sonst immer gut am Unterricht beteiligt. Ich bin sicher, er verliert zu Hause keine Silbe über das, was wir hier gerade behandeln. Und ich ahne, dass es besonders die Kinder sind, die den Clash der Kulturen verkraften müssen. Denn sie sind die eigentliche Schnittstelle zwischen dem manchmal noch sehr traditionellen Elternhaus und der aufklärerisch-tabufreien Zone einer deutschen Schule.

Später besprechen wir natürlich auch noch, wie ein Baby entsteht und wie es sich im Mutterleib entwickelt. Bei keinem einzigen anderen Thema, das ich bisher in irgendeinem Fach durchgenommen habe, waren die Kinder so hochkonzentriert und so fasziniert. Als ich Fotos von Ungeborenen im Bauch einer Schwangeren zeige, verstummen auch die größten Störer und machen neugierige Augen. Die uralte Frage, woher wir kommen und wie aus einem mikroskopisch kleinen Krümel Sternenstaub ein Menschlein wird, beschäftigt uns offenbar alle – egal, wie alt wir sind und welchen Hintergrund wir haben. Alle Kinder sind sichtlich gebannt von diesem Geheimnis, auch die sonst schnoddrigen und chronisch gelangweilten. Kaum je war es so still in der Klasse wie jetzt, als das Buch interessiert von Tisch zu Tisch weitergereicht wird und die Schöpfe der Kinder sich dicht über die Bilder beugen.

Am nächsten Tag sollen die Jungen und Mädchen Babyfotos von sich selbst mitbringen. Ich sammle sie ein, mische sie und befestige sie mit Magneten an der Tafel. Dann geht das Raten los: Wer ist dieses Baby heute? Wem aus der Klasse sieht es ähnlich? Einige Kinder werden sofort lachend identifiziert. Bei manchen geht das Erkennen auch über die Eltern: Ein Baby sieht aus wie ein Klon seines Papas, nur ohne Bart. Bei anderen können wir das Rätsel dagegen überhaupt nicht knacken, und die Kinder müssen es grinsend selbst auflösen.

Sie fragen mich, ob ich auch Kinder habe. Ich erzähle von meiner Tochter und meinem Sohn, die schon Teenager sind. Ein etwas vorwitziges Mädchen erkundigt sich, wie die Entbindungen denn bei mir so waren. Ich zögere. Wie persönlich sollte eine Lehrerin werden? Dann erzähle ich einfach. Von meinen Kaiserschnitten, was das für OPs sind und warum sie in meinem Fall nötig waren, obwohl ich meine Babys lieber auf natürlichem Wege bekommen hätte. Die Kinder nicken verstehend, einige zeigen auf und erzählen, dass sie auch per Kaiserschnitt zur Welt gekommen sind, sich aber erstaunlicherweise gar nicht daran erinnern können.

Dem nächsten Aufklärungsunterricht sehe ich nun jedenfalls viel entspannter und gelassener entgegen, denn unerwarteterweise waren diese Unterrichtsstunden die schönsten und intensivsten mit den Kindern.

7.

Der Schulgottesdienst ist aus – Gotzerdank!

In meiner Klasse grassiert die Blasenschwäche. Besonders akut wird sie im Schulgottesdienst. Blöd nur, dass der Weg zur Toilette (in der Sakristei) direkt durch den Altarraum führt. Während die Kolleginnen ihre Klassen gut im Griff haben, kreuzt aus meiner Truppe alle zwei Minuten jemand den geheiligten Bereich, der eigentlich nur dem Pastor und den Messdienern vorbehalten ist. Der Pfarrer durchbohrt mich mit Blicken. Der hat ja auch keine Ahnung, welche Kämpfe ich die ganze Zeit in den Bänken ausfechte, damit er sein Programm überhaupt durchziehen kann.

Nur ein kleiner Teil der Kids hat überhaupt einen Schimmer, was hier abläuft. Die muslimischen Kinder (deren Eltern sie freiwillig teilnehmen lassen) finden den elenden Blickes am Kreuz hängenden Jesus sichtlich skurril. Sie versuchen, dem irritierenden Anblick durch Wegsehen und Gequatsche zu entfliehen, was ich durchaus nachvollziehen kann. Auch der sonstige Ablauf des Gottesdienstes löst bei ihnen keine Resonanz aus, sondern läuft vor ihnen ab wie ein zufällig eingespielter Film, der mit ihnen selbst nichts zu tun hat. Es fehlt die Verknüpfung des Erlebten mit einem gewissen Basiswissen in Sachen Christentum.

Doch das ist nicht nur bei den muslimischen Kindern so. Auch die meisten anderen Kinder sitzen den Gottesdienst lediglich gelangweilt aus, während sie sich die Zeit mit Flüstern, Schubsen, Sammelkartentauschen oder Zanken vertreiben. Und das liegt nicht nur daran, dass ihre Eltern vielleicht nicht gläubig sind oder ihre Kinder – abgesehen von Feiern zur Taufe, Erstkommunion, Firmung oder Konfirmation – im Alltag nicht mehr christlich erziehen. Sondern es liegt sicher auch an der Art, wie der lokale Vertreter der Kirche das Christentum hier zu vermitteln versucht. Statt einer Begrüßung raunzt der Geistliche, der den Schulgottesdienst heute übernimmt, die Kinder gleich zu Beginn des Gottesdienstes an: »Ganz bestimmt habt ihr beim Reinkommen auch schön das Kreuzzeichen gemacht! ODER?« Und in diesem Tonfall geht es weiter. Hinter einer gekünstelt kinderfreundlichen Sprache, bei der er Viertklässler anredet wie Kleinkinder, verbirgt sich eine fast körperlich spürbare Abneigung. Besonders gegen solche Kinder, die offenbar aus glaubensfreien Elternhäusern kommen oder einen schwierigen sozialen Hintergrund haben. Wenn ein solches Kind eine scheinbar unpassende Frage stellt oder etwas nicht weiß, was der Pastor für selbstverständlich hält, kann er seine Verachtung kaum noch verbergen.

»Was ist denn eigentlich ein *Pfarrer* überhaupt?«, fragt er heute. »Jonas, weißt du das vielleicht?« Jonas, Sohn eines deutschen Vaters und einer türkischstämmigen Mutter, guckt ihn ratlos an. Er versucht angestrengt, über irgendwelche Wortähnlichkeiten doch noch eine Antwort zu finden. »Keine Ahnung, vielleicht so was wie ein *Fahrer*? Ah, jetzt weiß ich's: ein Chauffeur!« Der Pastor atmet sehr langsam ein und wieder aus, während seine Kiefer mahlen.

War die Sache mit dem Christentum nicht irgendwie anders gedacht? Müsste er nicht vorleben, wie Geduld und Liebe gehen, eben damit die Kinder spüren, dass an der Sache mit der Religion vielleicht doch etwas Interessantes für ihr Leben dran sein könnte? Kinder merken es sofort, wenn jemand sie nicht wirklich mag, egal, wie sehr er versucht, das hinter einer süßlichen Sprache zu verbergen. Kein Wunder, dass hier allenfalls noch diejenigen Jungen und Mädchen zuhören, die von ihm positives Feedback bekommen, weil sie ihn schon aus dem Kommunionunterricht kennen oder die richtigen Antworten auf seine Bibelfragen geben.

Gerade wischt sich der Geistliche unwillkürlich mit »Irma« den Schweiß von der Stirn, der Handpuppe, mit der er die Geschichten von Jesus wahnsinnig kindgerecht erzählen will. Irma ist eine Schildkröte und erzählt uns heute das Gleichnis vom verlorenen Sohn. Der meldet sich jahrelang nicht bei seinen Eltern, versumpft chronisch in irgendwelchen Kneipen und haut mit seinen Kumpels das ganze Geld auf den Kopf, das sein Vater ihm als Vorschuss aufs Erbe gegeben hat. Er traut sich denn auch zuerst nicht mehr heim. Aber als er schließlich pleite, ungeduscht und abgeranzt wieder zu Hause aufschlägt, wird das von seinem Vater überglücklich gefeiert, weil der ihn so vermisst hat. Sein Bruder dagegen, der auch mit 30 immer noch zu Hause wohnt, ist deswegen ziemlich eifersüchtig. Hatte er doch irgendwie angenommen, dass *er* jetzt Papas Liebling sei, wo der Bruder doch auf die schiefe Bahn geraten ist.

So einen geschmeidigen Vater finden die Kinder ziemlich cool, auch wenn sie nicht ganz verstehen, was der mit dem lieben Gott zu tun haben soll, weil es ihnen nämlich gar nicht wirklich erklärt wird.

Während Irma weiter palavert, spiele ich wie üblich »Bäumchen wechsle dich« und setze mich leise immer genau in diejenige Kirchenbank, in der es gerade am unruhigsten ist. Und zwar mitten zwischen die Störer, weil die Sache gleich viel weniger Spaß macht, wenn zwischen einem selbst und der besten Freundin die blöde Lehrerin hockt. Selbstredend erkläre ich vor und nach jedem Gottesdienst, was Respekt ist, und dass man den an so einem Ort auch dann zeigen sollte, wenn man nicht an Gott glaubt. Doch der Erfolg ist mäßig. Ich muss in jeder Messe ununterbrochen stechende Blicke durch die Reihen feuern. Immer aufs Neue zische ich den notorischen Sabbelbacken zu, welch fürchterliche Folgen es nach unserer Rückkehr für sie zeitigen wird, wenn sie jetzt nicht endlich mal den Rand halten.

Die Kolleginnen gucken derweil nur mitleidig aus ihren Bänken herüber; sie haben ihre Bande natürlich weitaus besser im Griff als ich. Manchmal hält eine es gar nicht mehr aus und eilt mir zu Hilfe. Als Chiara, eine bereits pubertierende Elfjährige, zum fünften Mal in den Kirchenraum blökt, wird sie von einer Kollegin blitzartig in Agentenmanier untergehakt und energisch hinausgeleitet. Ich atme auf und sehe etwas entspannter nach vorn in Richtung Altar. Dort muss der Pastor gerade niesen und hält sich dabei geistesabwesend Irma vors Gesicht. Während er anschließend irritiert und leicht angeekelt das Ergebnis betrachtet, schlägt die Uhr im Kirchturm elf. Noch bevor er den Schlusssegen zu Ende erteilt hat, schnappen sich die Kinder ihre Sachen und stürmen hinaus. Der Pastor der Herzen winkt entnervt ab und verlässt die Szene eiligen Schritts durch die Seitentür.

Kürzlich hat ein Mädchen in einem Aufsatz »Gotzerdank« geschrieben (für: Gott sei Dank). Und ja, ich weiß, dass das eine pädagogische Todsünde ist – aber ich habe mich schlappgelacht. Heute seufze ich nur noch: Gotzerdank ist die Messe vorbei!

Trotzdem möchte ich nicht ins allgemeine Kirchenbashing einstimmen, denn natürlich waren nicht alle Geistlichen, die die Schulgottesdienste gestalteten, wie dieser. Es gibt sie sehr wohl: die engagierten, menschlich tollen Geistlichen. So einer ist zum Beispiel auch der Kaplan, bei dem meine Kinder früher ihre Schulgottesdienste hatten – ein echter Gegenentwurf zu seinem hiesigen Kollegen. Er überlegte sich vor jedem Kindergottesdienst, wie er den medienüberreizten Kindern doch noch irgendetwas Spannendes bieten konnte. Zu besonderen Anlässen, wie zum Beispiel der Einschulung, war schon mal der ganze Altarbereich mit bunten Scheinwerfern in wechselndes Licht getaucht, was einen ziemlich spektakulären Effekt hatte. An Karneval hielt er in der Kanzel Büttenreden und verteilte anschließend rot blinkende Pappnasen.

Und er nahm die Kinder ernst: sprach mit ihnen über ihren Alltag, über Mitschüler, die sie ärgerten, über Krieg und Frieden, über den Umgang mit Fremden und wie *sie* gern aufgenommen werden wollten, wenn sie selbst fremd wären. Die Kinder liebten ihn – und die Lehrer nahmen den erhöhten Lärmpegel gern in Kauf, denn hier bedeutete das Reinquatschen der Mädchen und Jungs nur, dass sie innerlich wirklich mitgingen.

Doch nicht nur eine Location wie die Kirche birgt ungeahnte Herausforderungen für eine frischgebackene Lehrkraft, die nur mit einer Kombi aus Mutterwitz und ihrem grauen Theoriewissen als Journalistin auskommen muss. Egal, wo wir gerade sind: Außerhalb des Klassenzimmers funktioniert mein »System Elfmeter« mit den Gelben und Roten Karten leider nicht. Ich kann in der Kirche ebenso schlecht Ampelkarten vergeben wie auf dem Sportplatz oder auf dem Schulhof. Denn hier gibt es nicht die Möglichkeit, mal eben eine Rote Karte aufs Pult zu legen, einen Störer in eine andere Klasse zu spedieren oder eine Nachricht für die Eltern ins Hausaufgabenheft zu schreiben.

Dass mir dann mal ein paar Kinder entgleiten oder sogar sprichwörtlich abhandenkommen, diese Gefahr besteht des Öfteren auch *im* Schulgebäude. Momentan ist es nämlich in der Pädagogik angesagt, der inneren Unruhe der Kinder durch möglichst viel äußere Unruhe entgegenzuwirken. Es ist einem Kind heute kaum noch zumutbar, länger als 30 Minuten an seinem Pult sitzen zu müssen. Ein Schulvormittag hat deshalb viel von einem Zirkeltraining: Zuerst singen, erzählen und diskutieren wir im Morgenkreis, bevor wir zum gemeinsamen Lesen der Lesepaten und der Erstklässler aufbrechen. Dafür dürfen sich die Kinder aus dem ersten und dem vierten Schuljahr auf mehrere Klassenzimmer, den Flur und die Aula verteilen. In kleinen Gruppen sollen die Viertklässler nun ihren »Patenkindern« beim Lesenlernen helfen. Danach geht's kurz zurück in die eigenen Klassenräume, wo gefrühstückt wird.

Anschließend ist schon wieder Zeit für die große Pause. Habe ich die Kids danach glücklich und ohne zu viel Schwund wieder eingesammelt (was nicht selbstverständlich ist, wie wir noch sehen werden), gehen wir erst mal in einen separaten Raum, um dort einen Test zu schreiben. Nicht, weil das nur dort möglich wäre, sondern weil so eine neue Location eine wahnsinnig spannende Abwechslung ist, und die ist bekanntlich immer gut für Kinder.

Hinterher biete ich gemeinsam mit einer Kollegin ein sogenanntes Stationenlernen für unsere beiden Klassen an: In mehreren kleinen Räumen bauen wir Tische mit Lernutensilien und Zetteln auf, bei denen die Schüler der Reihe nach vorbeikommen und Aufgaben ausknobeln müssen. Wegen akuten Bewegungsmangels bei den Kindern gibt's anschließend eine kurze Rennpause außer der Reihe auf dem Schulhof. Inzwischen bin auch ich von diesem Parcours total geschafft und selbst reif für eine Pause.

Verstehen Sie mich nicht falsch: Natürlich weiß ich, dass die Kombination aus Bewegung und Lernen gut ist für Kinder.

Kluge Neurowissenschaftler haben schließlich beobachtet, dass Schüler Kniffliges besser verstehen und es sich länger merken, wenn die Vermittlung des Stoffs mit Bewegung kombiniert wird. Deshalb nutzen Lehrer schon seit jeher instinktiv rhythmische Sing-, Trampel- und Klatschspiele, um es den Kindern leichter zu machen, sich Mathe- oder Grammatikregeln einzuprägen. Für meinen Geschmack artet die Wanderlust aber ein bisschen zu sehr aus, zumal sie mich als blutige Anfängerin ständig an meine Grenzen bringt: Ich muss den Kindern nicht nur den Stoff trotz aller Unruhe gut portioniert und wohldurchdacht einflößen. Sondern zugleich auch dafür sorgen, dass in der Aula währenddessen keine Turnhallenatmosphäre ausbricht, dass die Lesepaten nicht gemein zu den Kleinen sind und dass in den anderen Räumen nicht alles im Chaos versinkt.

Der Erfolg des Ganzen bleibt denn auch zweifelhaft. Ich frickele mich so durch den Vormittag, und was bleibt, ist oft das ungute Gefühl, dass es immer nur die fittesten Schüler sind, die aus solchen Experimenten Nutzen ziehen, während ich kaum Gelegenheit habe, mich um die Schwächeren zu kümmern. Denn ich kann beim Stationenlernen in verschiedenen Räumen nicht ausführlich auf die Klage »Frau Kuhn, ich versteh' das einfach nicht!« eingehen, wenn ich gleichzeitig höre, wie in der Aula Tumulte ausbrechen oder marodierende Minibanden das Schulgebäude unsicher machen. Mein persönliches Fazit: Wenn »Freiarbeit«, dann bitte auch mit ausreichend Personal. Vor allem schwache Schüler profitieren nach meiner Beobachtung kaum bis gar nicht, wenn sie sich auf diese ungeordnete Weise alles »selbst erarbeiten« sollen.

Gerade erkläre ich jedenfalls einem neunjährigen Lesepaten, dass es für einen kleinen Erstklässler nicht sehr motivierend ist zu hören: »Boah nee, du kannst echt null lesen!«, als ich angstvolles Geschrei aus der Aula schallen höre. Ich unterbreche meinen Vortrag und eile den Flur entlang zu dem großen Saal. Komisch, er ist leer. Erst auf den zweiten Blick entdecke ich ein Häuflein Kinder, das sich hinten links in der Ecke zusammendrängt und mit schreckgeweiteten Augen auf eine bestimmte Stelle zeigt. Ich verstehe zuerst nicht, was los ist. Auf einmal höre ich ein tiefes, verdammt lautes Summen. Und dann sehe ich sie: eine Hornisse, fast so groß wie ein Hubschrauber. Die muss in der Nähe eines Atomkraftwerks geschlüpft sein, denn diese Monstermaße können auch für eine Vertreterin ihrer Gattung nicht normal sein. Sichtlich gereizt surrt sie durch die Aula und sucht den Ausgang – höchstwahrscheinlich bereit, auf dem Weg alles niederzustechen, was ihr in die Quere kommt. Mir dämmert: Ich muss jetzt sehr stark sein.

Als ich mich zwischen dem kreisenden Monster und den bedrohten Kindern aufbaue, fühle ich mich wie Severus Snape in der Szene, als er sich schützend zwischen Harry Potter, Ron, Hermine und den ziemlich schlecht gelaunten Werwolf stellt.

Ich komplimentiere die Hornisse vorsichtig mit einem Schnellhefter als Schutzschild in Richtung Fenster. Mit langsamen Bewegungen und ohne den Blick von dem Mega-Insekt zu wenden, öffne ich einen Fensterflügel und wedele das Untier leicht zitternd in Richtung Freiheit. Ein dünner Schweißfilm legt sich auf mein Gesicht, bis das haarige Vieh endlich mit einem letzten verächtlichen Summen entfleucht. »Puh, Gotzerdank«, entfährt es mir erleichtert.

Anschließend sonne ich mich noch ein bisschen in den ehrfürchtigen Blicken der Geretteten, bevor ich die Bande zurück auf ihre überall verstreuten Matten und Kissen scheuche (auch so ein Wellness-Angebot, das ihnen die Mühsal des Lernens angenehmer gestalten soll). Ich fächele mir mit dem Schnellhefter das gerötete Gesicht. Wenn man bedenkt, dass ich eine Insektenphobie habe, war dieser Auftritt gar nicht mal so übel. Zufrieden schultere ich meinen Schild und ziehe von dannen.

Doch solche ruhmreichen Jeanne-d'Arc-Augenblicke sind leider nicht sehr häufig. Immer noch gibt es Situationen, in denen mir die Lage einfach mal so entgleitet. Bald steht zum Beispiel die Fahrradprüfung an, und wir üben deshalb die Verkehrsregeln. Die Kinder müssen dafür ein ausführliches Theorieheft durcharbeiten, das sehr an die Führerschein-Übungsbögen für Erwachsene erinnert. Das ist natürlich richtig und wichtig, denn schließlich sollen sich die Viertklässler sicher mit ihrem Rad auf der Straße bewegen können. Zumal sie nach dem zehnten Lebensjahr nicht mehr den Bürgersteig befahren dürfen. Theorie ist aber bekanntlich nichts, was Kinderhirne mit Glückshormonen verwöhnt. Und außerdem reicht sie nicht aus, um junge Radler auch auf der Straße wirklich verkehrssicher zu machen.

Nachdem ich also eine Weile mit dem Overheadprojektor virtuelle Straßenkreuzungen an die Wand geworfen und mit den Kindern besprochen habe, wer was wann und wie zu tun hat, wechseln wir sozusagen von der Matrix ins richtige Leben, heißt: nach draußen auf den Schulhof. Alle Kinder sollten dafür heute ihre Fahrräder mitbringen, das hatte ich am Vortag angekündigt. Natürlich haben auch dieses Mal wieder vier oder fünf Kinder ihr Rad vergessen – oder fanden es doch angenehmer, sich auch heute von ihren ahnungslosen Eltern, denen sie das mit dem Fahrrad gar nicht erzählt haben, mit dem Auto direkt bis ans Schultor fahren zu lassen.

Zum Glück sind fast alle Kinder sehr hilfsbereit, sodass sich schnell Paare gefunden haben, die sich mit den Rädern abwechseln wollen. Überhaupt ist die gegenseitige Hilfsbereitschaft unter den Kindern etwas, was mir im neuen Job sehr positiv aufgefallen ist. Sie war auch bei denjenigen Kindern stark ausgeprägt, von denen ich das nicht unbedingt erwartet hätte. Selbst verhaltensschwierige Kinder oder solche, mit denen ich mir täglich Machtkämpfchen liefern musste, waren fast immer spontan bereit, zu helfen, wenn Not am Mann war. Hilfsbereitschaft ist offenbar ein starker menschlicher Drang, der zuverlässig funktioniert, solange eine junge Seele durch ungünstige Einflüsse noch nicht zu sehr verbogen wurde.

Ich bin manches Mal überrascht, was für gute und intakte Ansichten gerade Kinder mit sogenanntem »schwierigem Hintergrund« oft haben. Als wir einmal darüber sprechen, was die Mädchen und Jungen später werden wollen, sagt Melvin, ein ansonsten eher harter Brocken in Sachen Sozialverhalten: »Ich will gar nicht unbedingt viel verdienen. Hauptsache, es ist ein Beruf, in dem ich zufrieden bin. Und in dem ich vielleicht wenigstens so viel Geld bekomme, dass ich anderen auch mal was abgeben kann.«

Egal, ob Melvin sein Ideal eines Tages wirklich umsetzen wird – ich finde seine Prioritäten absolut erstaunlich für einen erst Neunjährigen, dessen Eltern über sehr wenig Einkommen verfügen. Der Drittklässler hat dies sicherlich nicht nur gesagt, um bei mir oder der Klasse gut anzukommen, denn er bemüht sich auch sonst nie sonderlich, zu gefallen. Übrigens auch nicht im Schulgottesdienst. Trotzdem hat er eine Form von sozialem Denken verinnerlicht, die man durchaus als Nächstenliebe bezeichnen könnte.

Und er ist kein Einzelfall. Ich habe es immer wieder beobachtet: Gerade Kinder aus ärmeren Elternhäusern sind nicht selten großzügiger als solche aus Familien, bei denen der Nachwuchs schon eine eigene Etage mit separatem Bad bewohnt und man viermal im Jahr in den Urlaub fährt. Altruismus ist bei eher übersättigten Kindern oft deutlich schwächer ausgeprägt, und vielleicht ist das ja kein Zufall. Auch wenn das nicht immer so hart zum Vorschein kommt wie bei einer Zweitklässlerin, die auf die Frage des Religionslehrers »Was glaubt ihr, wie geht es jemandem in Afrika, der zu wenig Geld hat, um sich Essen zu kaufen?« wörtlich antwortet: »Tja, Pech gehabt!«

Diese Antwort hat alle Anwesenden für einen Moment sprachlos gemacht. Sie bedeutet natürlich nicht, dass das Mädchen wirklich herzlos wäre. Sondern vielleicht klangen hier die Stimmen ihrer Eltern durch. Vielleicht haben sie dem Mädchen vermittelt, dass man durch Leistung alles erreichen kann und daher auch kein Mitgefühl mit den Gescheiterten haben muss.

Erfahrungen wie mit ihr, aber auch mit Melvin lassen in mir jedenfalls den Glauben wachsen, dass ein guter Charakter und eine menschenfreundliche Einstellung nicht automatisch vom Bildungsstand des Elternhauses abhängen. Und dass jedes Kind, egal welchen Hintergrund es hat, einen großzügigen, toleranten Wesenskern besitzt, der darauf wartet, gelebt werden zu dürfen.

Doch zurück zu meinem glorreichen Fahrradtraining. Ich bin erst mal erleichtert, das Problem mit den fehlenden Rädern wurde durch die Hilfsbereitschaft der Kinder schnell gelöst, das klappt doch schon mal gut. Es ist das erste Mal, dass ich das Fahrradtraining allein übernehme, beim letzten Mal war die Klassenlehrerin noch dabei. Mutig bin ich heute schon vor Unterrichtsbeginn in die düsteren, riesigen Gewölbe des alten Schulkellers hinabgestiegen. Ich habe den starken Verdacht, dass hier noch irgendwo die staubigen Skelette verschollener Lehrkräfte liegen, die nur einmal falsch abgebogen sind. Ich habe sogar überraschend schnell die Kiste mit den kleinen Verkehrsschildern entdeckt und glücklich hinauf ans Tageslicht geschleppt. Frohgemut baue ich jetzt einen Parcours auf dem Schulhof auf, der eine Kreuzung darstellen soll, während die Kinder schon mal ein paar Runden mit dem Rad drehen, um sich warm zu machen. Und dabei irgendwie immer schneller werden. Bald wird gerast, die Kurven werden geschnitten, und vor allem wird in unterschiedliche Richtungen gefahren. Vor meinem inneren Ohr höre ich es schon krachen und scheppern, wenn zwei sich vielleicht doch nicht mehr rechtzeitig ausweichen können.

Ich werde zunehmend hektisch und beeile mich, mit dem Aufstellen der Hütchen und Schilder fertig zu werden. Dann erhebe ich die Stimme, um alle zu mir zu rufen. »Kommt jetzt alle mal her, wir wollen anfangen!« Keiner kommt. Sogar die paar getreuen Gefolgsleute, die ich normalerweise habe, lassen sich von der allgemeinen anarchistischen Stimmung anstecken und düsen nur grinsend an mir vorbei. Ich bekomme einen Schweißausbruch. Aus den Augenwinkeln sehe ich eine erste Kollegin am Fenster ihres Klassenraums erscheinen, die offenbar nachsehen will, wieso es draußen so laut ist.

Um eine lange und deprimierende Geschichte kurz zu machen: Gern würde ich das Mäntelchen des Schweigens darüberbreiten, wie lange es gedauert hat, bis es mir gelang, wieder so etwas Ähnliches wie Ordnung in dieses Chaos zu bringen. Das ging nur mit vollem Körpereinsatz: indem ich mich der rasenden Truppe irgendwann einfach verzweifelt in den Weg geworfen habe. Manche Kids konnte ich nur noch durch einen beherzten Griff nach ihrem Gepäckträger abbremsen, während hinter meinem Rücken die ersten Eingefangenen schon wieder lachend losfuhren.

Ich möchte auch nicht ausführlicher darüber sprechen, wie sie zwar irgendwann doch noch hintereinander den Parcours ab- oder besser: die Pylonen umfuhren, um direkt danach schon wieder kreuz und quer und völlig ohne Plan Geisterfahrer zu spielen. Es muss jedenfalls eine recht ergötzliche Darbietung für manch schadenfrohe Kollegin hinter ihrer Fensterscheibe gewesen sein. Tja, das kommt davon, wenn diese zugelaufenen Leute glauben, sie könnten mal eben Lehrerin spielen.

Aber ich bin Gotzerdank lernfähig. Beim nächsten Fahrradtraining läuft es bei uns so generalstabsmäßig ab wie bei der Bundeswehr. Bereits zuvor wurden zwei Gruppen gebildet.

Während die eine nun (leise!) hinten auf dem Spielplatz sein darf, übt die jeweils andere mit mir den Parcours, danach wird getauscht. So haben wir es vorher im Klassenzimmer besprochen.

Es hätte auch alles so schön werden können. Ich habe mich aufrecht, in Feldwebelmanier und mit sehr strengem Blick am Schulhofrand aufgebaut. Die erste Gruppe steht in Reih und Glied neben ihren Rädern und wartet aufmerksam darauf, dass ich das Signal gebe, damit der Erste losfahren darf. Na also, geht doch. Ich straffe mich lächelnd. Dann kann's ja losgehen.

Doch leider steht die Sache mit dem Fahrradtraining irgendwie unter keinem guten Stern. Denn seit ein paar Tagen habe ich eine gemeine Kehlkopfentzündung, meine Stimme ist weg, und ich kann nur flüstern. Um eine Horde Kinder auf einem hundert Meter breiten Schulhof zu steuern, reicht das nicht. Da muss frau Stimme haben – und was für eine.

Nun, den Rest der Geschichte möchte ich Ihnen und mir lieber ersparen. Nur so viel: Nie passte Hamlets berühmter Schlusssatz besser als bei meinem stimm- und klanglosen Untergang: »Der Rest ist Schweigen …«

8.

»Mein liebstes türkisches Essen sind Pommes!«

Es gibt Kinder, mit denen werde ich nicht recht warm. Und das sind nicht immer die renitenten. Die sind erstaunlicherweise oft sogar ziemlich leicht zu erreichen. Laute Kinder sind nämlich oft auch kontaktfreudige Kinder. Wenn ich hier zwar streng bin, gleichzeitig aber auch einen trocken-humorvollen Ton treffe, klappt es ganz gut mit uns, so nach dem Motto: hart, aber herzlich. Doch dann gibt es Kinder, die auf den ersten Blick pflegeleicht wirken und bei denen ich erst nach einiger Zeit spüre, dass es irgendwie hakt zwischen uns.

Wie etwa bei Evin, einem kurdischen Jungen aus dem Irak. Evin ist hochintelligent und gehört zu den besten Schülern der Klasse. Er arbeitet gut mit, stört fast nie, eigentlich ist er der fleischgewordene Lehrerinnen-Tagtraum. Es gibt nur ein Problem, und das verursacht mir zunehmend Unbehagen: Evin sieht mich nicht an. Nie. Kein einziges Mal. Wenn ich mit ihm spreche, hört er zwar zu und antwortet auch, blickt aber immer knapp an mir vorbei ins Leere. So als stünde irgendwo schräg hinter mir die eigentliche Lehrerin. Manchmal sieht er auch einfach konzentriert zur Decke, so als wolle er durchs Schuldach hindurch den über uns kreisenden Saturn beobachten. Einen Sehfehler kann ich ausschließen, und schüchtern ist er keineswegs – wieso also diese irritierende Angewohnheit?

Langsam ärgere ich mich über ihn, denn seine ganze Haltung hat zugleich auch etwas unterschwellig Arrogantes. So als müsse er sich immer ein wenig herablassen, um überhaupt mit mir zu reden.

Als ich ihn besser kennenlerne, erfahre ich: Bei ihm zu Hause haben die Söhne oft mehr zu sagen als die eigene Mutter. Und in seiner früheren Heimat gab es keine weiblichen Lehrer, denn berufstätige Frauen sind dort immer noch selten. Ich und die Kolleginnen sind für ihn ein lebendes Paradox: Frau *und* Lehrerin. Er kann das offenbar nicht lösen. Trotz allen Verständnisses für seine Zerrissenheit zwischen den Kulturen – ich finde die Situation unangenehm. Evin hilft zum Beispiel auch nie mit, wenn andere Kinder und ich die Klasse fegen und aufräumen, vielleicht hält er Putzen ja für Mädchensache. Irgendwann beschließe ich leicht angegrätzt, dass es für Evin höchste Zeit ist, ein paar neue Erfahrungen zu machen. Ich teile ihn nach dem Unterricht kurzerhand zum Fegen des Klassenzimmers ein und zeige ihm, wo Kehrblech und Besen sind.

Überrascht sieht er mich für einen winzigen Augenblick nun doch direkt an. Er wirkt verwirrt, ratlos und leicht empört. Ich sehe, dass er zwei, drei Sekunden lang Widerstand erwägt ob dieser Zumutung. Schließlich entscheidet er sich dann aber doch gegen den Aufstand. Er blickt zu Boden, nimmt sich schweigend den Besen und fängt an, sauber zu machen. Ich bedanke mich anschließend, wie ich es auch bei den anderen Kindern immer tue, die mir helfen, das Klassenzimmer sauber zu halten.

Natürlich weiß ich: So eine Aktion mag vielleicht ein Anstoß sein, sie reicht aber ganz sicher noch nicht aus, um echte Veränderungen zu bewirken.

Als wir das Thema »Europa und andere Länder« durchnehmen, setze ich deshalb kurzerhand auch Diskussionen über Unterschiede in der Lebensweise auf die Tagesordnung. Kinder mit Migrationshintergrund können einmal erzählen, wie der Alltag in ihrer früheren Heimat aussah. Aleyna erzählt trocken: »Bei uns durften wir nicht so frech sein wie hier. Sonst hat uns der Lehrer geschlagen.«

Ach du Schei…, was sag ich denn jetzt, das den Zusammenprall der Kulturen nicht zu sehr betont? »Oh, oje«, stottere ich, »ja, das war früher hier auch so. Meine Uroma hat das noch erlebt. Gut, dass wir das heute nicht mehr machen. Das tut ja auch weh«, ergänze ich bemüht.

War das jetzt die richtige Stellungnahme? Hätte ich die allzu gewaltbereiten syrischen Lehrer noch klarer verurteilen sollen? Ich beschließe, auf weniger verminntes Terrain zu wechseln, und frage die Kids, welches denn ihr Lieblingsessen aus der jeweiligen Landesküche ist. In freudiger Erwartung (ich esse nämlich sehr gern) hoffe ich nun, von exotischen Leckereien, orientalischen Gewürzen und unbekannten Köstlichkeiten zu hören, die von den Müttern allmittäglich auf den Tisch gezaubert werden.

Ali erzählt als Erster: »Wir essen zu Hause am liebsten Pommes!« Ach so. Okay, die sind ja auch lecker. Weitere Kinder zeigen auf. Wie wäre es mit Enisa? Sie ist noch nicht lange hier, bei ihr wird doch sicher traditionell gekocht. »Bei uns gibt's oft Pizza, die mögen wir alle total gern«, sagt sie strahlend. So langsam klappt mir die Kinnlade runter. Es kann doch nicht sein, dass sämtliche regionalen Gerichte schon der Globalisierung des Essens zum Opfer gefallen sind? Samira rettet immerhin

Reste meines Weltbildes: »Meine Mama kocht oft *Kuschari.* Das ist so ein Eintopf mit Linsen, Reis, Nudeln und Kichererbsen.« Begeistert gehe ich darauf ein: »Das klingt gut, das könnten wir doch hier in der Schule alle zusammen mal nachkochen, was meinst du?« Doch Samira killt meinen aufkeimenden Enthusiasmus gleich mit Stumpf und Stiel. Sie verzieht das Gesicht. »Ich mag *Kuschari* aber nicht. Wroääh, der schmeckt echt eklig. Ich mag lieber Spaghetti mit Tomatensoße.« Auch die anderen Kinder schauen bereits leicht angewidert, ihre Vorstellungskraft hat ganze Arbeit geleistet. Okay, dann eben nicht.

Im Rahmen unseres Projekts »Unterschiede sind toll« besprechen wir dann auch noch, dass es Länder gibt, wo Mädchen und Jungen getrennt unterrichtet werden, und ob die Kinder das gut finden oder eher nicht. So richtig hat keiner eine Meinung dazu. Nur ein Junge wirft ein: »Vielleicht zankt man sich dann ja weniger.« Na, immerhin.

Dann erzählt uns Liyah, dass sie bald ein Kopftuch tragen wird. Ich weiß, das ist auch wieder so ein heikles Thema, deshalb frage ich nur vorsichtig, ob das für sie okay ist oder eher nicht. »Doch!«, ruft sie nicht ohne Stolz, »denn nur unanständige Mädchen tragen kein Kopftuch.« Ich bin perplex. Schließlich lebt Liyah seit ihrer Geburt hier. Ich sage, dass manche das vielleicht so sehen, andere aber nicht. Und dass man nicht an der Kleidung erkennen kann, ob jemand ein guter Mensch ist. »Schau zum Beispiel Hanna an, ihr versteht euch doch prima, obwohl sie später kein Kopftuch tragen wird.« Liyah wirft einen Blick auf ihre beste Freundin, die direkt neben ihr sitzt, überlegt einen Augenblick und stimmt dann zögerlich zu.

Es braucht sicher sehr viele solcher Gespräche und auch eine Reihe von Jahren, damit Kinder auch andere Gedanken als die zu Hause üblichen zulassen können. Das gilt für Kinder mit deutschen Wurzeln natürlich ebenso wie für Kinder aus

Migrantenfamilien. Vorurteile und unreflektierte Konditionierung gibt es hier wie dort. Egal, wie dick die kulturelle Oxidationsschicht ist, die auf unserem Weltbild liegt: Entscheidend ist der Blick durch diese Schicht hindurch – auf den jeweiligen Menschen selbst. Je öfter dieser »Durchblick« beiden Seiten gelingt, desto besser können wir mit den Unterschieden an der Oberfläche leben. Und im Idealfall kann die Grundschule (für Migrantenkinder oft der erste Kontakt mit der deutschen Lebensart) hierzu ein bisschen beitragen.

Doch zurück zu denjenigen Kindern, zu denen ich nur schwer Zugang bekomme. Da ist auch noch Mirco. Bei ihm ist es genau umgekehrt wie bei Evin. Im Gegensatz zu dem jungen Kurden starrt er mich allzu direkt, ausdauernd und unangenehm aggressiv an. Mirco ist ein harter Brocken, auch noch nach Monaten reagiert er auf jede freundliche Aufforderung, auf jedes Aufrufen stets auf die gleiche Weise: Er verschränkt die Arme, bekommt einen seltsam kalten Blick und sagt entweder lapidar »Nö« und sonst nichts mehr, oder er antwortet mit einer Mischung aus Zynismus und unterschwelligem Hohn, ein bisschen wie die Sorte Erwachsener, die einem sofort unsympathisch ist. Ich will aber nicht, dass mir ein Kind unsympathisch ist, weil ich fest davon überzeugt bin, dass kein Mädchen oder Junge sich grundlos unsozial verhält.

Von Mircos Mutter weiß ich, dass sie sich von seinem Vater getrennt hat. Es ist sicher Laienpsychologie, aber vielleicht stimmt mein Bauchgefühl ja trotzdem: Dieses unterschwellig abfällige Verhalten hat der Junge sich irgendwo abgeschaut, so etwas kommt nie im Leben aus einem Zehnjährigen selbst. Falls es sein eigener Vater war, der mit seiner Ehefrau immer so aggressiv und herablassend geredet hat, wundert es mich nicht, dass die ihm irgendwann drohend zugeraunt hat: »Hit the Road, Jack!«

Mirco jedenfalls, der trotz allem nicht wirklich auffällig ist und nur, na ja, durchschnittlich viel stört, macht mich lange Zeit ratlos und manchmal auch wütend. Der Knoten zwischen uns wird sich erst sehr viel später nach einer handfesten Krise lösen.

9.

Jedes Kind ist hochbegabt!

Sie glauben, dass Kinder immer nach neuesten und gesicherten wissenschaftlichen Erkenntnissen unterrichtet werden? Ja, das klingt selbstverständlich, und es wäre auch sehr schön (und vor allem so beruhigend). In Wirklichkeit aber sind auch Lehrmethoden Moden unterworfen, die nicht selten eine ziemlich kurze Halbwertszeit haben und alle naselang wechseln. Seltsamerweise wird eine neue Methode oft nicht *vor* ihrer Einführung ausführlich getestet, sondern erst hinterher auf den Prüfstand gestellt – nicht selten mit schlechtem Ergebnis. Bekanntes aktuelles Beispiel ist das sogenannte »Lesen durch Schreiben«, bei dem die Kinder zuerst nach Gehör schreiben und ihre Fehler nicht korrigiert werden. Später wird dann auf einmal rot angestrichen, was vorher gelobt wurde. Erst Jahre nach der Einführung gab es erste größere Studien, die denn auch prompt das zeigten, was Eltern schon lange vermutet hatten: dass nämlich dieser Weg zu einer schlechteren Rechtschreibung führt.[10]

Doch dies war keineswegs das erste fehlgeschlagene Experiment, das man auf den schmalen Rücken der Kinder ausgetragen hat, auch wenn viele andere längst vergessen sind (oder erinnern Sie sich noch an die Mengenlehre, die sang- und klanglos unterging, obwohl sie zuvor so sehr gefeiert worden war?).

Trends betreffen aber nicht nur die Lehrmethoden. Auch innerhalb der Elternschaft betreten regelmäßig neue Moden die Bühne. Zum Beispiel fürchten seit dem Bestseller »Das Rosie-Projekt« und der Netflix-Erfolgsserie »Atypical« plötzlich viele Eltern, auch ihr Kind könnte zum »Spektrum« gehören, also vielleicht eine der vielen Formen autistischer Störungen zeigen. Weil es doch immer so still ist und lieber für sich spielt, und weil es sich im ersten Schuljahr nie von sich aus im Unterricht meldet. Doch in den meisten Fällen ist diese Sorge völlig unbegründet.

Als weiterer Dauerbrenner, der seit vielen Jahren ungebrochen ist, kann der Hype um die Hochbegabung gelten. Natürlich gibt es Kinder, die schon mit fünf Jahren mathematische Gleichungen mit drei Unbekannten lösen und fließend Kisuaheli sprechen können. Nicht selten aber ist die Einschätzung der Eltern denn doch nicht sehr realitätsnah. Da ist zum Beispiel Leo. Ich würde das nie laut sagen – aber wenn Sie mich fragen, hat der Drittklässler einen ziemlichen Schatten. Er verbringt nicht selten den Großteil der Stunde unter seinem Pult und ist weder mit Engelszungen noch mit der Androhung von Konsequenzen dazu zu bewegen, hervorzukrabbeln.

Als ich darüber beim mittäglichen Abholen mit seiner Mutter spreche, bekomme ich eine überraschende Erklärung für sein Verhalten: »Ja, das ist, weil er hochbegabt ist. Es ist ja typisch für solche Kinder, dass sie sich unangepasst verhalten.« Ach? Also, wenn Leo hochbegabt ist, dann kann er das ziemlich gut verbergen. Er steht in allen Hauptfächern auf Drei, und seine Auffassungsgabe ist nicht gerade die schnellste. Was die

Sache für mich aber erst wirklich erstaunlich macht, ist, dass seine Mutter selbst Lehrerin ist. Offenbar ist man beim eigenen Kind manchmal doch betriebsblind. Und nein, testen lassen hat sie Leo noch nicht. Das wäre zu belastend für ihn, findet sie. Wozu auch – sie wisse ja längst, was mit ihm los sei. Ich weiß das auch: Leo bräuchte dringend kinderpsychologische Hilfe.

Es gibt natürlich viele sehr begabte und auch einige wirklich hochbegabte Kinder. Dass aber heute gefühlt jede dritte Mutter glaubt, ein solches Exemplar hervorgebracht zu haben, scheint mir das Symptom für etwas ganz anderes zu sein: Nicht wenige Eltern haben offenbar große Angst, ihr Kind könne bei dem hohen Tempo und dem Leistungsanspruch des modernen Lebens nicht mithalten. Viele Mütter und Väter sorgen sich schon, wenn ihr Kind sechs Wochen nach der Einschulung noch Probleme beim Lesen hat, verträumt ist oder bei den Hausaufgaben trödelt. Umgekehrt werden folgerichtig denn auch viele Eltern gleich euphorisch, wenn ihr Kind in seiner Entwicklung früher dran zu sein scheint als Gleichaltrige. »Mein Sohn ist erst vier und will schon schreiben lernen! Sollte ich ihn auf Hochbegabung testen lassen?« ist eine Frage, wie sie in Online-Foren für Eltern recht oft zu lesen ist.

Doch ob ein Kind nun nach offiziellen Kriterien hochbegabt ist oder nicht – es gibt da ein sehr tröstliches Geheimnis, das vielleicht doch für etwas Entspannung sorgen kann: *Jedes* Kind ist hochbegabt! Und nein, das ist nicht ironisch gemeint. Ich durfte das immer wieder erleben.

Albert Einstein soll einmal gesagt haben: »Jeder ist ein Genie! Aber wenn du einen Fisch danach beurteilst, ob er auf einen Baum klettern kann, wird er sein ganzes Leben glauben, dass er dumm ist.« Ein gutes Beispiel dafür ist Frantisek. Der Viertklässler hat gruselige Noten, verweigert bei mir immer wieder offen die Mitarbeit. Er hat noch dazu eine Lese-Rechtschreib- und eine Rechenschwäche. Es dauert Wochen, bis der zierliche Knirps mit dem eisernen Willen seinen Widerstand gegen mich, die neue Lehrerin, aufgibt. Aber bei den Bundesjugendspielen erlebe ich – zugegebenermaßen ziemlich baff –, wie dieser Floh schneller rennt als der Wind, weiter springt als jeder Altersgenosse und den Ball fast außer Sichtweite wirft. Dieses Kind ist der geborene Leichtathlet!

Ich lobe ihn begeistert, und sein kleines Gesicht leuchtet auf. Zum ersten Mal strahlt er mich wirklich offen an. Wenn ihn seine Eltern doch bloß in einen Verein stecken würden, anstatt ihn die Nachmittage an der Playstation verbringen zu lassen. Dort hätte er Erfolgserlebnisse und würde dadurch vermutlich auch mehr Selbstvertrauen im Unterricht entwickeln. Denn schlaue Wissenschaftler konnten zeigen, dass Kinder, die in einem Vereinssport erfolgreich sind, auch in der Schule bessere Noten erreichen.[11]

Manchmal verstecken sich Begabungen aber auch gut, und man muss erst ein bisschen an der Oberfläche kratzen, damit sie zu glänzen anfangen – wie ein Edelmetall, das unter einer grauen Kruste verborgen liegt. So wie bei Julia. Die Zwölfjährige ist eine spanische Schönheit, die aussieht wie ein Teenager und einen bereits überraschend fraulichen Blick hat. Doch diese pubertierende Beauty ist, sorry, stinkfaul. Sie hat an jedem zweiten Tag keine Hausaufgaben dabei, dafür aber eine freche Klappe und ein unverwüstliches Selbstbewusstsein. Sie pampt ungeniert herum, wenn sie arbeiten soll, und ihr ganzes Auftreten vermittelt glasklar: Schüler tun ihren Lehrern ja wohl einen Gefallen, weil sie überhaupt zur Schule kommen. Und das sollen die Lehrer dann bitte auch entsprechend würdigen, indem sie den Schülern nicht so auf den Senkel gehen, Alta!

Mehr als einmal habe ich mich mit Julia angelegt. Ihre Noten sind grottenschlecht. Unerfahren wie ich bin, denke ich unbewusst, dass sie wohl mit geistigen Gaben nicht gerade im Überfluss gesegnet sei. Bis ich dann doch anfange, mich zu wundern. Gerade nehmen wir in Mathe ein etwas kniffliges Problem durch. Mühsam versuche ich, den Kids den Lösungsweg zu erklären, der in unserem Buch vorgegeben wird. Julia guckt sich die Sache eine Weile an, zeigt plötzlich auf und meint gönnerhaft: »Das kann man viel leichter lösen.«

»Ja?«, frage ich spitz, denn ich vermute eines ihrer üblichen Störmanöver. »Dann komm mal an die Tafel und zeig uns, wie du das meinst.« Julia setzt ihre übliche, gleichgültige Pubertätsschnute auf, schlendert lässig zur Tafel, nimmt sich die Kreide und schreibt konzentriert los. Anschließend legt sie den Kreidestummel zurück auf den Rand, dreht sich um und lässt sich gelangweilt wieder auf ihren Platz fallen. Ich schaue mir an, was sie geschrieben hat. Und sehe, nicht wenig erstaunt: Sie hat nicht nur richtig gerechnet. Sondern sie hat tatsächlich einen Rechenweg gefunden, der so nicht im Buch steht und der noch dazu deutlich simpler ist. Ich bin zuerst überrascht, dann begeistert, und lobe sie überschwänglich. Gnädig grinsend nimmt sie die Huldigung entgegen. Ab da nehmen wir *ihren* Lösungsweg, der den Kindern prompt auch wesentlich besser einleuchtet als der offizielle.

Da ist sie wieder: die Kreativität des Denkens bei Kindern (okay, in diesem Fall wohl eher der frühreifen Jugendlichen), die mich immer aufs Neue überrascht. Kinder können etwas, was viele Erwachsene vor langer Zeit verlernt haben: nämlich den üblichen *Frame,* das immer gleiche, gebahnte Denken einfach zu verlassen. Kennen Sie das berühmte »Neun-Punkte-Problem«? Das ist ein kleines, tückisches Experiment, das schlaue Denk-Psychologen sich ausgedacht haben. Die Aufgabe dabei lautet, neun in einem karoartigen Raster angeordnete Punkte mit vier (oder weniger) geraden Linien zu verbinden, ohne den Stift abzusetzen. Diese Aufgabe können die meisten

Menschen nicht lösen. Der Grund dafür ist so einfach wie erschreckend: Fast alle Probanden gehen ganz selbstverständlich davon aus, dass sie einen gedachten (!) Rahmen um die Punkte herum nicht übertreten dürfen. Und das, obwohl niemand diese Einschränkung ausgesprochen hat. Die Aufgabe aber ist nur zu lösen, wenn man einfach über diesen angenommenen Rand hinauszeichnet.

Ich habe es mir jedenfalls schon vor Jahren angewöhnt, bei so manchem Alltagsproblem auch meine Kinder zu fragen, wie sie es lösen würden. Denn zum einen sind wir eine Familie, und wenn etwas jeden von uns angeht, sollte auch jeder mitreden dürfen. Vor allem aber kamen von meinen Kindern mehr als einmal überraschend einfache Lösungen, auf die ich selbst nicht gekommen wäre.

Diese Fähigkeit von Kindern, noch außerhalb der Konvention zu denken, sollten wir in der Schule möglichst bewahren und weiter ausbauen, was aber eher selten geschieht. Das ist im Grunde unverzeihlich. Denn unzählige wichtige Ideen, Erfindungen, Fortschritte und Erleichterungen unseres Alltagslebens kamen nur deshalb zustande, weil Menschen sich getraut haben, den vorgegebenen Rahmen einfach zu verlassen und scheinbar Selbstverständliches frech infrage zu stellen.

Nachdem Julia den neuen Rechenweg gefunden hat, fange ich an, sie etwas genauer zu beobachten, vor allem im Mathe-Unterricht. Bald wird mir klar: Ihr Lösungsweg war keine Eintagsfliege, und er stammte auch nicht von ihrer Mutter oder ihrem Vater, die vielleicht mal bei den Hausaufgaben geholfen haben. Sondern Julia hat ein ausgesprochenes Talent fürs Rechnen, das mir bisher nicht aufgefallen ist, weil es sich unter einer Kruste aus Unlust und Bequemlichkeit versteckte. Sie kann auch zweistellige Zahlen in Sekundenschnelle multiplizieren, und sie ist im Kopfrechnen mindestens so schnell wie ich selbst.

Ich sage ihr jetzt öfter, dass sie ein Naturtalent im Rechnen ist, und die Sache wird allmählich zum Selbstläufer: Die positive Verstärkung löst ihre Faulheit zumindest in diesem Bereich fast auf – sie ist stolz auf ihre besondere Fähigkeit und will nun auch zeigen, was sie drauf hat. Ich weiß nicht, wohin sie sich letztlich entwickeln wird, denn in anderen Fächern tut sie weiterhin wenig bis gar nichts. Aber zumindest ist ein kleines Samenkorn gelegt, das vielleicht erst in einigen Jahren keimen wird. Die Viertklässlerin wird dieses Jahr keine Gymnasialempfehlung bekommen, aber vielleicht macht sie eine gute Mittlere Reife und eine Ausbildung als Finanzwirtin oder Bilanzbuchhalterin. Vielleicht hat sie aber auch Ehrgeiz und wechselt nach der 10. Klasse doch noch in die gymnasiale Oberstufe, um später eine Ausbildung bei einer Bank zu machen oder gar zu studieren. Wer weiß schon, wohin ein Mensch sich entwickeln wird? Wichtig ist nicht, wo jemand anfängt, sondern wo er letztlich ankommt.

Ich versuche jedenfalls, einfach Vertrauen in Julia und Frantisek zu haben. Und in all die anderen Kinder, die ihre spezielle, ureigene Begabung noch entdecken müssen – am besten natürlich mithilfe von uns Lehrern. Das ist genau der Punkt. Viele oder sogar die meisten Talente von Kindern bleiben in der Schule unentdeckt, weil sie nicht ins Schema F passen und nicht genau in einem Hauptfach liegen. Aber auch, weil viel zu viel Augenmerk auf die Schwächen des Kindes gelegt wird und es hier statt in seinen Stärken am meisten gefördert wird. Das klingt erst mal logisch, denn wo's gut läuft, braucht man ja nicht zu helfen, oder?

Es gibt aber Wissenschaftler, die ganz anderer Ansicht sind, und zwar mit guten Argumenten. Sie sagen, dass Kinder nicht so viel Zeit in Fächer investieren sollten, in denen sie schwach sind. Sondern dass man sie lieber genau darin noch fitter machen sollte, worin sie gut sind. Denn sonst, sagt zum

Beispiel der Medizingenetiker Prof. Markus Hengstschläger, passiere Folgendes: »Da, wo das Kind so gut war, wird es nur noch Durchschnitt, weil es keine Zeit mehr dafür hat«[12], und das sei nicht sinnvoll, so der Fachmann von der Universität Wien.

Das klingt erst mal ungewohnt und sperrig, schließlich wollen wir dem Nachwuchs reflexhaft genau dort Hilfe angedeihen lassen, wo er schwächelt. Auf den zweiten Blick aber stimmt die Rechnung: Wenn ein Kind sehr schwach in Mathe ist, wird es später wohl kaum Volkswirtschaftlerin oder Bankkaufmann werden. Sondern es wird natürlich einen Beruf wählen, der seinen Stärken entspricht. Deshalb ist es richtiger, es genau hier besonders zu fördern, damit es sich in dieser, seiner eigentlichen Kernkompetenz noch besser von der Masse abheben kann.

In Deutschland scheinen wir aber eher das DIN-genormte Durchschnittskind anzustreben, und das nicht nur in Sachen Noten: Alle Mädchen und Jungen sollen bitte schon im ersten Schuljahr still sitzen können, sich konzentrieren, nicht mehr verträumt sein, nicht auffallen. Und sie sollen möglichst in allen Fächern gut bis zumindest mittelprächtig sein. Begabung? Na ja, die ist ganz schön, halt eine willkommene Nebenerscheinung. Vor allem Begabungen, die sich nicht auf ein Hauptfach beziehen, werden oft kaum wahrgenommen und schon gar nicht mit einer Eins belohnt. Zum Beispiel, wenn ein Kind ungewöhnlich empathisch, hilfsbereit und sozial denkt. Wenn es motorisch sehr geschickt ist oder ein Kommunikationstalent hat, sich gut artikulieren oder gut frei sprechen kann. Wenn es öfter gewagte Thesen präsentiert oder ungewöhnliche Fragen stellt. Mit etwas Fantasie könnte man sich leicht vorstellen, wohin der berufliche Weg eines solchen Kindes führen könnte. Und wie man es dafür fit machen könnte – anstatt es ständig latent zu entmutigen, indem man es unaufhörlich daran erinnert, in welchen Bereichen es leider, leider *nicht* so gut ist.

Sehr viele Schüler haben schon in der dritten oder vierten Klasse gut sichtbare Vorlieben und Stärken. Merlin, der mit leuchtenden Augen minutenlang von den Federn, abgestoßenen Rehbock-Geweihen oder auch Fuchsskeletten erzählen kann, die er draußen gefunden hat, kann ich mir mühelos als Förster vorstellen, der durch den Wald streift und sich rundum glücklich um die Wildfütterung oder die Baumpflege kümmert.

Sara dagegen schreibt so unterhaltsame Aufsätze, dass sie nicht selten die Zeit darüber vergisst und kaum aufhören kann, wenn der Gong erklingt. Sie würde vielleicht eine gute Journalistin abgeben. Und Celestine kann so toll zeichnen, dass man sich ihre dynamischen Bilder jetzt schon gut an die Wand hängen könnte. Sie würde es als Grafikerin, Designerin oder auch Buch-Illustratorin nicht schwer haben, ihr Glück zu finden.

Ich weiß, den Fokus auf solche Skills zu lenken, stellt im Grunde unser augenblickliches Notensystem infrage. Wieso auch nicht? Hier können wir doch tatsächlich über Alternativen nachdenken. Es bräuchte ein Verstärkersystem, das zum einen weiterhin ein echter Ansporn ist. Denn Kinder wollen in ihren Leistungen auch gesehen werden. Die Bewertungen dürfen das Kind aber andererseits nicht in seinen weniger gut ausgeprägten Fähigkeiten demoralisieren, sondern sollten diese eher neutral und beiläufig behandeln.

Weil unsere Kinder wohl leider schon groß sind, bis die Bildungspolitiker das Problem verstanden und eine Lösung gefunden haben, dürfen wir Eltern wenigstens zu Hause schon mal die Weichen etwas anders stellen: Sie und ich, wir können beobachten, in welchen Bereichen unser Kind besonders viel Interesse zeigt oder sich leicht tut – ganz egal, was das ist. Ein Kind kann seine Inselkompetenz auch beim Erfinden von Kochrezepten, beim Gärtnern, beim Mikroskopieren oder beim

Komponieren mit Tonstudioprogrammen zeigen. Hier können wir es abholen und besonders fördern, ruhig auch außerschulisch. Es gibt heute wunderbarerweise zahlreiche Angebote wie »Kinder-Unis«, Forschertage und Workshops in den unterschiedlichsten Bereichen. Mütter und Väter dürfen hier also ruhig ein Gegengewicht zu den einseitigen Prioritäten der Schule setzen, können ihr Kind bei Vorlieben und Talenten bestärken, die in der Schule (zu Unrecht) wenig Gewicht haben.

Wir Eltern brauchen dabei auch keine Angst zu haben, dass das Talent unseres Kindes vielleicht zu abseitig, exotisch und zu wenig »Mainstream« ist, im Gegenteil: Die Welt verändert sich gerade stark, und es werden Menschen mit möglichst unterschiedlichen und auch mit bisher wenig verbreiteten Fähigkeiten gebraucht, um diese Entwicklungen auffangen und bedienen zu können. Wenn die Schule es verpasst, das Augenmerk auch auf solche Stärken zu legen, kann es ihr passieren, dass sie auf der Reise in die Zukunft schon bald entgleisen wird.

10.

Bitte (nicht) petzen! Warum Verräter nützlich sind

Also, Petzen geht gar nicht. Wer petzt, wird komplett ignoriert. Das ist zumindest meine offizielle Version. Doch das Denunzieren ist offenbar ein sehr starker Drang des Menschen, und auch manche Kinder können es einfach nicht lassen – zum Glück! Denn junge Petzer sind durchaus nützlich für eine Anfänger-Lehrerin. Sie hat ihre Augen noch nicht überall, und in der unübersichtlichen Klassengruppe entgehen ihr viele Szenen, die nur der Insider bemerkt.

Eines Tages gebe ich eine Vertretungsstunde in einer Klasse, in der ich nur selten bin. So bemerke ich nicht, dass Olaf, der wegen notorischer Aggressivität einen Einzeltisch hat, sich heimlich zum zweiten Aggro der Klasse gesetzt hat. Dieses Duo Infernale hatte sich nämlich schon gefunden, bevor ich den Klassenraum überhaupt betreten habe. Weil ich aber die aktuelle Sitzordnung in fremden Klassen nicht auswendig kenne, wäre mir das nicht aufgefallen, bis die zwei begonnen hätten, die Unterrichtsstunde zu schreddern. Dank eines eifrigen Mädchens, das mir die Missetat nur zu gern rapportiert, kann ich den knurrenden Olaf zurück auf seinen Platz expedieren, bevor die Kernschmelze der beiden Jungs ihren Lauf nimmt. Dass Petzen gar nicht schön ist, ignoriere ich da einfach mal großzügig.

Ein anderes Mal erfahre ich von einem dienstbeflissenen Hilfssheriff, dass Marcel gerade seine wohlverdiente Gelbe Karte unter dem Tisch in kleine Fetzen gerissen und unters Pult rieseln lassen hat. Das war mir völlig entgangen. Ich tue so, als hätte ich das selbst auch gerade gemerkt und zitiere den Übeltäter nach hinten ans Pult. (Ja, die Lehrerpulte stehen heute oft hinten. Vermutlich, damit die Klasse nicht weiß, auf wem das scharfe Lehrerauge gerade ruht. Oder damit sie das Gefühl hat, dass man ihr förmlich im Nacken sitzt?) Die Karten jedenfalls sind wie mein verlängerter Arm, und wenn ich es durchgehen lasse, dass sie einfach zerrissen werden, wird mein Ampelsystem bald wirkungslos, Petzen hin oder her. Ich muss außerdem in meiner Lehrerrolle deutlich strenger sein als ich es als Mutter in einer ähnlichen Situation wäre. Ich gebe nämlich zu, ich bin keine besonders konsequente Mutter, und trotzdem bin ich mit meiner Nachsichtigkeit eigentlich immer gut gefahren – zu Hause. Bei einer großen Gruppe von Kindern aber reicht entspannte Gutmütigkeit allein nicht aus.

Ich frage Marcel also mit zusammengezogenen Augenbrauen, warum er das Kärtchen zerrissen hat. Er bricht in wütende Tränen aus. »Weil das so ungerecht war! Ich habe Maxi nur gehauen, weil der mein Mäppchen absichtlich runtergeschmissen hat, obwohl es ganz neu ist.« Hm. Ich sehe in seinen Augen echtes Leid, nicht nur Trotz. Und ich sehe auch Angst, weil er fürchtet, dass es jetzt ernsthaft Ärger geben wird. Ich verstehe ihn. Und ich sage ihm das auch. Ich finde es nämlich ebenfalls ätzend, wenn Kinder die neuen Sachen anderer Kinder aus Neid kaputtmachen wollen. Gerade am Vortag habe ich mir einen Viertklässler am Schlafittchen gegriffen, der auf dem Schulhof den nagelneuen Ranzen eines weinenden Erstklässlers aus purer Aggression mehrere Meter weit weggetreten hatte.

Es mag nicht besonders konsequent sein, aber ich lasse Marcel laufen. Überrascht blickt er auf, wischt sich die Tränen vom Gesicht und zieht höchst erleichtert von dannen. Marcel ist eines von den Kindern, die den Widerstand gegen mich, die neue und unerfahrene Lehrerin, bis zu diesem Tag nicht aufgegeben hatten. Wie einen störrischen Esel musste ich ihn bisher zu jedem kleinen Arbeitsschritt ausdrücklich und höchstpersönlich auffordern, denn von selbst fasste er seinen Füller und sein Lehrbuch nicht an. Doch ab diesem Tag durchläuft er eine ebenso schnelle wie überraschende Metamorphose. Er ist auf einmal das liebste Kind. Er fängt an, sich zu melden, und ich fange an zu staunen. Wieder einmal erlebe ich überrascht, welche Auswirkungen schon kleinste Szenen im Schulalltag haben. Eine starre Konsequenz, die Marcels begründete Empörung nicht berücksichtigt hätte, wäre niemals ähnlich erfolgreich gewesen.

Schon bei meinen eigenen Kindern habe ich oft erlebt, dass Erziehen nach festem Konzept (wie etwa dem berühmten »Lernen aus den Folgen«) oft schlichtweg nicht funktioniert. Ganz einfach, weil solche Methoden an der komplexen Lebenswirklichkeit vorbeigehen. Sie sind starr und deshalb zwangsläufig oft ungerecht. Ihre einzige Wirkung besteht nicht selten darin, das Kind zu verbittern. Natürlich sind Regeln wichtig, trotzdem braucht Erziehung immer auch individuelle Reaktionen, finde ich, also zum Kind passende Lösungen. Das ist natürlich viel anstrengender, als nur eine simple Konsequenz oder Strafe zu verhängen – aber ich finde, diese Mühe müssen wir Eltern und Lehrer uns schon machen.

Ich weiß nicht, ob Sie das auch schon erlebt haben, aber manches Mal fand ich die Entscheidungen der Lehrer meiner

Kinder zu starr. Und auch nicht besonders lösungsorientiert, sondern eher kleinmachend. Zum Beispiel bei Strafen, beziehungsweise »Maßnahmen«, wie es im Lehrerdeutsch heißt. So gab eine Lehrerin meinem Sohn erzürnt auf, dass er schriftlich begründen sollte, warum er sich danebenbenommen hatte. Ratlos kaute mein Sohn daheim an seinem Stift. Was sollte er da schreiben? Und ich regte mich ein bisschen auf: Klar war es nicht in Ordnung, dass er gestört hatte. Aber was hätte seine Lehrerin wohl gesagt, wenn er ihre Frage ehrlich beantwortet hätte: »Ich habe gestört, weil mir das in dem Moment Spaß gemacht hat.« (Die Reaktion der Pädagogin zu beobachten wäre sicher spannend gewesen, vielleicht hätte er das wirklich so machen sollen …) Ich habe meinem Sohn aber dann doch geraten, lieber zu schreiben, warum das Stören falsch war, was er dann auch erleichtert tat.

Ein paar solcher Dinge zumindest möchte ich besser machen, auch wenn ich keine ausgebildete Pädagogin bin. Apropos Maßnahmen, übrigens haben Kinder überhaupt kein Problem damit, wenn die Reaktionen der Erwachsenen flexibel ausfallen. Zwar befürchten viele Eltern und Lehrer genau das und glauben deshalb, dass sie immer auf gleiche Weise reagieren müssen. Aber Kinder sind nicht dumm. Sie wissen genau, dass Gerechtigkeit manchmal unlogisch sein kann, oder es sogar sein muss, um tatsächlich auch gerecht zu sein. Gerechtigkeit wird von Kindern eben nicht gedacht, sondern empfunden.

Doch zurück zu den jungen Strebern, Petzern und auch Schleimern. Ich sehe sie mit gnädigem Blick. Nicht nur, weil sie mir anfangs manchmal noch nützlich sind. Sondern weil sie nicht absichtlich gemein sein wollen. Ein petzendes Kind will zum einen in der Rangordnung der Klasse einen möglichst hohen Platz ergattern, indem es sich moralisch über ein anderes Kind stellt. Natürlich möchte es außerdem vom Lehrer anerkannt sein. Es wählt für diese Dinge lediglich ein ungünstiges Mittel. Sogar den meisten Erwachsenen ist dieses Verhalten ja gar nicht so fremd, auch wenn wir das vielleicht besser kaschieren können: hinter spitzen Bemerkungen über Kollegen oder Nachbarn zum Beispiel, oder hinter Klatsch und Tratsch, bei dem die anderen eher schlecht, wir selbst aber ziemlich gut wegkommen.

Doch das Petzen der Kinder hat noch einen weiteren, durchaus wichtigen Grund, sagen kluge Psychologen: Kinder wollen nämlich damit testen, ob die Regeln, die die Erwachsenen festgesetzt haben, auch wirklich verbindlich sind. Wenn sie die Verfehlungen von Mitschülern melden, beobachten sie genau, ob die Lehrer reagieren und auf Einhaltung dieser Regeln bestehen. Es kann deshalb sehr kontraproduktiv sein, als Lehrer reflexhaft das petzende Kind zu verurteilen und zu sagen: »Du sollst doch nicht petzen! Mach das bitte nicht wieder!« Denn dann kann bei Kindern schnell der Eindruck entstehen, dass sie Missstände nicht beim Namen nennen dürfen und dass Übeltäter ungeschoren davonkommen.

Die Sache mit dem Petzen ist also knifflig und bei Weitem nicht so einfach, wie man auf den ersten Blick glauben könnte. Trotzdem muss ich Kinder natürlich ausbremsen, die versuchen, sich als Co-Lehrer aufzuspielen. Ich bin schließlich keine Großinquisitorin, sondern Lehrkraft. Glaub ich zumindest.

Gerade will ich Emilia eine Gelbe Karte verpassen, weil sie sich während einer kurzen Gruppenarbeit zu ihrer Freundin gesetzt hat und sich nun hartnäckig weigert, wieder zurück auf ihren Platz zu gehen. Ich greife in die Tasche meiner Jeans – doch da ist nichts. Verdammt, ich habe die Kärtchen zu Hause liegen lassen. Hektisch überlege ich, wie ich das jetzt elegant löse. Doch da springt auch schon Gereon auf, ein flinker Achtjähriger, und geht zum Regal mit den Bastelsachen. Er kramt ein bisschen herum, und noch bevor ich ihn fragen kann, was zum Teufel er da macht, zieht er ein paar gelbe und rote Tonpapier-Quadrate hervor, um sie mir stolz in die Hand zu drücken.

Das ist jetzt … irgendwie *strange.* Ich bin kurz ratlos. Er hat es – auch wenn es gegenüber der Mitschülerin nicht sehr nett war – irgendwie auch gut gemeint, er wollte mir helfen. Ich verstehe plötzlich, warum er in der Klasse nicht besonders beliebt ist. Er schenkt seine Loyalität offenbar generell ein bisschen zu sehr den Lehrern anstatt seinen Mitschülern. Und im Übereifer merkt er nicht einmal, dass ihn die Klasse mit düsteren Wolfsaugen beobachtet.

Ich nehme die farbigen Pappstücke zögernd an, lege sie aber nur auf mein Lehrerpult und erlasse dem Mädchen dieses Mal die Konsequenz für den Fall, dass sie sich auf ihren Platz zurückbequemt. Schließlich ist die Kärtchenpanne mein Fehler. Zugleich rette ich meinen etwas übereifrigen jungen Handlanger damit (hoffentlich) vor der unvermeidlichen Abreibung durch die Klasse. Last but not least will ich signalisieren, dass ich keine kleinen Opportunisten zu rekrutieren und um mich zu scharen gedenke.

Ich seufze innerlich: Habe ich das jetzt richtig gemacht? Nichts, wirklich gar nichts, ist einfach mit den Kids. Nie gibt es mal so was wie Routine. Ging es nicht eigentlich ums Unterrichten?

Das Gros der Petzereien kann ich aber wegen, sagen wir, Geringfügigkeit des Verstoßes einfach überhören. Das geht auch gar nicht anders, denn an jedem Vormittag schallt es gefühlte 500 Mal: »Frau Kuhuun? Ben hat mir mit Filzer auf die Hand gemalt. Celina hat zu mir ›du Spacken‹ gesagt. Aron hat meinen Anspitzer verstopft. Zoe hat mein Heft zerknittert. Rabea popelt. Roy streckt mir die Zunge raus …« Wenn ich auf jeden Pieps und Pups ausführlich eingehe, passiert mir das, was kluge Soziologen als Mikromanagement bezeichnen: Ich verzettele mich im Kleinen und verliere dabei das große Ganze aus den Augen. Viele hineingerufene Petzereien, aber auch kleinere Scharmützel der Kinder untereinander überhöre und übersehe ich deshalb lieber und mache stattdessen mit etwas lauterer Stimme meinen Unterricht weiter. Denn ich habe längst gelernt: Mindestens die Hälfte der Konflikte der Kinder sind reine Schaukämpfe, das heißt: extra für mich inszeniert. Um mal zu gucken, wie ich reagiere, und um ein paar Momente Leerlauf im Unterricht zu gewinnen.

Gerade zanken sich Jessy und Marie um einen Schlüsselanhänger, der irgendein felliges, pinkfarbenes Tier darstellen soll. Während sie beide halb kichernd, halb schimpfend an ihm zerren, biege ich kurz ab in Richtung ihres Tisches. Im Vorbeigehen schnappe ich mir den Anhänger, ohne meinen Vortrag zu unterbrechen, und spaziere ungerührt weiter. Der halbherzige Protest der zwei hinter mir verklingt schnell.

Ich wage trotz allem zu behaupten: Es gibt keine Lehrkraft, die niemals auf Petzen reagiert. Das ist auch gar nicht möglich, denn hier und da ist es richtig, dass wir erfahren, wenn in der Klasse oder auf dem Schulhof etwas schiefläuft. Zwar versuchen wir, die Gesetze der Quantenphysik zu nutzen und irgendwie an mehreren Orten gleichzeitig zu sein. Und mir persönlich macht es durchaus Spaß, unvermittelt hinter einem Grüppchen von Tunichtguten zu erscheinen, ohne dass sie mich haben kommen hören. Aber wir können trotzdem nicht überall sein, denn irgendwie haben die das mit der Quantenmechanik noch nicht ganz praxistauglich gemacht.

Außerdem ist die Grenze zwischen Petzen und der Notwendigkeit, erwachsene Hilfe zu holen, oft nicht ganz eindeutig zu ziehen – nicht nur für die Kinder, sondern auch für uns Lehrkräfte. Natürlich ist es nicht lebensgefährlich, wenn Luisa auf dem Schulhof andere Kinder mit Sand bewirft. Aber ich möchte trotzdem nicht, dass ein Kind Sand in die Augen bekommt oder seine Kopfhaut paniert wird. Zumal feiner Sand – wie ich von meinen eigenen Kindern weiß – oft auch nach mehrmaligem Shampoonieren noch hartnäckig an der Haut festpappt und gern mal einige Tage braucht, bis er ganz verschwunden ist. Es wäre sicher falsch, hier nicht einzugreifen, nur weil ich die Szene nicht selbst gesehen habe, sondern ein anderes Kind angerannt kommt, um sie mir halb empört, halb schadenfroh zu schildern.

Manchmal stiften Lehrer die Kinder sogar ausdrücklich zum Verrat an den Mitschülern an. »Weiß jemand, wer in der Toilette sämtliche Klopapierrollen abgewickelt und im ganzen Raum verteilt hat?«, fragt eine Kollegin erbost die versammelte Mannschaft, die sich gerade aufstellt, um am Ende der Pause ins Gebäude zurückzumarschieren. Und hat dabei völlig vergessen, dass sie Petzen doch so hasst. Gleich mehrere Kinder zeigen bereitwillig auf die jungen Übeltäter. Die natürlich dazu verdonnert werden, das Malheur wieder in Ordnung zu bringen, damit es nicht wieder an den leidgeprüften Putzfrauen hängen bleibt, die ja nun wirklich nichts dafürkönnen.

Der Umgang mit dem Petzen bleibt also eine heikle Gratwanderung, und Petzereien wird es wohl auch in tausend Jahren noch geben. Denn es ist nicht nur ein schwer unterdrückbares Bedürfnis, sondern es hat manchmal eben doch eine Funktion, ja sogar eine Berechtigung. Lehrer sollten das Petzen also nicht pauschal verdammen, sondern das Gesamtbild berücksichtigen: Ist es immer dasselbe Kind, das ausgiebig die anderen »meldet« und sich damit auf Dauer in Sachen Beliebtheit selbst abschießt? Dann sollten wir ihm das auch sagen und seine Petzwut ausbremsen. Oder hat ein Kind das Gefühl, dass gerade ein Unrecht passiert ist, das geradegerückt werden muss? Dann würde es sein Weltvertrauen erschüttern, wenn der Erwachsene hier nicht reagieren oder das Kind sogar selbst als »Petze« beschimpfen würde.

Wir Lehrer müssen ja nicht gleich einen »Petzkasten« aufstellen nach dem Vorbild der alten Republik Venedig: Dort gab es ab dem 16. Jahrhundert am Dogenpalast ein Löwenmaul aus Bronze, in das man geheime Zettelchen mit den Verfehlungen der lieben Mitmenschen einwerfen und sie so der Obrigkeit melden konnte. Natürlich betrafen diese Meldungen bevorzugt Nachbarn, die man sowieso noch nie leiden konnte, oder gern auch geschäftliche Konkurrenten, die man gern aus dem Verkehr gezogen sehen wollte. Petzen ist halt menschlich.

Dagegen ist es nun wirklich harmlos, wenn Lara mir verrät, welcher der Jungs es war, der ihr diesen fiesen Kaugummi in die Haare geklebt hat, den wir nur mithilfe einer Schere mühsam wieder entfernen können. Apropos Haare. Obwohl es gerechtfertigt sein kann, einen Übeltäter zu melden, gibt es auch eine ganz besondere Gruppe: Kinder, die dem starken Sog dieser Versuchung heldenhaft widerstehen. Ich erinnere mich an einen Klassenkameraden aus meiner eigenen Schulzeit: Zwei andere Jungs (die er des Öfteren selbst ausgiebig geärgert hatte) hatten ihm zur Revanche mit einer Schere eine riesige Schneise ins Stirnhaar geschnitten. Die lichte Stelle ging weit nach hinten und sah aus wie eine Skipiste mitten auf seinem Kopf. Auf die empörte Frage unserer Klassenlehrerin, wer das gewesen sei, erwiderte der Junge treuherzig: »Das war ich selbst. Mir ist im Sommer immer so warm an der Stirn.«

11.

»Mein Kind hat keinen Förderbedarf – es ist nur besonders!«

Marlon hat einen Einzeltisch, weil er sich notorisch mit seinen Sitznachbarn anlegt und Konflikte bei ihm oft innerhalb von Sekunden in Minischlägereien ausarten. Er hat außerdem oft weder Bücher noch Schreibzeug dabei. Die meiste Zeit der Stunde lehnt er sich zurück und schaut uns entspannt zu. Wenn ich zu ihm gehe und ihm helfe, freut er sich trotzdem sichtlich und bemüht sich auch, etwas Richtiges aufs Papier zu bringen. Gelegentlich sind seine Ergebnisse dann auch gar nicht so übel. Doch sobald ich seinen Tisch verlasse und mich um das nächste Kind kümmere, flaut sein Enthusiasmus exponentiell zu meiner Entfernung wieder ab. Seine Hausaufgaben hat er fast nie, und um Ausreden ist er ebenfalls nie verlegen. »Unsere Katze hat auf mein Matheheft gekötzelt«, erzählt er unschuldig, oder er fragt aufrichtig erstaunt: »Ach, wir sollten das *schriftlich* machen?« Ein anderes Mal berichtet er traurig: »Der Bus ist nicht gekommen, und bis ich zu Fuß nach Hause gelaufen bin, war es Nacht.«

Als ich leicht entnervt eine Kollegin frage, wie *sie* denn so mit ihm umgeht, sagt sie entspannt: »Ach, ich lass ihn einfach. Bei dem ist zu Hause gerade alles sehr schwierig!« Ich finde diese Antwort, nun ja, erstaunlich. Ist so viel Verständnis gut fürs Kind – oder schlecht?

Marlons Mutter ist alleinerziehend, berufstätig und wirkt latent überfordert. Marlon ist das Ergebnis ihrer Affäre mit einem aus Nordafrika stammenden Mann, der leider verheiratet ist und die Vaterrolle bei seinem unehelichen Kind nicht so gern ausfüllen will. Die Mutter hat noch zwei weitere Kinder von unterschiedlichen Männern, was an und für sich kein Problem wäre, wären diese Kinder nicht ihrerseits mit ihren Halbgeschwistern völlig überfordert, die mal bei ihnen, mal bei den jeweiligen Papas und ihren neuen Gefährtinnen leben. Alles kompliziert jedenfalls. Die Mutter schafft es kaum, das nötige Geld zu verdienen, und Unterhalt kriegt sie nur unregelmäßig. Sie ist immerzu müde. Marlon kann seine Gefühle zu Hause mit niemandem besprechen, er wird jeden Nachmittag vor TV und Playstation geparkt, wie er arglos erzählt.

Ich mag Marlon, auch wenn er eine ziemliche Herausforderung ist und wir uns fast täglich in die Haare kriegen. Denn er ist trotz seiner Arbeitsverweigerung und seiner ständigen Reinquatscherei gutmütig, fröhlich und oft spontan hilfsbereit. Er ist, obwohl er häufig desinteressiert wirkt, ein sehr genauer Beobachter und macht oft überraschend gute Vorschläge – wenn er denn mal Lust hat, sich an einer Diskussion zu beteiligen. Wenn ich den großen und schweren Jungen anschaue, sehe ich manchmal schon ein wenig den Erwachsenen, der er vielleicht einmal sein wird: Immer ein bisschen bequem, aber ein guter Typ, den Schalk in den Augen, jemand, der gern feiert und der trotz aller Rückschläge immer versuchen wird, irgendwie das Beste aus dem Leben zu machen.

Im Moment aber macht er vor allem das, was die meisten Kinder machen, die ungelöste Konflikte und Ängste mit sich herumtragen: Er zeigt seine Not durch auffälliges Verhalten. Und er ist kein Einzelfall, zahlreiche Mädchen und Jungen der Schule haben ähnliche Probleme. Viele dieser Kinder *könnten* mitkommen im Stoff, wenn jemand sich intensiv um sie kümmern würde. Nicht immer müsste das ein Sonderpädagoge sein. Schon eine zweite Lehrkraft, die nur mit diesen Kindern arbeitet, würde oft ausreichen. Ich erlebe selbst, was auch nur einige Minuten konzentrierte Begleitung eines solchen Mädchens oder Jungen schon an Aha-Erlebnissen und Verstehen bewirken können.

Doch manchmal ist es gar nicht zu *wenig* Fürsorge im Elternhaus, die ein Kind ausbremst, sondern zu *viel*. Oder die falsche Art von Fürsorge. Wie bei Annika. Die Viertklässlerin ist langsam. Sehr langsam sogar. Sie schreibt pro Stunde etwa drei Wörter. Sie reagiert nicht, wenn man sie anspricht, und sieht erst auf, wenn ich mindestens dreimal ihren Namen gesagt habe. Ihr Blick ist auch dann fahrig und abwesend. Sie kann keine einzige Aufgabe in Deutsch oder Mathematik selbst lösen, sondern braucht Hilfe bei jedem kleinsten Schritt, sonst bleibt die Seite im Heft weiß.

In der Pause frage ich die Kolleginnen, ob Annika eine Lernbehinderung hat. Das ganze Lehrerzimmer lacht los. Auf meinen irritierten Blick hin sagt eine: »Du hast nur *eine* Stunde gebraucht, um zu erkennen, was Annikas Eltern seit vier Jahren leugnen.« In deren Augen hat das Mädchen nämlich gar kein Problem. Zumindest nicht, wenn man ihm alle Klassenarbeiten vorab aus dem Internet kopiert und die Lösungen mit ihm x-mal durchgeht und übt.

Die Eltern fliegen auf, als ich für einen Test eine andere Vorlage verwende, anstatt der üblichen, die zu dieser Lehrbuchreihe gehört. Dieses Blatt hatte ich versehentlich schon zum Üben mit der Klasse benutzt, sodass für die Klassenarbeit ein neues hermusste. Darauf ist Annika nicht vorbereitet – und scheitert glorreich. Denn sie kann Aufgaben nicht aus einer eigenen Transferleistung heraus lösen, indem sie einen Weg, den wir im Unterricht geübt haben, auf eine unbekannte Aufgabe anwendet. Und als ich bei einer Divisionsaufgabe verlange: »Prüfe dein Ergebnis mit der Umkehrprobe«, nimmt sie das wörtlich – und schreibt alle Zahlen rückwärts auf.

Als ich den Test zu Hause korrigiere, weiß ich nicht, ob ich lachen oder weinen soll. Annika bräuchte dringend Förderung und eigene Lernmaterialien. Doch die bekommt sie nur, wenn die Eltern sie untersuchen und ihre Lernstörung bestätigen lassen. Aber das wollen sie nicht. Sie betonen leierkastenartig, ihre Tochter sei halt besonders, aber eigentlich doch irgendwie auch ein völlig normales Kind. Sie finden es empörend, dass die Klassenlehrerin das seit Jahren immer wieder anzweifelt. Zur Krönung schlugen dieselben Eltern kürzlich sogar vor, dass wir Lehrerinnen ihnen ab jetzt sämtliche Tests schon vorab geben sollen, damit sie die mit Annika durcharbeiten können …

Eltern wie die von Annika meinen es gut. Sie wollen nicht, dass ihr Kind pathologisiert oder in eine Schublade gesteckt wird. Das kann ich verstehen. Doch damit schneiden sie ihr Kind von wichtigen Hilfen ab, die ihm zustehen. Und die es ihm ersparen würden, fast täglich Misserfolgserlebnisse zu haben, weil es im Regelunterricht nicht mitkommt. Unterstützung könnte außerdem die Defizite eines solchen Kindes zum Teil noch ausgleichen, bevor es auf die weiterführende Schule wechselt, wo das Problem sich sonst weiter verschärft.

Auch bei anderen Kindern habe ich immer wieder erstaunt erlebt, dass manche Mütter und Väter jede Kommunikation abblockten. Oft gerade bei Kindern, die Hilfe besonders gebraucht hätten. »Einige Eltern sehen unsere Hinweise als persönlichen Angriff auf ihre Erziehung«, erklären mir die Kolleginnen. »Sie glauben deshalb unseren Einschätzungen nicht oder sind völlig beratungsresistent.« Manche Eltern sähen im Pädagogen fast eine Art Feindbild, dem man gar nicht genug misstrauen könne. »Kommt man dann immer wieder hartnäckig auf die Probleme eines Mädchens oder Jungen zu sprechen, um doch noch eine Kooperation zu erreichen, wird das nicht selten als ›Die mag mein Kind einfach nicht‹ fehlinterpretiert«, seufzt Annegret. Schon, aber das gelte doch vor allem für die Eltern von schwierigen Kindern, bremst Victoria ihre Kollegin ein bisschen aus. »Mit den meisten Eltern hab' ich echt gar keine Probleme. Viele sind sogar froh, wenn sie Hinweise bekommen, was ihr Kind vielleicht besser machen könnte.«

Doch ob sie nun mit der Lehrerin glücklich sind oder nicht: Es wäre gut, wenn mehr Eltern die Chance nutzen würden, einmal in der Schule ihres Kindes zu hospitieren, also im Unterricht zuzuschauen. Das bieten die meisten Schulen nach Absprache gern an. Es wäre für manche sehr aufschlussreich, ihr Kind einmal in der Klassengruppe zu erleben und es mit anderen Gleichaltrigen vergleichen zu können. Vor allem, wenn Pädagogin oder Pädagoge angedeutet haben, dass ein Kind vielleicht Unterstützung braucht.

Sogar ich mit meiner geringen Erfahrung merke sehr schnell, wenn ein Kind in seiner Reife deutlich abweicht oder sich mit Dingen schwertut, die für andere Kinder nicht der Rede wert sind. Natürlich sind Lehrer nicht dafür ausgebildet, Lern- oder Entwicklungsprobleme selbst zu diagnostizieren. Das müssen sie auch nicht. Sie müssen es aber sagen, wenn ihnen etwas auffällt, damit die Eltern die Chance bekommen, dies von Fachleuten abklären zu lassen. Löst sich ein Verdacht in Wohlgefallen auf, umso besser.

Doch elterliche Verdrängung ist hier gar nicht selten. Oft sprechen betroffene Eltern sich dann auch nicht bei der Lehrkraft, sondern lieber in Online-Foren aus. Als Journalistin bin ich öfter hier unterwegs auf der Suche nach Themen, die Eltern beschäftigen. Nicht selten stößt man auf Postings wie dieses: »Die Lehrerin meiner Tochter möchte, dass wir sie auf eine auditive Wahrnehmungsstörung testen lassen. Aber das ist doch Quatsch. Meine Tochter ist einfach nur schüchtern, meint ihr nicht auch?« Locker ein Dutzend anderer Mütter geben ihr recht und verdammen einhellig die unfähige Lehrerin. Und das, obwohl keine der Userinnen das Kind je gesehen hat. Nur eine Einzige merkt an, dass man eine auditive Wahrnehmungsstörung (das Kind reagiert verzögert auf Aufforderungen, kann Gesprächen bei Hintergrundgeräuschen schwer folgen, vertauscht ähnlich klingende Laute) kaum mit Schüchternheit verwechseln kann. Oder dass eine Lehrerin, die Hunderte Kinder im Unterricht erlebt, vielleicht eben doch ganz gut einschätzen kann, ob ein Kind ein Problem hat, das 99 Prozent der anderen Kinder nicht haben.

Aber wie kommt diese innere Abwehr zustande? Ich glaube, auch das hat sehr viel mit Angst zu tun: Wir Eltern fürchten oft, unser Kind könne in dieser zwanghaft auf Leistung gepolten Gesellschaft einen Nachteil haben, wenn es als »förderungsbedürftig« eingestuft wird. Das klingt nach Verlieren, nach Scheitern, nach Nicht-mithalten-Können. Diese Furcht löst manchmal eher Lähmung und Leugnung statt aktives Handeln aus und verschlimmert so das Problem des Kindes. Ich finde es wichtig, dass wir Eltern solche Ängste auch bei uns selbst wahrnehmen. Damit sie uns nicht blind machen dafür, dass unser Kind eben vielleicht doch Unterstützung braucht.

Doch zurück zum von der Liebe getrübten elterlichen Blick. Es gibt nur wenige Eltern, die das Problem haben, dass sie ihr Kind unterschätzen – dafür aber viele, die seine Fähigkeiten *über*schätzen. Das ist menschlich, denn für uns Eltern darf das eigene Kind ruhig das schönste, begabteste und klügste sein. Eine winzige Prise Realismus würde aber manchmal einiges an Überforderung und Enttäuschung beim Nachwuchs verhindern. Das denke ich zum Beispiel bei Nino. Der pausbäckige, sommersprossige Junge erzählt mir in einer Vertretungsstunde mit leuchtenden Augen, wie sehr er sich schon aufs Gymnasium freut. Dort haben seine stolzen Eltern ihn gegen den ausdrücklichen Rat der Klassenlehrerin angemeldet.

Nino arbeitet mittelgut mit. Aber er tut sich sehr schwer in Mathe; ich erlebe selbst, wie mühsam es für ihn ist, selbst einfache Rechenschritte zu verstehen. Er braucht deutlich mehr Zeit für die Aufgaben als die Kinder mit Gymnasialempfehlung. Auch in Deutsch ist er nicht unbedingt eine Leuchte, in beiden Hauptfächern hat er im Durchschnitt eine Drei. Auch hier würde es seinen Eltern helfen, wenn sie einmal im Unterricht zuschauen würden, um zu erleben, wie Nino im Vergleich mit manchen anderen Kindern zurechtkommt.

Was bleibt, ist ein ungutes Bauchgefühl, wenn der Zehnjährige wieder einmal vom Gymnasium schwärmt. Denn auch wenn ich erst wenig Erfahrung habe, fürchte ich doch, dass seiner überschwänglichen Vorfreude schnell eine herbe Enttäuschung folgen wird, und das täte mir leid für den fröhlich-frechen Jungen. Gerade in Mathe gibt es einen großen Sprung zwischen dem Grundschulniveau und der fünften Klasse auf dem Gymnasium, und der Schwierigkeitsgrad steigt hier zudem in den Folgejahren ziemlich steil an.

Andererseits: Wer kann in die Zukunft schauen? Vielleicht sehen seine Eltern bei Nino ein Potenzial, das die Klassenlehrerin nicht wahrnimmt? Denn trotz allem kennen Eltern ihr Kind doch immer noch am besten, oder? Vielleicht wird er tatsächlich noch einen starken Entwicklungsschub haben und das Gymnasium nach einiger Zeit prima wuppen.

Wieder einmal merke ich, wie ich zwischen den Stühlen sitze: Ich bin noch keine »richtige« Lehrerin, und deshalb kann ich nicht anders, als vieles einfach mal zu hinterfragen, wovon Lehrer überzeugt sind. Schließlich habe auch ich schon öfter gelesen, dass viele Empfehlungen von Grundschullehrern falsch sind, sie das betreffende Kind also über- oder unterschätzen. Außerdem kann ich mir als Mutter sehr gut vorstellen, dass es ein ausgesprochen mieses Gefühl im Bauch auslöst, wenn ein Pädagoge dem eigenen Kind zu wenig zutraut, obwohl man es als Eltern besser kennt. Manchmal kommt es ja auch vor, dass eine Lehrkraft das Potenzial eines Schülers deshalb übersieht, weil sie im Unterricht nicht gut mit ihm klarkommt. Ich habe einen Bekannten, dessen Eltern sich seinerzeit von der Klassenlehrerin anhören mussten, sie sollten ihren Sohn vom Gymnasium nehmen, er sei hier überfordert. Die Eltern weigerten sich, der »überforderte« Sohn ist heute Diplom-Ingenieur und arbeitet in einer leitenden Position in einem großen Unternehmen. Solche Beispiele kennen viele von uns, und sie machen natürlich misstrauisch gegenüber der Einschätzung mancher Lehrer.

Andererseits kann kein Lehrer in die Zukunft sehen; Klassenlehrer müssen immer so empfehlen, wie es ihnen nach den bisherigen Erfahrungen mit einem Kind richtig erscheint. Ich bin jedenfalls in solchen Fällen froh, dass ich als Vertretungslehrerin keine Empfehlungen aussprechen muss. Ich weiß aber: Wenn man einem Kind wirklich zuverlässig gerecht werden wollte, wäre das teuer und aufwendig. Es müssten dann außer dem Lehrer noch andere Fachleute das Kind anschauen.

In der Vergangenheit wurde das hier und da im Streitfall so gehandhabt. Das Problem: Bei Prüfungen in unbekannter Umgebung und unter fremden Menschen sind Kinder natürlich aufgeregt und bleiben daher oft unterhalb ihrer üblichen Leistungen.

Deshalb wäre es vielleicht besser, umgekehrt vorzugehen: Die externen »Beobachter« könnten in die Klasse kommen, am besten sogar mehrere Male. Um unauffällig zu schauen, wie sich die einzelnen Kinder in den Hauptfächern so machen. Ja, das klingt utopisch, denn das wäre teuer und zeitaufwendig. Andererseits: wieso nicht? Ich meine, für Haselmausbrücken ist doch auch Geld da – und sind unsere Kinder nicht wichtiger als die niedlichen, aber brückenboykottierenden Nager?

12.

Inklusion – frisch gewagt ist halb verloren

Wo wir gerade von den sehr unterschiedlichen Fähigkeiten der Kinder reden: Für mich gilt das *Learning by doing* natürlich auch im Umgang mit den Kindern des sogenannten »gemeinsamen Lernens«. Ebenso wenig wie ich eine pädagogische Ausbildung erhalten habe, bin ich dafür qualifiziert worden, mit Inklusionskindern umzugehen. Aber damit bin ich nicht allein, denn auch die Lehrerinnen und Lehrer *mit* Lehramtsstudium sind oft nur per Hauruck-Seminar und mehr schlecht als recht auf den Umgang mit Förderkindern vorbereitet worden.

Bei diesen Kindern gibt es, vereinfacht gesagt, drei große Gruppen: zum einen solche mit »sozial-emotionalem Förderbedarf«, was oft nur eine geschönte Bezeichnung für »verdammt gestörte Kids« ist. Zum anderen die große und sehr uneinheitliche Gruppe der Kinder mit den verschiedensten geistigen

Beeinträchtigungen oder mit Lernstörungen. Und als Drittes die Kinder mit körperlichen Einschränkungen.

Früher kamen vor allem Kinder mit massiven Verhaltensproblemen oder Lernbehinderungen oft auf spezielle Förderschulen. Inzwischen besuchen viele Schüler mit solchen Handicaps die normale Regelschule. Denn Deutschland ist 2009 der UN-Behindertenrechtskonvention beigetreten, und die verpflichtet die Mitgliedsstaaten, jedem Menschen die vollständige Teilhabe am Bildungssystem zu ermöglichen. Diese Teilhabe aller, die auch als Inklusion (Einbeziehen) bezeichnet wird, ist eine richtige und gute Idee. Aber viele Förderschulen wurden dichtgemacht, ohne dass zugleich genug zusätzliche Sonderschulpädagogen, Psychologen und Sozialarbeiter an die Regelschulen geschickt wurden, um diese Kinder wirklich gut integrieren zu können. Und das war ein bisschen vorschnell, wenn Sie mich fragen.

Kinder aus der ersten Gruppe, also mit sozial-emotionalen Problemen, sind jedenfalls oft eine besonders große Herausforderung. Sie halten sich nicht an Regeln, sind hochaggressiv, gehen über Tische und Bänke, benutzen Schimpfwörter, die ein Grundschulkind noch gar nicht kennen sollte, reagieren kaum auf Aufforderungen. Sie stören die anderen Kinder massiv, und manchmal bedrohen sie sie sogar. Sie sprechen kaum auf die üblichen Maßnahmen – Gespräche mit dem Schulpsychologen, Elterngespräche, notfalls mehrtägiger Ausschluss vom Unterricht – an. So wie Matthis. Er verweigert jede Teilnahme am Unterricht. Er schreibt während der ganzen Stunde nichts in sein Heft, grölt stattdessen Fußballlieder oder ruft obszöne Gags in die Klasse. Wenn ich Matthis mit einer Roten Karte drohe, höhnt der Drittklässler nur: »Oh, da habe ich aber Angst!« Ich erkläre ihm, dass ich kein Interesse daran habe, ihm Angst zu machen. Sondern dass ich ihn demnächst in eine andere Klasse schicken werde, damit die Kinder hier in Ruhe arbeiten können. Er sieht mich aber nur glasig an.

Matthis wirkt immer, als sitze er in einer dicken Taucherglocke. Er ist völlig unerreichbar, er kann nicht einmal hören, was ich zu ihm sage – akustisch schon, aber nicht tatsächlich, er nimmt es nicht auf. Seine verbogene junge Seele ist schon zu weit abgedriftet. Er weiß nicht einmal, wer er selbst ist, er kann sich nicht fühlen, er reagiert immer auf dieselbe, automatisierte Weise. Als ich das erste Mal in diese Klasse komme, baut er sich vor mir auf und fragt im Polizistentonfall: »Und? Wer bist du?« Ich warte ein paar Sekunden, sehe ihn dabei ruhig an und sage dann, dass ich Frau Kuhn sei und ab jetzt auch Stunden in dieser Klasse geben würde. Dann frage ich, wer *er* denn sei. »Ich bin hier der Klassenclown«, verkündet er stolz und sieht mich an, als erwarte er, dass ich beifällig lächele. Ich sage nur: »Oh. Das tut mir leid für dich«, was ihn für eine Sekunde aus dem Konzept bringt. Auch ein anderes Mal kommentiert er sein eigenes Pöbeln mit: »Tja, ich bin halt hier der Clown, is' so!«

»Aber warum lacht dann niemand?«, frage ich ihn, denn tatsächlich hat niemand aus der Klasse auf ihn reagiert. Auch das lässt ihn kurz verstummen, während er sich umsieht – vielleicht zum ersten Mal registrierend, dass er tatsächlich niemanden zum Lachen bringen kann. Doch mehr als solche kurzen Sekunden der Irritation kann ich bei ihm während meiner gesamten Zeit nicht erreichen. Sie bleiben nichts als feine Risse im Firnis seines aufgeblähten, falschen Selbstbildes.

Seine Klassenlehrerin ist Selma, und sie kommt deutlich besser mit ihm zurecht, das heißt: Auf sie hört er manchmal sogar. Als ich sie leicht verzweifelt frage, wie sie das macht, meint sie tröstend: »Du, das ist immer so. Die Klassenlehrer kommen mit diesen Kindern einfach besser klar. Sie kennen das Kind schließlich seit dem ersten Schuljahr, als es noch ziemlich klein war. Die Fachlehrer haben da meistens viel größere Probleme, weil sie nur manchmal in einer Klasse unterrichten. Und das gilt für dich als Vertretungslehrerin natürlich erst recht.« Das hilft mir zwar nicht weiter, beruhigt mich aber immerhin ein bisschen.

Trotzdem gibt es auch hartgesottene Kandidaten, die selbst bei ihrer Klassenlehrerin vor fast nichts haltmachen. Zu diesen Kindern gehört zum Beispiel Tobias. Eine Kollegin, die schon über 60 ist, erzählt mir ratlos: »Er hat sogar schon ein paarmal ›Arschloch‹ zu mir gesagt.« So etwas sei früher undenkbar gewesen, fügt sie fassungslos hinzu. »Ich habe dann die Eltern angerufen, damit sie ihn abholen kommen. Aber wenn die auf dem Display die Nummer der Schule sehen, gehen sie meistens erst gar nicht dran.« So sei es auch dieses Mal gewesen. Als sie deshalb unverrichteter Dinge zurück in die Klasse gekommen sei, habe Tobias breit gegrinst und gehöhnt: »Na, klappt's nicht mit dem Abholen?« Seitdem höre sie meist einfach gar nicht mehr hin, wenn der Junge pöbele.

Ich lausche dieser Schilderung einigermaßen sprachlos. Das darf doch wohl nicht wahr sein. Kann Weghören hier wirklich die letzte Lösung sein? Gut, Tobias wurde auch schon ein paarmal zwangsbeurlaubt, dann durfte er einige Tage nicht in die Schule kommen. Doch auch das ist eine zweifelhafte Maßnahme. Zwar mögen es Kinder normalerweise nicht, aus der Gemeinschaft ausgeschlossen zu werden. Die Betonung liegt aber auf »normalerweise«, denn bei einem Kind wie Tobias ist Normalität keine belastbare Kategorie mehr. Vermutlich hat er sich eher gefreut, ein paar Tage schulfrei zu haben. Diese Maßnahme zeitigte jedenfalls auch keinerlei Verbesserung in seinem Verhalten.

Auch ich kenne den hochauffälligen Jungen, und er ist kein Einzelfall; es gibt hier einige solcher Kinder, und es sind nicht immer nur Jungen. Zwar hat Tobias mich selbst noch nicht beschimpft, aber er dreht sich immer demonstrativ weg, wenn ich ihn anspreche, und schnauzt: »Lass mich in Ruhe!« Auf die Nachfrage, was los sei, kommt nur ein unwirsches: »Hör auf!

Ich will das nicht!« Dieser Junge ist unfähig zu kommunizieren: Egal, ob ich ihn einbeziehe, ihm eine Frage stelle, mich neben ihn setze, um bei einer Aufgabe zu helfen – er schimpft zwanghaft und dreht sich ruckartig in die andere Richtung. Zugleich pöbelt er notorisch in den Unterricht hinein.

Er gehört ebenfalls zu den Kindern, die ich nicht ein einziges Mal wirklich erreichen konnte. Ich finde, dieser Junge bräuchte eine psychologische Betreuung und die Familie eine begleitende Beratung. Unterricht könnte mit ihm nur dann halbwegs funktionieren, wenn zusätzlich eine sonderpädagogische Fachkraft dabei wäre – und zwar nicht nur für wenige Stunden, sondern immer. Aber von solch luxuriösen Zuständen können wir hier bisher nur träumen.

Außerdem müsste für Tobias überhaupt erst einmal ein Förderbedarf festgestellt werden, bevor ihm ein Mehr an Hilfe zustünde. Aber wie es oft in diesen Fällen ist, geben die Eltern sich zwar bei Gesprächen einsichtig, doch es passiert nichts, sie lassen ihren Sohn nicht untersuchen. Ob aus Angst vor Ausgrenzung ihres Kindes oder weil sie zu sehr mit ihren eigenen Problemen beschäftigt sind, weiß niemand.

Bis die Regelschulen kleinere Klassen, mehr Geld und genügend Sonderpädagogen bekommen, um auch solchen Kindern gerecht zu werden, kann die Förderschule für manche von ihnen eben vielleicht doch die bessere Alternative sein, finde ich. Weil hier der Personalschlüssel, also die Anzahl der Lehrkräfte pro Kind, deutlich höher und in jeder Lerngruppe auch ein Sonderpädagoge anwesend ist. Nicht als Dauerlösung, sondern bis die Grundschulen besser aufgestellt sind für die Betreuung dieser Kinder.

Einige Landesregierungen haben daher in den letzten zwei Jahren eine Notbremsung und einen Erhalt der restlichen Förderschulen beschlossen, bis die Regelschule wirklich deren Leistungen übernehmen kann.[13]

Das Ganze geht jedenfalls auf Kosten der Kinder, die Hilfe bräuchten, aber zu wenig bekommen. Aber auch auf die der Mehrheit ihrer Mitschüler, die nach meiner Beobachtung oft locker ein Drittel der ihnen zustehenden Zeit verlieren, weil drei oder vier Rabatzkids den Unterricht ständig unterbrechen und streckenweise fast ganz verunmöglichen.

Bis die Grundschulen also besser auf Inklusionskinder eingestellt sind, bräuchten Schulleiter die Möglichkeit, die Reißleine zu ziehen, bräuchten eine Alternative für Kinder, die einen Riesenbedarf an Hilfe oder auch Aufsicht haben. Wo es aber keine Förderschulplätze mehr in der Region gibt, können RektorInnen den Eltern auch nicht ans Herz legen, ihr Kind dorthin zu schicken.

Vor allem bei Kindern mit massiven Verhaltensproblemen, die zum Beispiel spucken, andere körperlich angehen, die völlig ausrasten oder mich anschreien, kann ich nicht viel mehr tun, als mich mit gesundem Menschen- und Mutterverstand durchzulavieren. Ich schenke ihnen sofort positive Aufmerksamkeit für das kleinste Signal von Kooperation. Pöbeleien und blöde Sprüche überhöre ich oft, weil negative Aufmerksamkeit sie eher verstärkt. Wird es zu schlimm, muss das Kind in eine andere Klasse – was aber nur für diese Stunde hilft, denn das Problem beginnt in jeder Stunde von Neuem. Die üblichen Konsequenzen haben für diese Kinder keinen Lerneffekt, weil sie ein psychologisches Problem haben, das ich als Lehrerin nicht lösen kann. Hier bräuchte es nicht nur zusätzliche Einzelbetreuung, sondern auch Hilfe vom Kinderpsychologen.

Leider nutzen gerade die Eltern derjenigen Kinder, die am dringendsten Hilfe bräuchten, diese Angebote oft nicht, zumindest nicht freiwillig. Erst wenn die Schulleitung irgendwann mit dem Ausschluss droht, gehen sie widerwillig ein paarmal zur Erziehungsberatung. »Ich hab's dann schon öfter erlebt, dass ein Kind sich dort lammfromm und sehr kooperativ benahm«, seufzt eine Bekannte von mir, die ebenfalls Lehrerin ist. »Und die Eltern verkündeten anschließend stolz, der Fachmann habe gesagt, mit ihrem Kind sei alles bestens – während der Nachwuchs danebenstand und mich breit angrinste.«

Aber selbst wenn Eltern ihr Kind unterstützen lassen wollen, heißt das noch lange nicht, dass ihm dann auch Hilfe zuteilwird. Das lerne ich, als ich meinen ersten Mathe-Test mit der Klasse durchführe. Denn ich habe Martha in meiner Klasse, und die hat eine ausgeprägte Dyskalkulie, also eine Rechenschwäche. Sie gehört zu derjenigen Gruppe der Inklusionskinder, die Lernbehinderungen und andere geistige Einschränkungen haben. Das Verhalten dieser Kinder ist meist ganz normal, sie haben aber Probleme beim Lernen oder Verstehen. Zwar darf Martha im Unterricht ein eigenes Mathebuch und eigene Übungsaufgaben verwenden. Sie muss aber trotzdem dieselbe Klassenarbeit schreiben wie alle anderen auch.[14]

Ich bin zugegebenermaßen etwas fassungslos, als ich das erfahre. Die Viertklässlerin kann kaum die Aufgabe 7+5 ausrechnen, dafür hat sie dieser Tage locker eine halbe Minute gebraucht und musste die Finger zu Hilfe nehmen. Und nun soll sie mehrstellige Divisionsaufgaben schriftlich lösen? Sie scheitert denn auch ebenso vorhersehbar wie vollständig. Ich sitze zu Hause vor ihrem Katastrophen-Test und bin bedrückt und unglücklich. Doch eines weiß ich glasklar: Ich werde den Teufel tun, diesem Kind, das immer gut mitarbeitet und das rein gar nichts für seine Schwäche kann, eine Sechs vor den Latz zu knallen, die ihr zuruft: Du hast es nicht drauf!

Ich beschließe, meine Narrenfreiheit als »ahnungslose« Neulehrkraft zu nutzen, und gebe ihr einfach … gar keine Note. Ich schreibe unter ihre Arbeit nur: »Du hast dir Mühe gegeben, aber hier musst du noch üben!« und fertig. Wollen wir doch mal sehen, was passiert. Zum Glück nichts. Das Mädel ist erleichtert, die Eltern vermutlich auch, jedenfalls unterschreiben sie den Test umstandslos. Als ich der Klassenlehrerin nach ihrer Rückkehr meinen Zensierboykott beichte, schaut sie überrascht, nickt dann aber zögernd und sagt nichts. (Diese Quereinsteiger sind schon verdammt unberechenbar, aber man kann eben nicht alles haben …)

Wie sträflich Kinder mit Lernbehinderungen manchmal alleingelassen werden, sehe ich auch an Annika, von der ich an anderer Stelle schon erzählt habe. Egal, wie sehr Annikas Eltern ihr suggerieren, sie sei wie jedes andere Kind, Annika weiß es längst besser. Dafür sorgen nicht nur ihre ständigen Misserfolgserlebnisse im Unterricht, dem sie nicht einmal ansatzweise folgen kann. Sondern vor allem die anderen Kinder. Regelmäßig ruft ein Mitschüler: »Boah, du bist so dumm!«, wenn Annika eine unpassende Antwort gibt, weil sie wieder etwas nicht verstanden hat. Natürlich verhänge ich sofort eine Rote Karte für so einen Zwischenruf, und natürlich reden ich und die Kolleginnen immer wieder über Fairness, Rücksichtnahme, Teamwork und dass wir niemanden ausschließen oder zurücklassen. Doch es gibt immer Kinder, an denen Konsequenzen ebenso spurlos vorübergehen wie Appelle an die Mitmenschlichkeit. Oder die sich einfach nicht beherrschen können, sondern spontan rausquaken, was ihnen gerade durch den Kopf geht.

Wie sehr Kinder wie Annika durch den Alltag in einer Regelklasse demoralisiert werden, wird mir aber erst wirklich klar, als sie einen Unfall auf dem Schulhof hat. Beim Hinausrennen in die Pause bleibt sie an einer halboffenen Tür hängen und schlägt hin. Sie schreit, wie ich in meinem ganzen Leben noch nie ein Kind habe schreien hören. Ich und auch die Kolleginnen aus anderen Klassen eilen völlig panisch zu ihr – in Erwartung einer richtig üblen Verletzung. Als wir Annikas Bein ausführlich untersuchen, sehen wir außer einer leichten Schramme keine ernsthaften Blessuren. Wir sind ratlos, denn immer noch weint sie haltlos. Ist das Bein vielleicht unsichtbar doch ernster verletzt, als es scheint?

Erst allmählich und während ihr verzweifeltes Schreien nur langsam abebbt, beginne ich zu ahnen: Es ist gar nicht der Schmerz im Bein, der diese Überreaktion auslöst. Sondern hier bricht sich gerade etwas anderes Bahn: die Verzweiflung unendlich vieler Tage voller Misserfolge und herzloser Bemerkungen durch andere Kinder. Das Mädchen weint oder besser schreit sich gerade all den Ballast von der Seele, der sich seit langer Zeit angestaut hat.

Aber das Schlimmste ist: Dieser Ausbruch verschafft ihr keine Erleichterung. Denn nichts ist gelöst. Gleich nach der Pause steht Mathe auf dem Programm, und wieder wird sie ohne meine Hilfe nicht eine einzige Aufgabe lösen können, während die Stifte der meisten ihrer Sitznachbarn zügig übers Papier eilen. Wieder wird sie am Ende der Stunde fast nichts geschafft haben, denn ich kann mich nicht die ganze Zeit neben sie setzen, wie es eigentlich nötig wäre. Für sie wäre ein Sonderpädagoge, der ständig mit im Raum ist und sich um sie und andere Förderkinder intensiv kümmern kann, die einzige Möglichkeit, dem Unterricht zu folgen. Doch die völlig überlastete Sonderpädagogin unserer Schule kann sich nicht beliebig duplizieren, und ich habe sie in meinem Unterricht über Wochen hinweg nicht gesehen. »Ich müsste eigentlich über jedes Kind regelmäßig Berichte schreiben. Aber ich kann mit ihnen nur so wenig Zeit verbringen, dass mir eine seriöse Einschätzung überhaupt nicht möglich ist«, klagt sie einmal. Noch dazu wird sie, anstatt sich auf die Einzelförderung konzentrieren zu dürfen, öfter auch kurzerhand als Lehrerin im regulären Unterricht eingesetzt, weil Schulleiterin Birgitta sonst nicht mehr weiß, wie sie die Engpässe noch füllen soll.

In einer Förderschule würde niemand blöde Bemerkungen über Annika machen, und man würde wesentlich besser auf sie eingehen können. Sie wäre in einer kleinen Lerngruppe, hätte Erfolgserlebnisse und bekäme die Extraportion Ermutigung und Zuwendung, die sie so sehr braucht. Noch besser wäre es natürlich, sie würde genau das auch auf der normalen Grundschule bekommen. Denn selbstverständlich kann Inklusion gelingen, wenn die Bedingungen stimmen. Zumal ja nicht nur die Förderkinder, sondern alle Kinder der Klasse von kleineren Gruppen, mehr Lehrern und intensiverer Begleitung profitieren würden. Solange das aber nicht der Fall ist, kommen mir viele der betreffenden Kinder wie verloren vor – und ich mir selbst wie auf verlorenem Posten.

Ähnliches denke ich auch bei Ben. Der neunjährige, stille Junge hat das Down-Syndrom. Die Kinder seiner Klasse sind neutral bis nett zu ihm. Seine Einschränkung ist zu offensichtlich, um ihn damit aufzuziehen, so viel haben die Kinder schon verstanden. Aber echte Freunde hat er trotzdem nicht. Ben wirkt auf mich selten wirklich fröhlich, sondern oft ängstlich und ratlos. Besonders schwer tut er sich mit ungewohnten Situationen, die nicht der üblichen Routine folgen: Der Feueralarm, der probeweise abgehalten werden muss, wirft ihn ebenso aus der Bahn wie der Aufbruch der gesamten Schule zum Sportplatz am Tag der Bundesjugendspiele. Während sich alle Klassen längst draußen aufgestellt haben, finde ich Ben eher zufällig allein im leeren Flur. Er lehnt vergessen und mit starrem, angstvollem Gesichtsausdruck an der Wand. Als ich sage: »Was machst du denn noch hier? Die anderen Kinder stehen schon draußen! Komm mal mit, ich bringe dich zu deiner Gruppe«, reagiert er nicht. Ich hatte ihn bisher noch nicht selbst im Unterricht, und er ist mit dieser fremden Lehrerin sichtlich überfordert. Nur mühsam kann ich ihn von der Wand lösen und dazu bewegen, an meiner Hand langsam nach draußen zu gehen.

Ich will mir nicht anmaßen zu entscheiden, ob Ben auf einer Förderschule glücklicher wäre, aber dass er es hier *nicht* ist, ist unübersehbar. Vielleicht wäre das anders, wenn er eine qualifizierte Schulbegleiterin hätte und nicht überwiegend von den wechselnden Bundesfreiwilligendienstlern betreut würde, die gerade an der Schule sind.

Dass Inklusion aber auch gelingen kann, beweist Justina. Die Drittklässlerin mit den großen braunen Augen und dem freundlichen Gesicht litt bei ihrer Einschulung an selektivem Mutismus, das heißt, sie sprach nicht. Nie, nicht ein einziges Wort. Sie sprach nicht mit der Lehrkraft und antwortete auf ihre Ansprache nur mit einem stillen, mutlosen Blick, wie sich ihre Lehrerin Petra erinnert. Sie redete auch nicht mit anderen Kindern, keiner kannte überhaupt ihre Stimme.

Dabei konnte Justina ganz normal sprechen, sie tat das aber nur zu Hause und mit sehr vertrauten Personen. Weil es keine sonderpädagogische Stelle nur für ein Kind allein gibt, stellte man ihr immerhin besagte Schulbegleitung an die Seite, Steffi. Steffi ist ausgebildete Erzieherin und hat diesen Job angenommen, weil sie einmal etwas anderes machen wollte. Schon das dritte Jahr sitzt sie nun den gesamten Schulvormittag geduldig und freundlich neben Justina. Damit das Mädchen Erklärungen bekommt, nach denen sie nicht fragen kann. Damit jemand bemerkt, wenn sie nicht weiterkommt, weil sie es nicht sagen kann, wenn sie Hilfe braucht. Aber vor allem, damit das Mädchen eine enge und vertraute Bezugsperson hat, die ihr den Mut gibt, jeden Tag wiederzukommen. Denn ein wichtiger Auslöser ihres Schweigens ist pure Angst.

Kinder wie sie empfinden den Schulvormittag als so überwältigend, dass sie ihn kaum schaffen: Sie sind weg von zu Hause, es gibt eigene Regeln, die von den heimischen abweichen, es herrscht ein hoher Lärmpegel, es gibt ungeschriebene Gesetze, und man muss sich in einer zunächst unüberschaubaren Gruppe behaupten. All das lässt manche Kinder verstummen, sie ziehen sich aus der als so schwierig erlebten Kommunikation ratlos heraus.

Zu dem Zeitpunkt, als ich an die Schule komme, hat Justina dank Steffi längst unglaubliche Fortschritte gemacht. Zwar redet sie anfangs auch mit mir nicht, nickt aber immerhin, wenn ich sie anspreche, oder schüttelt den Kopf. Schon nach einigen Tagen beginnt sie zu antworten, wenn ich sie etwas frage. Und nach weiteren Wochen, in denen ich sporadisch in ihrer Klasse unterrichte, meldet sie sich von sich aus, und zwar gleich mehrere Male – eine fantastische Leistung für ein Kind mit Mutismus, noch dazu gegenüber einer Lehrerin, die es nur selten sieht.

An Justina kann man erkennen, welch eine unglaublich positive Entwicklung eine Einzelförderung bei einem Kind bewirken kann. Justina kann sich inzwischen am Unterricht so gut beteiligen, dass ihre Schulbegleiterin Steffi im kommenden Jahr abgezogen werden wird – sie schafft es jetzt allein.

So unterschiedlich wie ihr Förderbedarf sind auch die Bedürfnisse der Inklusionskids, kein Kind ist wie das andere. Doch eines ist ihnen allen gemein: Damit das gemeinsame Lernen gelingen kann, brauchen sie vor allem jemanden, der Zeit für sie hat. Der sich zu ihnen setzen und alles in kleinen Schritten mit ihnen erarbeiten kann. Doch diese Zeit haben wir regulären Lehrer nicht. Ich selbst kann diesen Kindern jeweils nur wenige Minuten helfen, bevor ich mich – mit einem unguten Gefühl im Bauch – wieder um die 30 anderen Kinder der Klasse kümmern muss.

Bei alledem stimmt es nicht gerade hoffnungsfroh, dass das Schulministerium NRW vor Kurzem wieder einmal mitgeteilt hat, dass Tausende Stellen von Sonderpädagogen unbesetzt sind. Denn der Markt an geeigneten Kräften ist wie leergefegt, und ähnlich sieht es in vielen anderen Bundesländern aus. Der

Bedarf an allen Schulformen ist riesig. Grundschulen steht (im Vergleich zu weiterführenden Schulen, die etwas besser bedacht werden) oft aber sowieso nur eine einzige sonderpädagogische Stelle zu, und selbst die ist vielerorts kaum zu besetzen. Das alles macht aus dem Experiment Inklusion denn auch ein ziemliches Himmelfahrtskommando.

13.

Und leise kichern die »Twerge«

Es ist nicht gut, der Klasse lange den Rücken zuzukehren. Denn auch wenn meine eigenen Kinder diesen Verdacht immer hatten – ich habe keineswegs Augen am Hinterkopf. Die Kunst ist also, an der Tafel möglichst zügig zu schreiben, damit subversive Elemente nicht unbemerkt hinter mir die Ordnung schreddern können.

Schon in den ersten Tagen hatte mich die Konrektorin außerdem gewarnt: »Dein Vorgänger hat immer stundenlang an der Tafel geschrieben, die war ganz voll nach jeder Stunde, von oben links bis unten rechts.« Das sei für den Unterricht fatal, denn: »Die Kinder sind dann nur am Abschreiben, es gibt kaum echte Gespräche mit den Schülern, und die Klasse wird dann auch sehr schnell laut.«

Ah, okay, diesen Fehler will ich natürlich auf keinen Fall machen. Ich schreibe also möglichst knapp und schnell – und verfalle dabei in eine schwer lesbare Erwachsenenschrift. Schon motzt es vorwurfsvoll aus den Bänken: »Frau Kuhn, ich kann das nicht lesen!« Verdammt, wie ging das mit der »vereinfachten Ausgangsschrift« noch mal? Wer hätte gedacht, dass ich nun erneut die Schreibschrift lernen muss, wie ein Erstklässler?

Zudem sieht die verbundene Schrift heute leider anders aus als zu meiner Zeit. Doch zumindest das könnte für uns Seiteneinsteiger ein Problem sein, das sich bald von selbst löst. In manchen Bundesländern (wie zum Beispiel in Thüringen, Hamburg, Bremen, Niedersachsen, Nordrhein-Westfalen, Hessen) ist die Schreibschrift nämlich schon gar nicht mehr verpflichtend im Lehrplan. Die Schulen dürfen stattdessen – wenn sie wollen – auch nur die sogenannte Grundschrift lehren, bei der lediglich die Druckbuchstaben miteinander verbunden werden. (Ich versuche, mir die Optik dieser Schrift vor dem inneren Auge vorzustellen, aber es gelingt mir nicht.) Diese Wahlfreiheit wurde von den Politikern der betreffenden Bundesländer mit unterschiedlichen Argumenten eingeführt: Man befand, im E-Zeitalter mache eine Schreibschrift wenig Sinn, zumal als Erwachsener fast jeder sowieso nur noch am Computer schreibe. Außerdem falle Kindern das Schreiben von Druckbuchstaben am leichtesten. Das Hauptargument, bei dem man sich einig war: So müssten Kinder nicht mehr mehrere Schriften (Druckbuchstaben, Ausgangsschrift) lernen, sondern nur noch eine. Und das Sahnehäubchen: Kinder könnten sich dann auch besser auf den Inhalt des Geschriebenen anstatt auf das Aussehen der Buchstaben konzentrieren.[15]

Ich finde das falsch. Wenigstens einigermaßen fließend und lesbar mit der Hand schreiben zu können, ist in meinen Augen ein Kulturgut. Und ein solches muss per Definition nicht ununterbrochen seinen Nutzen unter Beweis stellen, sondern es besitzt einen Wert an sich. Nicht mehr seine eigene und individuelle Schrift entwickeln zu dürfen, niemals einen Liebesbrief, eine schöne Grußkarte oder ein Tagebuch anders als in Druckschrift schreiben zu können – was für ein Verlust! Davon abgesehen, dass Grundschulkinder Klassenarbeiten und Hausaufgaben (außer Referate) gar nicht am PC erstellen dürfen und es sie unnötig Zeit kostet, für solche täglichen Aufgaben nur die holprige, sehr viel langsamer aufs Papier zu bringende Schrift aus Druckbuchstaben verwenden zu können.

Jetzt gerade aber habe ich keine Zeit für solche Überlegungen. Ungeduldig wische ich meine Hieroglyphen von der Tafel und schreibe alles noch mal in Schönschrift – zwar ungeübt und ziemlich eckig, aber hoffentlich besser lesbar. Denn an »meiner« Schule wird glücklicherweise noch Schreibschrift verwendet. Ich bemühe mich redlich, die hausbacken wirkenden Kinderbuchstaben so zu malen, wie sie in den Fibeln abgebildet sind.

Apropos Fibeln – die haben zeitweise ein ziemliches Schattendasein gefristet. Wie die Eltern unter Ihnen (aus meist leidvoller Erfahrung) wissen, wird heute vielerorts unter anderem nach der schon erwähnten Methode »Lesen durch Schreiben« unterrichtet. Doch längst haben wir Mütter und Väter kopfschüttelnd festgestellt: Unsere Kinder müssen damit gleich zweimal das Schreiben lernen: einmal falsch und einmal richtig.

Zuerst wird nur nach Gehör geschrieben, ohne dass der Lehrer die hanebüchenen Fehler korrigiert. So kommt es zu literarischen Blüten wie »Dea Fogl fenkt den Wuam«. Der Lehrer lobt begeistert, das Kind freut sich, die Eltern blicken stolzgeschwellt (okay, manchmal vielleicht auch befremdet). Doch nach dem zweiten Schuljahr kommt dann das böse Erwachen: Plötzlich soll das Kind korrekt schreiben, und alles, wofür es bisher scheinheilig gelobt wurde, wird nun fett als falsch angestrichen. Das ist ungefähr so motivierend, wie wenn man einem Schlittschuhläufer, der schon einigermaßen sicher auf den Kufen steht, lächelnd eine Lkw-Ladung Sand auf die Eisfläche kippt.

Mehrere Bundesländer haben sich denn auch leicht angeekelt wieder von der Methode abgewandt, die allzu vorschnell eingeführt worden war. Denn es hat sich gezeigt: Auf dem (Holz-)Weg der Rechtschreibanarchie lernen Kinder eher später richtig schreiben. Und mal ehrlich – daran hatte der gesunde Elternverstand ja auch nie Zweifel, oder? Wo man das »Lesen durch Schreiben« noch praktiziert, wird es meist aufs erste Schuljahr (und auf weitgehend lautgetreu geschriebene Wörter) begrenzt und nur noch in Kombination mit der Fibelmethode verwendet, bei der Wörter von Anfang an korrekt abgeschrieben werden. »Back to the roots« ist also manchmal gar keine so schlechte Idee.

Die Kinder in meiner Klasse sind natürlich über Anlauttabellen längst hinaus. Was aber nicht heißt, dass ich ihre Schrift unbedingt besser lesen könnte als sie meine. Bei Nicola zum Beispiel habe ich den starken Verdacht, dass sie ihre Sauklaue ganz bewusst pflegt: Denn was ich nicht lesen kann, kann ich auch nicht als falsch anstreichen. Manchmal bin ich nicht sicher, ob sie überhaupt die aktuelle Deutsch-Hausaufgabe gemacht hat oder mir bloß tiefenentspannt irgendeine alte Aufgabe hinlegt. Denn ihre Texte sehen immer so aus, als hätte sie einer Horde von Hühnern Tinte an die Füße geschmiert und sie einmal quer übers Blatt gejagt.

Ich überlege, ob die Sache mit den Druckbuchstaben nicht vielleicht doch die bessere Lösung wäre – oder sollten wir den Kindern das Schreiben lieber gleich auf der PC-Tastatur beibringen? Andererseits … vielleicht wollen wir Lehrer ja auch gar nicht immer lesen können, was da steht. Linus beispielsweise hat die Sache mit dem Schreiben nach Gehör offenbar ein bisschen zu sehr verinnerlicht. Er tut sich mit der Umstellung auf die einzig wahre Rechtschreibung arg schwer. Fast wünsche ich mir, das Heft des Drittklässlers niemals aufgeschlagen zu haben, als ich einen Blick in seinen Aufsatz zum Thema »Mein liebstes Hobby« werfe: »For sex monats wuste ich noch nich, wie mann Mauntenbiker schreipt – un jez bin ich einen!«

Oh, là, là! Das sieht nach Arbeit aus. Na, wenigstens macht ihm das Radfahren Spaß. Und Sport ist ja auch sehr gesund.

Viele Kinder würden sich mit der Rechtschreibung sicher leichter tun, wenn sie ab und zu ein paar Zeilen lesen würden. Ein Wort, das man schon viele Male gesehen hat, schreipt, äh, schreibt man nämlich nicht mehr so leicht falsch. Tatsächlich sagen auch Fachleute: Es ist nicht nur die böse Anlauttabellen-Methode, die dazu führt, dass Kinder oft nur eine rudimentäre Rechtschreibung beherrschen. Sondern auch die weit verbreitete Haltung: »Ich les' lieber nix.« Etwa ein Drittel aller Erwachsenen gibt heute an, fast nie ein Buch zu lesen. Folgerichtig hat die Stiftung Lesen denn auch ermittelt, dass jedem dritten Kind so gut wie nie vorgelesen wird.[16]

Wenn Sie jetzt sagen: »Gut und schön, aber was kann ich tun? Mein Kind liest eben einfach nicht gern«, dann ist die Antwort ganz einfach: Lesen Sie noch mehr vor! Alle Kinder lieben das, sogar wenn sie längst in der Grundschule sind. Beim Zuhören finden Kinder problemlos in eine Geschichte hinein. Und genau das ist es, was ihnen beim mühsamen Selbstbuchstabieren anfangs noch nicht gelingen will. Über das Sichdurchwursteln durch die Wörter verlieren sie den Faden. Sie lesen also nicht »sinnentnehmend«, wie es im Fachjargon heißt. Und dann wird die Sache natürlich langweilig. Viele Kinder lesen also einfach nur deshalb so ungern, weil sie nie den quirligen Fluss der inneren Bilder erlebt haben, den eine gute Geschichte im Kopf entstehen lässt – etwas, was das Fernsehen niemals schafft. Wenn ein Kind die Erfahrung macht, dass eine Geschichte wie ein innerer Kinofilm ist, der einen unwiderstehlich mitreißt, dann verbindet es Bücher bald mit einem guten Gefühl – und darum geht es.

Gern würde ich jetzt erzählen, dass ich selbst schon mit zehn Jahren Goethes Faust gelesen habe (natürlich den wirren Teil II, den keiner kapiert, weshalb man mit ihm besonders gut angeben kann). Es waren aber ehrlicherweise die Billigheftchen aus dem Supermarkt, die ich damals entzückt verschlungen habe: Bessy, Donald Duck, Geister – so hießen die Objekte meiner intellektuellen Begierde. Aber das, so trösten Experten, macht wirklich gar nichts. Einzig wichtig sei, so die offenbar bescheiden gewordenen Fachleute, dass ein Kind überhaupt irgendetwas lese.

Später stieg mein literarischer Anspruch natürlich noch deutlich an. Als Germanistikstudentin las ich zum Beispiel gern Asterix. Na gut, es war schon ein bisschen peinlich, als ich in der Buchhandlung gerade beseelt vor dem Ständer mit den Comics stand und mein Mediävistikprofessor reinkam …

Deshalb lieber zurück zum Thema. Als meine Kinder im ersten Schuljahr waren, habe ich hier und da schon einige Wörter ausgelassen und sie meine Tochter oder meinen Sohn selbst zusammenbuchstabieren lassen. Später haben die Kinder ganze Sätze, kurze Abschnitte und noch später dann mehrere Seiten selbst vorgelesen. Noch ein Tipp am Rande: Wenn Sie Ihrem Kind vorlesen, hören Sie am besten immer an einer strategisch schlauen, heißt spannenden Stelle auf. Diese Cliffhanger sind eine tolle Vorlese- und Lese-Motivation, denn Ihr junger Zuhörer möchte natürlich unbedingt wissen, wie es weitergeht.

Und es gibt noch etwas, was bei jungen Lesemuffeln sehr helfen kann: die Bildschirmzeit drastisch zu kürzen. Wissenschaftler haben längst den Zusammenhang zwischen der Glotzdauer und den Deutschnoten aufgezeigt.[17] Ich erlebe ihn jetzt im Unterricht aus erster Hand: Je mehr ein Kind sich von den hektischen und bunten TV-Bildern berieseln lässt, desto kleiner wird seine Motivation, selbst innere Bilder zu produzieren. Wozu auch? Ist doch viel bequemer so.

Ich schlackere manchmal mit den Ohren, wenn Kinder mir beiläufig erzählen, wie lang sie täglich vor der Glotze abhängen. »Wenn ich nach Hause komme, sind meine Eltern nicht da. Auf dem Tisch steht das Essen, das tu' ich in die Mikrowelle, und dann gucke ich fern«, berichtet Nuria und ergänzt arglos: »Ich gucke jeden Tag so sechs Stunden, bis abends halt.« Wenn ich so etwas höre, wundert es mich nicht mehr, dass die Kinder oft Probleme haben, sich im Unterricht länger als drei Minuten zu konzentrieren.

Ich selbst sehe anscheinend auch noch zu viel fern, denn wenn ich mich nicht gut konzentriere, gibt meine eilige Tafelschrift den Kindern manchmal nach wie vor Rätsel auf. Doch allmählich wird sie besser. Nur in gestressten Momenten passiert es mir noch, dass ich die Fibelbuchstaben vergesse und so schreibe, wie Erwachsene eben meist schreiben. »Frau Kuhn, soll ich dir mal zeigen, wie man das ›n‹ schreibt?«, bietet Fabienne altklug an. Und Marc souffliert gleich hinterher: »Ja, und das ›t‹ schreibst du nämlich auch falsch!« Dann steht auch noch Timo ungefragt auf, wischt ein paar meiner Buchstaben mit dem Finger aus und schreibt sie richtig wieder hin. Also, da hört sich doch wohl alles auf! Unverschämtes Volk! Früüüher, also da hatten die Kinder wenigstens noch Respekt! Ich selbst hätte im Traum nicht gewagt, so etwas bei meiner eigenen Lehrerin auch nur anzudenken. Ich war froh, wenn mich die Dame mit der grauen Wasserwelle im Haar gar nicht erst durch ihre Brille, die an einer goldenen Kette auf ihrem üppigen Busen auflag, ins Visier nahm.

Apropos früher, ich frage mich öfter, wie die Lehrer meiner Kindheit wohl heute so manche Situation lösen würden. Schließlich war die Dichte auffälliger Kids damals nicht annähernd so hoch wie heute. Trotzdem gab es sie vereinzelt auch damals schon. Meine eigene Großmutter war Grund- und

Hauptschullehrerin, eine winzige Person von vielleicht 48 Kilo. Sie hat einmal erzählt, dass sie einen kaum zu bändigenden Jungen in ihrer Klasse hatte, den Helmut. Helmut hörte – und irgendwie kommt mir das sehr bekannt vor – auf absolut keine Aufforderung und war ein, wie man damals sagte, ziemlich renitentes Bürschchen.

Einmal war Helmut nach dem Toilettengang schon längere Zeit nicht ins Klassenzimmer zurückgekehrt. Während seine Mitschüler gerade fleißig die Sütterlinschrift übten, fiel der Blick meiner Großmutter zufällig auf den hohen Baum, der direkt vor dem Klassenfenster stand. Entsetzt weiteten sich ihre Augen. Denn dort turnte Helmut in erheblicher Höhe auf einem Ast herum, machte Faxen und zog Grimassen in Richtung seiner Mitschüler im Klassenzimmer. Nach kurzer Schockstarre tat meine Oma etwas, was heute sicher das Schulleitertelefon heiß laufen lassen und ein Disziplinarverfahren nach sich ziehen würde: nämlich gar nichts.

Sie forderte die Klasse auf, nicht hinzusehen, und unterrichtete mit stählernen Nerven weiter. Damals hörten zumindest die meisten Kinder noch ganz fraglos auf ihre Lehrerin, taten wie geheißen und beachteten den jungen Kletterkünstler nicht weiter. Nach ein paar Minuten war Helmut seine One-Man-Show ohne Publikum denn auch leid. Er kletterte einigermaßen enttäuscht vom Baum herunter und kam mürrisch, aber unverletzt in die Klasse zurückgetrottet. Zu seiner nicht geringen Überraschung ignorierte meine Großmutter ihn hier weiterhin, ebenso wie alle Klassenkameraden. Das war ihm nun allmählich gar nicht mehr geheuer, er hatte eine Riesenstandpauke und ein großes Hallo um seine Person erwartet. Den Rest der Stunde schaute er immer wieder unsicher nach rechts und links, doch jeder blickte durch ihn hindurch. Fast war es so, als sei er für die anderen gar nicht sichtbar, und das war ihm wohl verdammt unheimlich.

Zumindest so ein Ausflug kam denn auch nicht wieder vor. Meine Oma hatte diesen Machtkampf paradoxerweise gewonnen, indem sie es gar nicht zu einer Konfrontation hatte kommen lassen.

Viele Jahre später erschien Helmut, inzwischen selbst Vater, übrigens einmal zum Elternsprechtag bei meiner Großmutter. Und gestand ihr verlegen grinsend, sie sei die einzige Lehrerin gewesen, vor der er ehrlich Respekt gehabt habe.

Okay, über solche pädagogischen Methoden lässt sich diskutieren, und man darf zweifellos niemals die Sicherheit eines Kindes gefährden (wobei Helmut wohl auch mit unterm Baum schimpfender Lehrerin nicht unbedingt sicherer von seinem Ast heruntergekommen wäre). Aber es tröstet mich irgendwie doch, dass auch Lehrer früherer Generationen manchmal zwischen hilflos und unkonventionell lavieren mussten. Weil nun mal für die 1001 wundervollen Überraschungen im Lehreralltag keine Patentlösungen in den Pädagogikbüchern stehen (die Autoren wissen schon, wieso sie hier lieber schweigen, denen fällt eben zu vielen Situationen auch nichts ein).

Doch zurück zum Schreiben. Manchmal sind nicht nur die neuen Buchstaben, sondern auch die Lehrbücher der Kinder irgendwie zu schwer für mich. Immer wieder muss ich zuerst selbst ziemlich knobeln, bevor ich die didaktisch ausgebufften Aufgabenstellungen verstehe. Bei der Aufgabe, die wir gerade erarbeiten, ist zum Beispiel eine Tomate abgebildet. Unter der Frucht steht die freundliche Aufforderung: »Schwinge und zeichne Silbenbögen!« Hä? Sollen wir jetzt wie Ray Charles im Soulfieber mit dem Körper hin und her swingen und dabei Silbenbögen in die Luft malen? Vermutlich nicht. Aber ich finde, genau so sollten wir es machen. Und das tun wir dann auch mit diesem und allen weiteren Wörtern der Aufgabe, was die allgemeine Laune beträchtlich hebt.

Dann wiederum tauchen Aufgaben auf, die davon auszugehen scheinen, dass Grundschulkinder völlig minderbemittelte Wesen sind, die noch nicht einmal richtig sprechen können. »Niko steigt hinauf. Rutschbahn da. Fertig ist das große A«, ist da grenzdebil zu lesen. Also, »Rutschbahn da« hätten meine Kinder schon mit drei Jahren nicht mehr gesagt. Aber vermutlich hat der Autor dieses Hefts keine Kinder. Oder kann selbst nicht so gut in ganzen Sätzen sprechen.

Dann gibt es da auch noch jene Aufgaben, die nicht nur die Kinder überfordern, sondern die auch ich mit meinem Magisterabschluss in Sprachwissenschaften nicht lösen kann. Weil sich ihr Urheber offenbar in hehren Gedankengängen verloren hat, denen wir schnöden Sterblichen nicht folgen können. Vielleicht aber auch bloß, weil sie ganz einfach g'schlampert gemacht sind. Gerade lösen wir im Sachunterricht ein kleines Kreuzworträtsel und fragen uns nun allesamt ratlos, was genau ein »Twerg« ist. Da hätte offenbar Zwerg stehen sollen, nur leider ging das Rätsel nicht auf, und da hat der Autor es halt einfach so gelassen. Gut, das regt ja irgendwie auch die Fantasie an.

Und das ist kein Einzelfall, auch in den Schulbüchern meiner eigenen Kinder sind mir mehr als einmal Fehler begegnet, gern auch in Mathebüchern. Ich erkläre den Kindern dann immer, dass auch Erwachsene, insbesondere die Autoren von Arbeitsmaterialien, manchmal ihre Hausaufgaben schlecht machen. Und ernte überrascht-erfreute Blicke, denn Erwachsene genießen bei Grundschulkindern oft noch einen großen Vertrauensvorschuss, der nicht leicht zu erschüttern ist.

Auch der Stil vieler Schulbücher kommt mir manchmal mehr als fragwürdig vor. Als Mutter ging es mir oft so, dass ich die krampfig-bemühte »Hey-wir-sind-so-kindgerecht«-Rhetorik in manchen Büchern meiner Kinder nervig fand. Jetzt, als Lehrerin, fällt mir auf, dass zugleich vieles in den Lehrbüchern wiederum *zu wenig* kindgerecht ist. Gerade nehmen wir mit dem Deutschbuch das Schreiben von E-Mails durch. Immerhin das ist realistisch, denn bis diese Kinder groß sind, wird vielleicht kaum noch jemand wissen, was ein Brief ist.

In der heutigen Aufgabe geht es um Kinder, die ins Landschulheim fahren werden. In einer E-Mail an die Herbergseltern soll nun jedes Kind total spannende Fragen zu seinem Aufenthalt einbauen. (Seit wann bombardiert jede Klasse die armen Herbergseltern vorab erst mal mit 30 E-Mails …?) Die Fragen sind in einem Kästchen schon vorgegeben. Da steht zum Beispiel: »Kann man Bettwäsche ausleihen?« oder: »Ist das Essen auch vollwertig?« Klar, das sind genau die Fragen, die einem Schüler so richtig auf der Seele brennen, wenn's auf Klassenfahrt geht. Ich schüttle den Kopf. Dass Kinder sich bei solchen Aufgaben innerlich ausklinken, kann da keinen mehr wundern.

Das passiert aber auch, wenn Texte nicht zum Alter und Wissensstand passen. Ich finde es zwar richtig, auch Lesetexte oder Gedichte aus früheren Zeiten zu besprechen, wenn sie nicht zu lang sind. Kinder dürfen ruhig die Erfahrung machen, dass man früher ein bisschen anders sprach oder schrieb als heute. Märchen sind dafür ein gutes Beispiel. Bei den noch nicht zwangsmodernisierten Ausgaben der von den Brüdern Grimm gesammelten Hausmärchen gibt es noch viele veraltete Ausdrücke.

Manchmal aber ist die Sprache in Texten schlicht falsch gewählt. Wissenschaftler stellten fest: Texte in Schulbüchern sind oft nicht an den Entwicklungsstand der Schüler angepasst, für die sie geschrieben wurden.[18] So verstehen denn auch etwa zwei Drittel meiner Klasse einen poetischen Text über eine Tulpe, die sich gerade aus einer Blumenzwiebel entwickelt, nicht wirklich. Klar wird mir das aber erst, als Marlon, unser Berufsreinquatscher, ratlos ruft: »Ich versteh' das alles nicht! Was ist denn ein ›Born‹? Was heißt ›gelinde‹? Und was ist ›atmosphärisch‹?«

Ein paar wenige solcher Wörter können Viertklässler gut verkraften, man kann sie erklären, und ihr Wortschatz wird dadurch sogar bereichert. Wenn aber ein Text von solchen Begriffen wimmelt, dann steigen die Kids einfach aus. Sie nehmen schlicht nicht mehr auf, was da geschrieben steht. Die große Mehrheit lässt sich in einen katatonischen Zustand der Kopfleere gleiten und wird sich an nichts von dem Gelesenen je wieder erinnern können.

Nervig wird es aber auch, wenn Kindern in Schulbüchern zwanghaft suggeriert wird, dass Lernen niemals anstrengend ist, sondern immer wahnsinnig viel Spaß macht, und hey, dabei auch noch total easy ist. »Frohes Lernen« heißt da eine Lehrbuchreihe für Erstklässler so einfallslos wie heuchlerisch. Na dann, frohes Weiterträumen, möchte man den Herausgebern zuraunen. Denn Kinder sind nicht blöd, sie merken schon nach wenigen Schulwochen, dass es immer auch etwas Mühe macht, schlauer zu werden, als man vorher war. Das ist auch nicht schlimm, man ist eben nicht jeden Tag gleich knatschdoll aufs Lernen. Schlimm wird es nur, wenn wir Erwachsenen so tun, als wäre das nicht so. Und von den Kindern erwarten, dass sie uns dieses Märchen glauben und bitte auf keinen Fall wahrnehmen, dass die Wirklichkeit denn doch nicht so *easy-peasy* ist.

Manchmal aber verschlagen mir die Aufgaben in den Lehrbüchern auch einfach nur die Sprache. In unserer heutigen Deutschstunde sollen die Kinder »Frühlingswörter« bilden, und zwar mit sämtlichen (!) Buchstaben des Alphabets. Es ist eine Liste aller Buchstaben von A bis Z abgedruckt. Hinter jedem Buchstaben ist eine Lücke, in die das Kind ein Wort schreiben soll, das mit diesem Buchstaben beginnt und etwas mit Frühling zu tun hat. Also, da lachen ja wohl die Twerge! Denn finden Sie doch bitte mal einen Begriff zum Frühling, der mit X oder Y anfängt!

Und, schon erfolgreich? Wie wäre es mit »Yggdrasil«, der Esche aus der nordischen Mythologie, die im Frühling neue Blätter bekommt. Oder »Xylem«, das ist der wasserleitende Teil des Leitbündels bei sogenannten höheren Pflanzen, und der wird ja schließlich im Frühling auch wieder aktiviert. Ach, das wussten Sie gar nicht, und Sie glauben auch nicht, dass Ihr Kind das präsent hat? Dann sind wir uns ja einig: Wir sollten den Verfasser dieses Buchs nachsitzen lassen, bis er sich eine weniger depperte Aufgabe ausgedacht hat.

Merkwürdig finde ich es auch, wenn Kinderhirne – die sowieso noch weit entfernt sind von jeder Routine in Sachen Rechtschreibung – in Lehrbüchern absichtlich verwirrt werden mit Aufgaben wie: »Sind diese Wörter richtig geschrieben?«, woraufhin eine Liste mit Begriffen wie: Lant, Schrang, Gegent, Abfluk oder Lenkrat erscheint. Ich bin, wie hieß es noch in unserem Lesetext, *gelinde* erschüttert und raufe mir die Haare. Wer genau wundert sich da noch, dass Kinderköpfe in Sachen Rechtschreibung irgendwann nur noch verwirrt kapitulieren?

14.

Lehrer wissen alles – oder?

Im vierten Schuljahr steht das Thema »Europa« auf unserem Lehrplan. Ich freue mich, denn ich habe schon 100 Ideen, wie ich die Sprachen und kulinarischen Besonderheiten der Länder, aber auch die Urlaubserlebnisse der Kinder zu schönen Unterrichtsgesprächen zusammenknüpfen werde. Eine Kollegin leiht mir dazu noch ihre Projektmappe mit Arbeitsblättern, Ausmalbildern und Quizfragen. Wunderbar. Ich kopiere alles 30 Mal, hefte es und teile es aus.

Erst nach Tagen fällt mir auf, dass das Ding völlig veraltet ist. Anstatt der heutigen 27 Mitgliedsstaaten der EU sind hier zum Beispiel erst 16 angegeben, und natürlich ist Großbritannien noch dabei. Verdammt! Im Geiste höre ich schon die Eltern höhnen. Schnell gehe ich einmal durch die Klasse und zeige jedem Kind höchstpersönlich, wo es die Zahl durchstreichen und durch die richtige ersetzen soll. Doch vermutlich ist das eh zu spät, einige Mütter und Väter dürften die Stelle beim Blick über die Schulter ihres Kindes längst kopfschüttelnd erspäht haben. Gut, tun wir einfach so, als sei das Ganze nie passiert.

Doch leider lauern sie immer wieder auf mich: Anfängerpannen, die durch kein Referendariat aufgefangen werden, weil ich nun mal von 0 auf 100 durchstarten musste. Für mich gab es keine Generalprobe, bei der Fehler einfach noch dazugehörten und verziehen wurden. Alles passiert mir sozusagen »live on stage«. Nachts träume ich jetzt manchmal, dass ich bei einem Konzert vor großem Publikum ein Instrument spielen soll, das ich gar nicht kann.

Trotz allem finde ich: Das mit dem Lehrerberuf klappt im Großen und Ganzen recht gut. Ausbildungen werden wohl einfach überschätzt. Vielleicht sollte ich mich selbstständig machen und einen Vertretungsservice für sämtliche Berufe gründen? So nach dem Motto: »Gefäßchirurgie, Kfz-Mechatronik, Holzfällarbeiten – ich mach' alles. Rufen Sie mich an!«

Manchmal bin ich allerdings schon froh, dass große Teile der Klasse ein bisschen träge sind und sagen wir, nicht übertrieben nach Wissen gieren. Denn dadurch kann ich so manches Missgeschick unauffällig unter den Teppich kehren. Wie bei der Sache mit dem Puzzle. Erfreut entdecke ich eines Tages hinten im Schrank einen Stapel mit geografischen Arbeitsmaterialien. Ah, da ist offenbar ein Europa-Puzzle – das passt doch perfekt zu unserem Thema. Und ist ideal für die letzte Stunde des Vormittags, wenn bekanntermaßen eh kein Kind mehr Lust hat, noch wirklich zu arbeiten. Ich teile gut gelaunt die Schachteln aus. Jeweils zwei Kinder bilden ein Team und sollen das Puzzle möglichst schnell lösen, den Siegern winkt ein kleiner Preis. Die Kids jubeln und legen gleich los.

Sehr zufrieden mit mir schlendere ich entspannt durch den Raum, werfe hier und da einen Blick auf die Tische und bewundere besonders zügige Fortschritte. Es ist ruhig, die Zweierteams beraten sich nur leise. Unterrichten kann so schön sein!

Die Puzzles wachsen, und so langsam fange ich an, mich zu wundern. Wo genau sind denn eigentlich die europäischen Ländergrenzen, wo ist der typische italienische »Stiefel«, die Iberische Halbinsel, die Silhouetten Skandinaviens und der Britischen Inseln? Bei zwei Kindern, die besonders weit sind, sehe ich etwas genauer hin – und erstarre. Oh verdammt! Was ich da ausgeteilt habe, ist offenbar ein Puzzle mit einer Karte – von Schleswig-Holstein! Das hatte ich zuvor auf den abgewetzten Schachteln nicht erkannt. Davon abgesehen, dass dieses Bundesland natürlich auch irgendwie in Europa liegt, hat es leider so gar nichts mit unserem Thema zu tun. Wie um alles in der Welt kommt ein Schleswig-Holstein-Spiel überhaupt an eine Grundschule in NRW …? Ich überlege hektisch, wie ich jetzt elegant und vor allem schnell die Kurve zum Thema »Europa« kriegen könnte, da ruft eine Zweier-Gruppe schon: »Fertig! Wir sind Erster!«

Na super! Ich atme erst mal tief durch, lobe sie überschwänglich, und noch immer ist mir keine überzeugende Wende hin zu unserem Thema eingefallen. Es kann nur noch Sekunden dauern, bis das erste Kind merkt, was los ist. Die anderen Tische beeilen sich jetzt umso mehr, fertig zu werden, denn keine Gruppe will Letzter sein. Die Minuten vergehen schnell, bald sind fast alle fertig und fangen, wie üblich, wieder an zu quatschen.

Ganz langsam dämmert es mir: Kein. Einziges. Kind. Bemerkt, dass das Bild nicht Europa darstellt. Es ist den Kindern einfach piepegal, was abgebildet ist. Genauso gut hätte ich eine Karte der südlichen Mongolei austeilen können. Ich stöhne insgeheim auf: Sie sind alle so dumm – und *ich* bin schuld! Offenbar haben unsere Europastudien bisher keine nachhaltigen Ergebnisse erzielt, zumindest nicht in geografischer Hinsicht.

Nun gut, in diesem Fall ist das durchaus günstig. Ich entscheide blitzartig: Wozu schlafende Hunde wecken? Plötzlich spreche ich sehr schnell: »So, ihr seht ja jetzt einen nördlichen Ausschnitt von Europa, morgen nehmen wir noch andere Regionen durch, und die Sieger bekommen jetzt ein Hausaufgaben-Frei-Kärtchen, bitte packt die Puzzles wieder ein. Danke, ihr Lieben, wir machen für heute Schluss, tschüs und bis morgen!«

Während alle grölend hinausrennen, packe ich die Schachteln schnell zusammen und stopfe sie zurück in die staubigen Untiefen des Klassenschranks. Dort dürfen sie für die nächsten Jahrzehnte wieder der Vergessenheit anheimfallen, bis irgendeine arme Referendarin sie dereinst wieder ausgräbt. Puh, das ist gerade noch mal gutgegangen!

Solche Manöver klappen aber nicht immer. Und das Problem ist: Je öfter etwas schiefgeht, desto mehr bröckelt meine Autorität. Vor allem in denjenigen Fällen, wo meine Unwissenheit gar zu offensichtlich wird. Zum Beispiel bei der Frage, wie man den Overheadprojektor bedient. Gesehen habe ich das tausendmal, in der eigenen Schulzeit und später an der Uni – also, das kann doch wohl jeder, oder? Aber wie kriegt man das verflixte Ding aufgeklappt (wir haben in der Klasse eine Kofferversion), wo ist der Einschaltknopf, wie stellt man das Bild scharf?

Ich greife an die heiße Lampe und verbrenne mir die Finger, bevor ich mir kurz darauf die Augen verblitze, als ich direkt in das Licht hineinschaue, um es zu justieren. Das Problem ist nämlich, dass ich eine Brille trage, die das Licht fast wie ein Brennglas bündelt und nach Schweißbrennerart direkt auf meine Netzhaut flämmt. Natürlich lasse ich mir nichts anmerken, schließlich bin ich Lehrerin – und die weiß ja wohl, wie man so ein Mistdings benutzt. Die nächsten fünf Minuten sehe ich leider nichts mehr, auch keine Schüler. Vor meinen Augen schweben nur bunte, langsam wandernde Kreise. Ich wedele einfach immer undeutlich in die Richtung, in der ich dasjenige Kind vermute, das ich gerade drannehmen will, und rufe seinen Namen auf.

Das geht gut, bis ich Philippa drannehme, die leider heute gar nicht in der Schule ist, was ich ärgerlicherweise vergessen habe. Ich starre also mit aufforderndem Lächeln auf einen bestimmten Punkt im Raum, als sähe ich sie leibhaftig vor mir, was für einige Verwirrung sorgt. Ein paar Kinder drehen sich um, um zu sehen, ob Philippa sich vielleicht überraschend materialisiert hat. Und blicken noch erstaunter zu mir zurück, als sie sie erwartungsgemäß nicht erspähen können. Ähem, gut, das ist gar kein Problem. Dann nehme ich eben einfach Bendix dran (ich glaub' wenigstens, dass der heute da ist).

Möglichst nicht auffallen sollte den Kindern aber auch, dass einiges von meinem Schulwissen doch schon ziemlich eingerostet ist. Ich meine, wann musste ich das letzte Mal schriftlich dividieren? Wozu gibt's schließlich auf jedem Handy die Taschenrechner-App! Das darf ich natürlich nicht laut sagen, sondern ich muss souverän und enthusiasmiert wirken, wenn solche Aufgaben im Mathebuch auftauchen, denn hey, was könnte uns allen mehr Spaß machen als zum Beispiel das Überschlagsrechnen? Eben!

Die Sache klappt zwar so lala, schließlich bereite ich den Unterricht ja zu Hause vor. Ins Schwitzen komme ich aber, wenn manche Kinder besonders schnell im Rechnen sind, so wie Mathetalent Julia oder auch Evin, der Junge, der mich (ja, noch immer) nicht ansieht. Mit »besonders schnell« meine ich: fast schneller als ich selbst.

»Frau Kuhn, können Sie mal kurz gucken? Ist das richtig so?«, schallt es da nicht selten schon wenige Augenblicke nachdem die Kinder überhaupt mit den Rechenaufgaben angefangen haben. Ich muss beichten: Einige wenige, wirklich ganz wenige Male habe ich einfach »Ja, das ist prima so!« gesagt. Weil ich schlichtweg nicht in drei Sekunden nachrechnen konnte, ob die Sache stimmte, und zu langes Überlegen denn doch etwas seltsam gewirkt hätte.

Peinlich kann meine fehlende Lehrerinnenroutine auch werden, wo ich die alltäglichen Abläufe an der Schule nicht kenne. So muss meine Klasse in den ersten Tagen einmal hungrig und ohne auch nur ein einziges Vitamin zu sich genommen zu haben, in die Pause gehen. Weil ich leider nicht gewusst habe, dass die Kids sich ihre Schüsseln mit geschnittenem Obst nur dann in der Schulküche abholen dürfen, wenn sie am Vortag die leeren Gefäße auch dorthin zurückgebracht haben. Knapp 30 Gesichter mit eingefallenen Wangen schauen mich vorwurfsvoll an. Ich hätte eben gestern jemanden bestimmen müssen, der die alten Schüsseln zurückbringt, sagt ein Mädchen mit vom Hunger schon geschwächter Stimme. Ich schäme mich. Hätte ich selbst eine Banane oder einen Apfel dabei, ich würde sie – in der Hoffnung auf ein biblisches Obstvermehrungswunder – in viele kleine Teile schneiden und an die unterzuckerte Mannschaft verteilen. Ich habe aber nichts mit, weil ich den Vormittag zwar nicht ohne Kaffee, aber problemlos ohne Pausenbrot schaffe (okay, ich bin auch nicht mehr im Wachstum).

Aber haben die Schüler denn kein eigenes Frühstück dabei, werden Sie vielleicht jetzt fragen. Doch, theoretisch schon. Einige aber kommen aus Elternhäusern, wo niemand darauf achtet, ob sie etwas mitnehmen, geschweige denn, dass die Eltern ihnen dort selbst liebevoll Butterbrote belegen und Gemüsesticks kleinschneiden würden. Für solche Kinder, die morgens häufig gar nichts gegessen haben, ist das Obstprogramm der Schule das einzige Frühstück.

Bei vielen meiner anfänglichen Wissensdefizite helfen mir die Kinder auch selbst. Sie wissen, wo das Tafellineal liegt, wo der Raum für die Sprudelwasserkästen ist und wer den Schlüssel dafür hat oder wann die Schulbücherei geöffnet hat. Diese Hilfe aber ist manchmal eine ziemlich zweischneidige Sache.

An einem der ersten Tage stehe ich morgens noch vor Unterrichtsbeginn an einem Kopierer, der sich im Flur vor dem Sekretariat befindet, denn der im Lehrerzimmer funktioniert momentan nicht. Ich will Arbeitsblätter vervielfältigen, und in fünf Minuten fängt der Unterricht an. Hektisch und ratlos drücke ich auf dem Startknopf herum, doch die blöde Maschine will ihre Arbeit nicht tun. Da taucht urplötzlich Kira neben mir auf. Die Zwölfjährige, die bereits größer ist als ich selbst, tippt wortlos und schnell eine Zahlenkombination auf der Tastatur ein. »Sie müssen zuerst den Code eingeben!«, sagt sie gönnerhaft. Äh, gut. Aber wieso und woher genau kennt *sie* den? Sie zuckt nur grinsend mit den Schultern und schlendert von dannen.

Überhaupt gibt Kira gern die Erwachsene und Wissende. Sie ist eine der ältesten Schülerinnen und schon in der Pubertät. Auf die »Kleinen« schaut sie nur entnervt herab. Sie glaubt fest, dass sie eher zu mir als zu den anderen Kindern gehört und dass »wir zwei Erwachsenen« den Noch-Kindern vereint gegenüberstehen. Gern sieht sie sich in der Rolle meiner Verbündeten, und wenn ich nicht aufpasse, versucht sie sogar, meine Aufgaben zu übernehmen. Sie geht ungefragt zum Klassenschrank, um Materialien zu holen, noch bevor ich ihr zuvorkommen kann, oder ermahnt gar die Klasse, wenn sie laut wird.

Immer wieder muss ich sie energisch zurückpfeifen, worauf die Pubertandin äußerst verletzt reagiert. Sie ist gekränkt, schmollt und spricht tagelang nicht mit mir. Wenn wir wieder mal so eine Beziehungskrise haben, lungert sie in der Pause mit Leichenbittermiene so lange vor dem Lehrerzimmer herum, bis eine Kollegin sie anspricht und fragt, was denn los sei. Seufzend berichtet sie dann, wie gemein ich zu ihr sei und wie sehr sie ihre eigentliche Klassenlehrerin vermisse (mit der sie sich übrigens auch ständig angelegt hat und die ihr weitaus weniger durchgehen ließ als ich).

Ich seufze auch. Wer hätte gedacht, dass ich mich schon an der Grundschule mit solchen Meisterinnen in Sachen pubertärer Manipulation herumschlagen muss? Und wieso gelingt es mir nicht, Kira ein für alle Mal auf ihren Platz zu verweisen, auf die Seite also, auf die sie gehört?

Ich muss es mir eingestehen: Meine Autorität hat immer noch weiße Flecken, Leerstellen, die ich noch nicht ausfüllen kann. Auch meine bewährte Mutterweisheit lässt mich hier im Stich, denn meine erwachsene Tochter war eine vergleichsweise zahme Pubertierende, und mein Sohn steht gerade erst am Beginn dieser herausfordernden Zeit. Jedenfalls sehe ich eines glasklar: Jugendliche wie Kira sind an der Grundschule genauso fehl am Platz, wie sie sich fühlen. In diesem Alter ist es ein Riesenunterschied, wenn ein Kind schon ein oder gar zwei Jahre älter ist als seine Klassenkameraden. Das ein- oder gar mehrmalige Wiederholen in der Grundschule passt nicht mehr in eine Zeit, in der die Kinder viel früher zu Jugendlichen mutieren als noch vor Jahrzehnten. Überhaupt ist das »Sitzenbleiben«, wenn Sie mich fragen, ein Armutszeugnis, das die Schulen sich bereitwillig selbst ausstellen. Zwar heißt es offiziell vielerorts nicht mehr so, sondern man belässt das Kind beispielsweise ein Jahr länger in der sogenannten »gemeinsamen Eingangsstufe«, wo es dann drei statt zwei Jahre verbringt. Aber warum gönnen wir uns nicht ein Schulsystem, das gar kein Kind zurücklässt? Wo zum Beispiel, wie in Norwegen, immer zwei Lehrer im Raum sind? Wo jedes Kind, das das Klassenziel zu verfehlen droht, Einzelförderung bekommt, bis es wieder *up to date* ist, sodass es keine Wiederholer gibt? Zumal ein Gewinn der »Ehrenrunde« wissenschaftlich nicht eindeutig belegt ist und manche Forscher seit Langem deren Abschaffung fordern.[19]

Fettnäpfe und Pannen lauern auf mich aber nicht nur im Umgang mit Fast-schon-Jugendlichen. Fallstricke liegen für mich, den ahnungslosen Frischling, quasi überall aus. Wie erwähnt, wird bei uns traditionell jede Woche die Sitzordnung geändert. Dafür ziehe ich aus einem kleinen Beutel nacheinander die Namen der Kinder, und die müssen sich dann in der vorgelesenen Reihenfolge auf die Tische verteilen. So weit, so gut.

Das Problem ist nur: Ich durchschaue die Sache mit der Reihenfolge in dem Durcheinander von Vierertischen, Tisch-Inseln, hufeisenförmigen und quergestellten Tischen nicht wirklich und muss mich da anfangs auf die Kinder verlassen. Tja, das ist schade, denn binnen Minuten artet absolut jeder friedliche Montagmorgen bei uns in ein totales Chaos aus. Weil zum Beispiel immer einige Kinder fehlen, für die wir Lücken lassen müssen, was aber irgendwie keiner schafft. Andere Kinder wiederum haben wieder mal nicht zugehört und wissen nicht, wo sie sitzen. Dann gibt es sofort Streit, weil sie sich irgendwo dazwischenquetschen müssen. Oder weil zwei nebeneinandersitzen sollen, die sich nicht riechen können.

Zwar habe ich erlebt, wie Kristin, die Klassenlehrerin, das lärmende Knäuel souverän entdröselt und mit wenigen Zurufen alle auf ihre Plätze dirigiert hat. Und zwar so lässig wie der Dompteur im Zirkus seine murrende Löwenbande auf ihre Podeste scheucht. Aber ich mache offenbar irgendwas falsch. Bei mir herrscht zehn Minuten lang eine Atmosphäre wie am Stadioneinlass kurz vor Anpfiff. Manchmal frage ich mich, welchen Job ich hier eigentlich mache – lehren oder die »Wilde 30« bändigen?

Ganz ehrlich? Es würde doch völlig reichen, die schlimmsten Störer zu trennen – und alle anderen Kinder einfach da sitzen zu lassen, wo sie wollen. Denn Hand aufs Herz: Wie würden wir Erwachsenen es finden, wenn man *uns* zwingen wollte, im Pausenraum jeden Tag neben einem Kollegen zu sitzen, den wir noch nie mochten – während wir kaum je neben der Kollegin sitzen dürften, mit der wir am liebsten unseren Kaffee schlürfen? Weder Lehrer noch andere Berufstätige würden so eine krampfige Regelung auch nur zwei Tage lang mitmachen. Den Kindern aber muten wir sie bedenkenlos als Dauerzustand zu.

Der fromme Wunsch, dass sich auf diese Weise wunderbare neue Freundschaften ergeben, Mädchen sich mehr mit Jungs und Jungs sich mehr mit Mädchen anfreunden und alle wahnsinnig offen und tolerant werden, erfüllt sich nach meiner Beobachtung nicht wirklich. Mein Sohn hat oft wochenlang gelitten, wenn er zum Beispiel mit drei Mädchen am Tisch sitzen musste, die sich nur miteinander, aber nie mit ihm unterhalten haben. Ebenso meine Tochter, die, weil sie zurückhaltend und eher still war, gern mal als »Stoßdämpfer« zwischen zwei lauten und unruhigen Rabauken platziert wurde.

Jedenfalls hat auch unser allmontägliches Sitzordnungs-Tetris irgendwann ein Ende. Schließlich sitzen sie dann doch alle irgendwie. Oder auch nicht. Denn zwei Kinder haben einen Stehtisch. An heutigen Schulen wird großer Wert darauf gelegt, dass jedes Kind ein Äußerstes an Komfort erlebt, weshalb beim Lernen nicht gesessen werden muss, sondern auch gestanden (und dabei ständig gehampelt) werden darf. Einige Pulte sind deshalb so konstruiert, dass man sie zum Stehpult heraufschrauben kann.

Ach ja, und dann gibt es da noch Einzeltische, an denen die Hardcore-Störer sitzen, damit sie möglichst wenig Tuchfühlung mit potenziellen Konfliktpartnern haben. Wie die Stehkinder müssen auch sie bei der Losziehung ausgelassen werden, weil es nur zwei Einertische im Raum gibt. Mir raucht der Kopf. Ich überlege, einen nächtlichen Einbruch zu simulieren, bei dem – och nee, wie schade ist *das* denn! – ausgerechnet das Los-Säckchen mit den Namen geklaut wird …

15.

Der kürzeste Lehrerwitz der Welt: Es ist Pause!

Ein guter Schultag ist ein Tag ohne Unfall auf dem Pausenhof. Es vergeht fast keine Pause ohne kleinere Verletzungen. Schürfwunden, blaue Flecken, Beulen – all das ist auch durch ständiges Scannen der Meute mittels aufmerksamer Lehreraugen nicht ganz zu verhindern. Schon bei meinen eigenen Kindern blutete mir das Herz, wenn sie sich wehtaten und die Tränen flossen. Bei den Kindern anderer Mütter bin ich fast noch empfindlicher; die Verantwortung für sie liegt mir ziemlich schwer auf den Schultern. Ich will schließlich, dass sie alle heil und ohne Blessuren von der Schule heimkommen.

Ich rege die Anschaffung einer Drohne an, denn auch wenn wir zu mehreren sind – wir können in dem Gewusel nicht jede heikle Situation erspähen. Hinten klettern gerade ein paar Jungs den drei Meter hohen Zaun zum Nachbargrundstück hoch, weil der Ball auf die andere Seite geflogen ist. Zwei schaufeln derweil kiloweise klatschnassen Dreck auf die Rutsche, eine kleine Gangsta-Crew verschanzt sich im Geräteraum, wo man kurz darauf irgendetwas (*was* um Himmels willen?) umfallen und laut poltern hört, und bei der Spiele-Ausgabe stapeln gerade ein paar Mädchen mehrere Stühle übereinander, um an ein hohes Regal zu kommen.

Ein guter Tag ist aber auch einer, an dem sich mal kein Kind übergeben muss. Ich rufe Jasons Mutter an, denn ihrem Sohn ist schlecht. Schnell wird klar, sie hat keineswegs die Absicht, ihn abzuholen. »Och, sagen Sie ihm, er soll einfach mal Groß machen.« Ich bin sprachlos. Und zu überrascht, um auf der Abholung zu bestehen. Ich selbst bin bisher noch nie auf die Idee gekommen, meine Kinder nicht abzuholen, wenn mich eine Lehrerin anrief und sagte, dass es einem von ihnen nicht gut ging. Tja, leider funktioniert die Sache mit dem Toilettengang bei Jason nicht, und den Eimer trifft er, als er sich schließlich übergeben muss, auch nicht …

Dabei kann ich noch froh sein, dass ich bei ihm zu Hause überhaupt jemanden erreicht habe. »Manche Eltern gehen gar nicht erst ran, wenn sie die Nummer der Schule auf dem Display sehen«, verrät mir meine Kollegin Inge. Ist es ein Zufall, dass es fast immer die Eltern schwieriger Kinder sind, die sich lieber tot stellen, als ihren widerborstigen Sprössling wieder mal abholen zu müssen? Okay, wer will schon extra losfahren, nur weil der Nachwuchs die Lehrkraft mit Ausdrücken beschimpft hat, die unterhalb der Gürtellinie angesiedelt sind. Oder weil er Mitschüler getreten oder attackiert hat. Er wollte doch bestimmt nur spielen. Er ist halt ganz der Papa, der war früher auch so.

Die elterliche Vogel-Strauß-Strategie kann aber auch gehörig in die Hose gehen. Inge, die seit Jahrzehnten an der Schule ist, erzählt mir: »Einmal hat sich ein Junge fürchterlich die Hand gequetscht, und ich habe seine Eltern nicht erreicht. Ich musste dann die Klasse aufteilen und mit ihm im Krankenwagen in die Klinik fahren. Er brauchte eine Notoperation.« Während sie wartete, konnte sie die ganze Zeit immer noch niemanden von seiner Familie erreichen, nicht zu Hause, nicht im Job, nicht auf dem Handy. Erst im Laufe des Nachmittags rief die Mutter des verletzten Jungen irgendwann in der Schule an, um sich nun doch mal nach dem Verbleib ihres Sprösslings zu erkundigen. »Das war einfach alles nur schlimm für ihn«, erinnert sich Inge schaudernd. »Er hätte es natürlich gebraucht, dass nicht ich, sondern Mama oder Papa am Bett sitzen, wenn er aus der Narkose aufwacht.«

Zum Glück passiert so etwas nur einmal in vielen Jahren. Meistens ist die Krankenliege, die mit Kissen, Kuscheldecken und Stofftieren ausgestattet ist, nur von jungen Bauch- oder Kopfwehpatienten belegt. Dass diese Liege im Flur des Lehrertrakts steht und nicht in einem gesonderten Raum, ist Absicht: Jeder, der vorbeikommt – egal ob Hausmeister, Sekretärin oder eine Lehrerin –, hat ein paar liebe Worte für das Kind, fragt, wie es ihm inzwischen geht, und sagt ihm, dass es nur noch soundso viele Minuten dauert, bis Mama oder Papa kommen. Auch die anderen Kinder dürfen jetzt manchmal in diesen Teil des Gebäudes, um kurze Krankenbesuche zu machen und den leidenden Mitschüler ein bisschen aufzumuntern.

Mit wichtiger Miene trappelt außerdem sofort die Truppe der Pausensanitäter in ihren Leuchtwesten herbei. Diese Viertklässler, die eine eigene kleine Ausbildung gemacht haben, dürfen (unter Aufsicht Erwachsener) Erste-Hilfe-Maßnahmen bei Bagatellverletzungen leisten, wie zum Beispiel Pflaster zuschneiden und aufkleben. Vor allem aber sollen sie das verletzte Kind trösten, bis es abgeholt wird.

Hilfsorganisationen wie das Deutsche Rote Kreuz und die Johanniter-Unfall-Hilfe, die solche jungen Helfer ausbilden, haben beobachtet: Nicht nur für die Unfallkinder, sondern auch für die kleinen Sanitäter selbst ist dieser Job wichtig, ja, es profitiert sogar die ganze Schule davon.[20] Denn die Kinder üben Mitgefühl und Verantwortung ein, und schon Grundschulkinder erleben, dass sie helfen können, dass sie trösten können, dass sie etwas Gutes bewirken. Fast jeder Schüler tut sich außerdem irgendwann selbst weh und erfährt, wie gut es tut, wenn die Schulkameraden helfen und ein wenig aufmuntern. Oft können Kinder andere Kinder sowieso wirksamer trösten als wir Erwachsenen – sie finden intuitiv die richtigen Worte.

Die Krankenliege ist aber zugleich das Armesünderbänkchen der Schule. Ist mal kein Kind krank, wird sie gern als »stiller Stuhl« für Störenfriede zweckentfremdet, die mal raus aus der Klasse müssen, um ein bisschen in sich zu gehen. Manchmal wird auch ein Spielverbot für einen Teil der Pause erteilt, welches dann ebenfalls hier abgesessen werden muss. Fast täglich hockt hier ein junger Delinquent mit finsterem Blick und verschränkten Armen, weil ihm so viel Unrecht widerfährt. (Übrigens dürfen die Kinder auch hier frühstücken oder zur Toilette gehen, denn eine Pause steht ihnen natürlich trotzdem zu.)

Leider sind es immer dieselben Kinder, die sich hier einfinden müssen, als hätten sie ein Abo für die Liege abgeschlossen. Dass eines dieser Kinder sich durch die Auszeit »bessert«, kommt ungefähr so oft vor, wie dass eine Haselmaus eine Stahlbrücke erklimmt, um die Straße vorschriftsgemäß zu queren.

Wenn ich selbst Pausenaufsicht habe, versuche ich angestrengt, mich zu vervielfältigen, um an mehreren Orten gleichzeitig zu sein. Manchmal ist außer mir bloß noch ein Bufdi mit draußen, und nur wenn ich Glück habe, kommt eine zweite Kollegin dazu, aber das klappt nicht immer. Nicht, weil Lehrerinnen lieber Kaffee trinken würden als Hofaufsicht zu haben, sondern weil im Lehrerflügel meist auch noch in der Pause gearbeitet wird: Es werden anstehende Veranstaltungen besprochen, Organisatorisches geklärt, Aufgaben verteilt, am Telefon sind Eltern, die etwas wissen möchten, an der Tür zum Lehrerbereich warten Kinder, die irgendein unaufschiebbares Anliegen haben, und am Kopierer steht eine Schlange, weil man schnell noch ein paar Arbeitsblätter vervielfältigen muss. Natürlich ist der Toner immer genau dann leer, wenn man selbst endlich an der Reihe ist und es in zweieinhalb Minuten gongt.

Bei den »Tür-und-Angel-Gesprächen« im Lehrerzimmer fällt mir oft angenehm auf, wie flach hier die Hierarchie ist. Schulleiterin Birgitta pocht nur selten auf ihre Autorität. Das ist sehr entspannt und sorgt bei mir, dem Neuling, manchmal auch für Erstaunen. So hat Birgitta eines Tages die glorreiche Idee, dass José, der Lehrer für die Kinder mit spanischen Wurzeln, Christina und ihre Klasse doch in den Schwimmunterricht begleiten könnte. Denn die Kollegin, die sonst immer mitgeht, ist leider krank, im Schwimmbad aber sind immer mindestens zwei Lehrkräfte als Aufsicht nötig. Doch da hat sich die Schulleiterin geschnitten. »Äh neeein! Auf gar. Keinen. Fall. Gehe ich mit José ins Schwimmbad!«, lässt Christina sie knapp wissen. Ende der Diskussion.

Die Rektorin kennt Christina schon lange und gibt sofort auf. Ich grinse innerlich. Okay, José, der gerade nicht anwesend ist, mag wirklich nicht exakt das sein, was man einen *Womanizer* nennt. Er ist etwas beleibt und sehr wortkarg. Im Lehrerzimmer steht er meist schweigend herum, die Hände in den Taschen vergraben. Er kommt so lautlos, wie er auch wieder geht. Er spricht nur, wenn man ihn direkt etwas fragt, und auch dann verstummt er rasch wieder. Entweder ist er wirklich maulfaul, oder die weibliche Übermacht im Lehrerzimmer wirkt auf ihn so erdrückend, dass es ihm die Sprache verschlägt.

Jedenfalls gedenkt die taffe Christina nicht im Traum, sich vor dem etwas undurchsichtigen Don José im Badeanzug zu präsentieren. So entgeht unserem Kollegen dieses Vergnügen, ohne dass er je davon erfahren wird. Ich wundere mich indessen ein bisschen über Christinas umstandslose Verweigerung und über Birgittas Toleranz. Vermutlich ist es hier ähnlich wie mit den Schülern: Man muss es als Rektorin einfach spüren, wann man einen Machtkampf nicht gewinnen kann …

Heute aber bin ich nicht im Lehrerzimmer, sondern gehe auf Streife über den großen, unübersichtlichen Schulhof. Der nicht nur übers Eck gebaut ist, sondern auch noch Spielbereiche hinter dem Pavillon des Offenen Ganztags hat, die gar nicht einsehbar sind. Ich gewöhne es mir an, an den unterschiedlichsten Orten unerwartet aus dem Boden zu wachsen, um den Kindern die Illusion meiner Omnipräsenz zu vermitteln.

»Boah, Frau Kuhn, hast *du* mich erschreckt!«, ruft Devin vorwurfsvoll, als ich ihn ergrimmt von hinten anspreche, weil er im Begriff ist, den Kies vom Kletterbereich auf den Schulhof zu schaufeln. Den muss unser Hausmeister nämlich nach jeder Pause, die Gott werden lässt, verbittert wieder zurückfegen. Was seine geduldige Seele genauso schleichend zermürbt wie einst Sisyphos der ewig zurückrollende Felsbrocken – auch wenn Herr Kaminski von diesem Bruder im Geiste vielleicht noch nie gehört hat.

Langsam werde ich den Kindern jedenfalls ein bisschen unheimlich mit meiner Allgegenwart. Was durchaus beabsichtigt ist. Zum Beispiel, als ich einmal lautlos im Fenster des Offenen Ganztags erscheine und direkt auf die Häupter dreier Mädchen blicke, die sich draußen an der Rückwand des Pavillons versteckt haben. Hier gedachten sie, in Ruhe auf einer Bank zu chillen und die »Flitzepause« zu schwänzen, weil sie es nämlich nicht schätzen, sich überhaupt einen Meter weit zu bewegen. Im Unterricht sind die drei dafür motorisch umso aktiver. Deshalb möchte ich, dass sie sich lieber draußen ein bisschen auspowern.

»Naaa? Keine Lust aufs Laufen?«, frage ich mit diabolischem Lächeln aus dem Nichts direkt über ihnen. Das Trio kreischt auf und fällt vor Schreck von der Bank (»Frau Kuuhn! Spinnst du!«), bevor es sich empört hochrappelt und schimpfend lostrabt. Leise pfeifend schließe ich das Fenster, gehe raus und nehme meine Hofrunde wieder auf. Irgendwie ist es ja doch, als wären sie alle ein bisschen meine eigenen Kinder. Und als Mutter muss man seinen Pappenheimern eben immer schon einen Gedanken voraus sein.

Leider hat jede Pause ein Ende, und oft endet hier gleichzeitig auch mein frisch erworbenes Selbstbewusstsein. Als ich noch auf »der anderen Seite« stand, bei der Mütterfraktion also, hätte ich mir nicht im Traum vorstellen können, dass schon allein das Klingeln am Ende der Pause einer Lehrkraft Schweißausbrüche bescheren könnte. Weil es nämlich keineswegs ein Selbstläufer ist, dass sich die Kids – wie vorgesehen – nun klassenweise und in Zweierreihen aufstellen, bevor wir wieder reingehen.

Neidvoll beobachte ich, wie die Kolleginnen bloß schweigend den Arm heben müssen, damit ihre Jungen und Mädchen angelaufen kommen, sich in Reih und Glied aufstellen und geordnet ins Gebäude marschieren. Während die anderen Klassen dergestalt sortiert von dannen ziehen, tobt meine Crew immer noch ungerührt und lautstark in den Weiten des Hofs herum. Würde ich darauf warten, dass mein erhobener Arm ausreicht, damit sie auch nur einen Schritt in meine Richtung machen, könnte ich ebenso gut ausharren, bis Donald Trump Greenpeace beitritt.

»Wir gehen jetzt rahaiiin! Stellt euch bitte aahauuf!«, rufe ich wenig originell in alle vier Windrichtungen. Bis auf die vier oder fünf üblichen Streber, die eilfertig herbeikommen, reagiert niemand. Ich fühle mich wie Mutter Wollny im Privatfernsehen, als ich wieder mal alle Kinder einzeln aufrufen muss, damit sie überhaupt erwägen, meiner Einladung zu folgen: »Lilly, Grace, Muhammad und Nikodem! Ihr kommt jetzt endlich mal her! Brianna, Luigi, Leander, Finlay, Fatima, das gilt auch für euheuch!«

Ich zähle die müde Herantrottenden durch, und irgendwie fehlen immer noch welche. Schwund aber kann ich mir nicht leisten, sonst habe ich spätestens nach der zweiten Pause keine Schüler mehr. Entnervt schicke ich einen Suchtrupp los, der sie einsammeln soll. Ein paar weitere verirrte Schäfchen werden aufgespürt, die sich hinter einen Container verkrümelt hatten. Andere haben sich auf dem Klo verschanzt. Der Rest ist durch den Hintereingang schon heimlich ins Schulgebäude, aber leider nicht ins Klassenzimmer gegangen. Bis auch die letzten verlorenen Seelen gefunden und schlurfenden Schritts eingetroffen sind, sind die Flure längst leergefegt. Na super, wir sind wieder mal die Letzten.

16.

Tod an der Tafel oder: »Sie gab alles bis zum Schluss!«

Die morgendliche Fahrt zu meinem neuen Arbeitsplatz fühlt sich immer noch an wie eine Reise in eine völlig andere Welt. Zu Hause lasse ich mein altes Ich zurück, das viele Jahre behaglich im Homeoffice mit Blick in die Bäume gearbeitet hat. Auch da gab es natürlich dringende Abgabetermine, Projektaufträge, bei denen ich eine Deadline hatte und auch mal ein Wochenende durcharbeiten musste. Trotzdem, den Job kannte und konnte ich, er war ein Teil von mir. Das Dasein als Lehrerin dagegen ist mir immer noch fremd, ich bin in dieser neuen Rolle noch nicht einmal ansatzweise heimisch. Im Gegenteil, sie fühlt sich sperrig an und kratzt, wie die Wollpullis aus meiner Kindheit.

Zum Glück führt mein »Schulweg« übers Land, es gibt auf der ganzen Strecke nur eine einzige Ampel, der Rest sind Wiesen- und Waldabschnitte, hier und da ein Weiler, der nur aus wenigen Häusern und einem Kirchlein besteht. Diese sanfte, reizarme Landschaft hilft mir. Sie ist wie eine Schleuse, durch die ich täglich von meinem eigentlichen Ich zum Lehrerinnen-Ich (und zurück) switchen kann.

Es ist inzwischen 7.30 Uhr, ich nähere mich der Schule und bin schon fast am Ende meiner allmorgendlichen Metamorphose zur Lehrerin. Ich sehe erste Schüler auf den Bürgersteigen in Richtung Schule traben – ein täglicher Sternlauf, bei dem Hunderte Kinder aus allen Richtungen herbeiströmen und die Straßen immer dichter bevölkern, je mehr man sich dem Zentrum dieser Bewegung nähert.

Ich betrachte die fröhlichen oder mies gelaunten, die quatschenden oder mürrischen, die rennenden oder auch dahintrottenden Kinder mit gemischten Gefühlen. Denn je näher ich dem Ziel komme, desto mehr bange Fragen ploppen wieder in meinem Bewusstsein auf: Werde ich mich heute in allen unerwarteten Situationen richtig, das heißt: wie eine echte Lehrerin verhalten? Wird es dem Terrorteam aus drei besonders soziopathischen Kids dieses Mal vielleicht doch gelingen, mich so in die Bredouille zu bringen, dass mein Unterricht zu scheitern droht? Apropos Unterricht: Habe ich mein Skript dabei, habe ich dieses Mal nicht zu viel, aber auch nicht zu wenig Stoff vorbereitet?

Erst mal aber muss ich ziemlich lange durchs Wohngebiet kurven, denn die Schule hat keinen eigenen Parkplatz. Seit hier für den Offenen Ganztag umgebaut wurde, musste sogar der Stellplatz der Rektorin weichen, wie sie mir mit gespielter Empörung erzählt. Die Anwohner freut's nicht wirklich, denn das gesamte Kollegium durchstreift nun allmorgendlich im Autokorso die Nebenstraßen, um sich noch irgendwo dazwischenzuquetschen. Ganz zu schweigen von den Eltern, die für ihre Sprösslinge das Taxi geben und ebenfalls die Einbahnstraßen verstopfen. Endlich habe ich eine Lücke gefunden. Ich atme noch mal ein paar Sekunden tief durch, schnappe entschlossen meine Lehrertasche und strebe möglichst forsch in Richtung Haupteingang.

Ab jetzt habe ich keine Zeit mehr für Zweifel. Ich mag zwar nicht ganz ich selbst sein. Aber ich kratze all meine innere Entschlossenheit zusammen, um wieder einen Vormittag lang eine wirklich gute Lehrerin zu spielen – in der Hoffnung, dass aus dieser Rolle irgendwann auch gefühlte Wirklichkeit wird. Doch das kostet mich im Moment noch Unmengen an Kraft. Selbst als ich eine Fünfzigstundenwoche in der Redaktion hatte, abends oft erst um 21 Uhr oder später heimkam, war ich nicht annähernd so platt wie jetzt schon mittags. Eigentlich dachte ich ja, das würde irgendwann besser werden. Bis mir zwei Kolleginnen verrieten, dass auch sie sich jeden Mittag erst mal hinlegen müssen, weil sie so kaputt sind. »Du, das geht uns allen so. Das ist hier alles einfach wahn-sin-nig anstrengend, weißte!« Dabei sind die beiden locker 15 Jahre jünger als ich. Na danke auch. Bei dieser vielversprechenden Aussicht hängen sich gleich noch ein paar weitere Gewichte an mich dran.

Als ich einige Wochen an der Schule bin, passiert es: Während ich gerade etwas an die Tafel schreibe, bekomme ich plötzlich Herzrasen. Kurz darauf scheint auch noch die Wand nachzugeben, offenbar breche ich gerade zusammen – und das vor den Kindern!

Angeblich wird ja bei Todesgefahr das ganze Leben noch mal wie ein Film vor dem inneren Auge abgespult. Aber für so was hab' ich jetzt echt keine Zeit. Stattdessen überlege ich fieberhaft, ob ich versuchen soll, es noch ins Lehrerzimmer zu schaffen, um erst dort umzufallen. Aber das wäre irgendwie auch furchtbar peinlich. Mitten in der Panik denke ich kurz darüber nach, was wohl auf meinem Grabstein stehen wird (»Sie gab alles – für ein paar Dollar mehr«).

Während meine Gedanken noch hin und her rasen, merke ich plötzlich, dass es nur die verstellbare Tafel war, die unter meinem Klammergriff heruntergefahren ist. Puh, also doch kein Zusammenbruch. Das Herz hat sich inzwischen auch wieder beruhigt. Ich klopfe mir kurz die Kreide von den Händen, dumdidum …

Trotzdem zeigt mir der Vorfall, dass ich mich kräftemäßig am Limit bewege. Der neue Job okkupiert mich psychisch total, und ich kann nicht mehr abschalten. Nachts schlafe ich maximal vier Stunden, mehr ist nicht drin. Morgens um 5.45 Uhr stehe ich auf, kleistere eine dicke Schicht Make-up auf meine dunklen Augenränder und übermale meine grünliche Gesichtsfarbe, weil ich mich sonst nicht mehr genug von der Tafel abheben würde und für die Kinder schwer erkennbar wäre.

Falls Sie das alles nicht recht nachvollziehen können und einmal wissen wollen, wie es sich anfühlt, an einer Schule mit einem hohen Anteil an Problemkids zu arbeiten: Stellen Sie sich vor, Sie müssten jeden Tag etwas tun, wovor Sie riesiges Lampenfieber haben. Suchen Sie sich etwas aus: sagen wir, eine Rede vor einem vollen Saal halten, live in einer Talkshow auftreten, ein sportliches *House-Running* machen, bei dem Sie angeseilt und mit dem Gesicht nach unten an einem Wolkenkratzer hinunterlaufen (doch, diese Sportart gibt es) – nehmen Sie irgendetwas, was Ihnen richtig, richtig Muffensausen macht. Vermutlich würden Sie die Sache trotzdem wagen, sofern Sie Ihnen wichtig wäre und Sie das wirklich wollten.

Hinterher wären Sie zwar wahnsinnig stolz – vor allem jedoch extrem erleichtert, dass diese Herausforderung nun hinter Ihnen liegt. Entspannt und mit wohligem Schauer würden Sie die Erinnerung genießen. Und jetzt stellen Sie sich vor, Sie müssten genau dasselbe jeden Tag aufs Neue machen: täglich einmal mit dem Fallschirm aus dem Flugzeug springen oder in einem Musical singen, obwohl Sie nie Gesangsunterricht hatten. Und jedes Mal, wenn Sie das geschafft haben, können Sie sich nicht das kleinste bisschen entspannen, denn Sie wissen: Morgen müssen Sie es wieder tun. Und übermorgen wieder, und auch am Tag darauf.

Sie ahnen langsam, wie das wäre? Willkommen in der Burn-out-Zone des Quereinsteigeralltags!

Zu der psychischen Belastung kommt natürlich noch die eigentliche Arbeit an sich. Anstatt nach dem Mittagessen mit einem Longdrink im Garten zu liegen, wie ich es mir einst ausgemalt hatte, sitze ich jeden Nachmittag stundenlang am Schreibtisch. Neben mir einen hohen Stapel mit Büchern für jedes Fach, mit Extrabüchern für die Förderkinder und mit dicken Aktenordnern voller Lehrmaterialien, mit denen ich den Ablauf jeder einzelnen Stunde akribisch vorbereite.

Ich führe nebenbei auch noch eine kleine Statistik, wer bereits wie viele Grüne Karten hat und wer mal wieder etwas Aufmunterung gebrauchen könnte. Ich schreibe Nachrichten an die Eltern über Sportfeste, Fahrradprüfungen und andere organisatorische Dinge. Ich notiere, wer noch Hausaufgaben, Entschuldigungen, Arztbescheinigungen oder Geld für ein Fest abgeben muss. Ich schaue mir bei YouTube Lernspiele, Übungen, Unterrichtsmodelle für verschiedene Altersstufen und verschiedene Fächer an. Auch sonntags sitze ich knapp einen halben Tag an der Vorbereitung für die kommende Woche, stelle Arbeitsblätter zusammen, sammle Ideen, wie ich auch dröge Inhalte möglichst so vermitteln kann, dass mir kein Schüler vor Langeweile wegkippt. Ganz schön viel Ganztag für einen Halbtagsjob.

Doch auch die fest angestellten Kolleginnen sind kräftemäßig oft am Limit. Eigentlich haben die meisten von ihnen diesen Beruf aus Kinderliebe und echtem Enthusiasmus für den Lehrerberuf gewählt. Aber sich den zu erhalten, ist verdammt schwer, wenn einen die schnöde Wahrheit einholt: dass eine

Lehrkraft ziemlich einsam das abarbeiten und ausbügeln muss, was ganz woanders schiefläuft. Sie soll den Kindern doch bitte wieder Werte wie Rücksichtnahme und Höflichkeit beibringen. Sie soll die unterschiedlichen Erwartungen der kritischen Eltern erfüllen. Sie soll den wachsenden Anteil von seelisch angeschlagenen Kindern auffangen, die aus zerbrochenen Familien nicht unbeschadet herausgekommen sind oder die täglich viele Stunden einsam vor dem Bildschirm abhängen.

Sie soll außerdem natürlich so unterrichten, dass Kinder, die zu Hause wenig Unterstützung bekommen, ebenso gute Chancen auf einen hohen Bildungsabschluss haben wie die anderen, denn das ist momentan noch längst nicht der Fall.[21] Schlussendlich soll sie sich möglichst auch noch duplizieren, damit sie sich ebenso ausführlich um die fitten Schüler wie um die Förderkinder kümmern kann. Schließlich hat jedes einzelne Kind ein Recht darauf, individuell abgeholt zu werden.

All das führt nicht gerade dazu, dass Lehrer sich abends glucksend vor Glück in den Schlaf kichern. Sie haben das Pech, die einsame Schnittstelle zu sein, wo all die Ansprüche (und Versäumnisse) der Schulpolitik, der Gesellschaft und der Familien in nur einer Person aufeinanderprallen. Ehrlich gesagt, bin ich manchmal heilfroh, dass ich nur befristete Vertretungsstellen annehmen kann. Ich verstehe allmählich, warum sogar gestandene Kollegen sich bei all diesen Erwartungen wie zwischen schweren Blöcken zerrieben fühlen und leicht in den dunklen Sog des Burn-outs geraten. Aber auch, warum sich schon viele junge Referendare so alleingelassen fühlen, dass sie ihr »Ref« wörtlich als Hölle bezeichnen, wie es in einschlägigen Online-Foren erschreckend oft zu lesen ist.

Ich will nicht jammern, aber wir Quereinsteiger in Vertretungsstellen sind hier natürlich besonders einsam. Ich hätte mir gewünscht, zumindest einen Crashkurs im Lehrersein bekommen zu haben, bevor ich auf die Kinder losgelassen wurde (und sie auf mich). Schließlich laufen auch befristete Stellen oft über lange Zeiträume, auch sie sind richtige Lehrerstellen. Klar gab mir das fehlende Coaching auch die große Freiheit, meine Rolle selbst zu finden, zu experimentieren und auszuprobieren, wie die Inhalte möglichst eingängig, bunt und *entertaining* sein könnten. Trotzdem hätten die Kinder natürlich Anspruch auf ein viel höheres Maß an Qualitätssicherung. So wie sie bei Seiteneinsteigern vorgesehen ist, die den Job auch dauerhaft machen möchten, also nicht nur in Zeitverträgen. Sie werden, je nach Bundesland, entweder schon vorher geschult, machen ein reguläres Referendariat oder müssen begleitend zur Lehrertätigkeit noch eine mindestens einjährige Ausbildung absolvieren. Im Moment sichte ich denn stressmäßig auch kein Land. Als es noch den Wehrdienst gab, hatten viele Rekruten eine Art zusammengerolltes Maßband, auf dem die genaue Anzahl der Diensttage stand, und jeden Tag schnitten sie abends einen Abschnitt davon ab. Die Bedeutung dieses Rituals kann ich neuerdings echt gut nachvollziehen; kann man diese Bänder eigentlich noch irgendwo kaufen …? Zwar kriege ich den neuen Job hin, und immerhin auch so gut, dass die Rektorin später sagen wird: »Das war wirklich super, man hat gar keinen Übergang gespürt, als du hier eingestiegen bist!« Aber die gute Frau hat ja keinen Schimmer, wie ungeheuer viel Kraft mich das gekostet hat. Zugleich wächst meine Bewunderung für die fest angestellten Kollegen: was für ein Kraftakt, diesen Job über Jahrzehnte hinweg und optimalerweise auch noch mit ungebrochener Begeisterung und Fröhlichkeit zu schaffen! Natürlich hält dieser im Grunde wunderbare Beruf auch Spaß und echte Glücksmomente bereit, ich habe es selbst erlebt. Aber da ist nach oben hin doch noch sehr viel Luft.

Für mich ist immer noch jeder Schultag ein Aufbruch ins Abenteuer. Klingt irgendwie irre spannend, aber der Romantikfaktor hält sich doch sehr in Grenzen. Wenn ich nachts wieder mal wachliege, überlege ich, welche Herausforderungen wohl am nächsten Morgen auf mich zukommen werden. Was mache ich zum Beispiel mit Matteo, wenn er wieder zwanghaft stört, das Klassenzimmer aber nicht verlassen will, wenn ich ihn rausschicke, damit er die Stunde in der Klasse einer Kollegin beendet? Schon bei den letzten Malen habe ich ihn nur mit Mühe und Not dazu bekommen, meiner Aufforderung zu folgen. Was, wenn er dieses Mal einfach Nein sagt? Darf ich ihn anfassen und rausbugsieren?

Die Kulturministerien lassen Lehrer bei dieser heiklen Frage ziemlich allein und halten sich da lieber bedeckt. Sollen die doch selbst sehen, wie sie das lösen, man will sich hier rechtlich nicht die Hände schmutzig machen. Doch ein Richter am Berliner Landgericht war mutiger und sprach Klartext: Ja, ein Lehrer darf einen Schüler aus dem Klassenraum expedieren und ihn dabei (notfalls auch recht fest) am Arm packen, um seine Anweisung durchzusetzen.[22] Trotzdem ist es mir lieber, wenn ich das gar nicht erst machen muss, denn ich habe keine Lust auf solch eine Szene, und schon gar nicht auf einen Rechtsstreit mit erbosten Eltern.

Das nächtliche Gedankenkarussell geht weiter: Wird Natanael morgen früh endlich die nicht gemachten Hausaufgaben der letzten zwei Wochen nachreichen, wozu ich ihn verdonnert habe – oder muss ich seine Mutter anrufen? Was erfahrungsgemäß für ein paar Tage eine gewisse Wirkung entfalten wird, bevor »Nat« wieder in seinen Arbeitsboykott zurückrutscht, weil seine alleinerziehende Mutter keine Zeit und keine Kraft hat, die Aufgaben zuverlässig zu überwachen.

Während ich auf die LED-Anzeige des Weckers schaue (schon 2.30 Uhr und immer noch kein Auge zugetan …), frage ich mich auch, ob Logan, ein hochgradig verhaltensgestörter Junge, immer noch krank ist. Ich gestehe, dass ich darüber nicht ganz unfroh wäre, denn er kostet mich locker 50 Prozent der Zeit und 100 Prozent meiner Nerven, wenn ich eine Vertretungsstunde in seiner Klasse abhalte. Neben ihm sitzt Fawad, ein syrischer Junge, der ganz neu in der Klasse ist und noch fast kein Deutsch spricht. Fawad muss erst noch lernen, wie die Gepflogenheiten in deutschen Schulklassen so sind, und das schaut er sich eifrig von seinem tugendhaften Sitznachbarn Logan ab. Begeistert grinsend imitiert er dessen Hereingrölen von Stadiongesängen oder spricht – in unschuldiger Unkenntnis der deutschen Sprache – Logans freche Antworten nach. Der Unterricht im neuen Land hat für ihn offenbar durchaus seine Reize. Wenn ich ihn wütend anfahre, ist er immer ehrlich erschrocken.

Es wäre sicher besser, seine Klassenlehrerin würde Fawad neben ein Kind setzen, das ein echtes Vorbild ist. Vielleicht hat sie gehofft, die Sache würde sich andersherum verhalten, und der ursprünglich so brave Fawad hätte einen guten Einfluss auf Logan. Doch der ist längst in ein psychisches Paralleluniversum entglitten, von wo auch sporadische Besuche bei der Schulpsychologin ihn bisher nicht zurückholen konnten.

Natürlich ist Logan eine arme Socke, und das gilt für alle verhaltensauffälligen Kinder. Niemand hat es bisher geschafft, an ihn heranzukommen, ihn wirklich zu erreichen. Auch mir gelingt das in den wenigen Vertretungsstunden, die ich in seiner Klasse gebe, nicht einmal im Ansatz. Für Mitgefühl aber lässt er mir nicht viel Zeit, denn der hochaggressive Junge schießt scharf, und zwar in fast jeder Minute der Schulstunde. Ich begegne ihm mit einer Mischung aus Ignorieren und Strenge. Trotzdem bleibt der Unterricht mit ihm ein Balanceakt, ein wackeliger Tanz auf dem Vulkan, der jedes Mal aufs Neue vollführt werden muss. Totale Konfrontation und Durchsetzung um jeden Preis funktionieren bei ihm ebenso wenig wie Zuwendung oder zu viel Nachgiebigkeit. Eigentlich funktioniert gar nichts bei ihm. Alles bleibt ein unbefriedigendes Provisorium, ich wurschtele mich meist nur so durch die Stunde und versuche, trotzdem einen einigermaßen funktionierenden Unterricht für seine Klassenkameraden zu ermöglichen.

Verstehen Sie mich übrigens nicht falsch: Wenn ich von »verhaltensauffälligen« Kindern rede, dann meine ich nicht die harmlosen Rabauken, die einfach nur viel stören oder sich oft mit ihren Sitznachbarn in die Haare kriegen. Auch nicht diejenigen, die immer ein bisschen wilder drauf sind, mir auch mal Widerworte geben, oder sich auf dem Schulhof balgen. Sondern ich meine Kinder, die man nicht mehr erreichen kann, die ihre Impulse nicht auch nur das kleinste bisschen steuern können, wie es altersgemäß wäre, die oft auch keine Empathie mit anderen Kindern haben. Und die vor allem eines sind: nämlich unglücklich. Kinder mit echten Verhaltensproblemen sind keine fröhlichen Lausbuben oder Lausemädchen.

Ich falle in einen kurzen, unruhigen Schlaf. Doch dann unterrichte ich auch in meinen Träumen noch weiter, es hört nie auf. Auch hier werde ich ständig vor neue, schwierige Klassen gestellt, deren Schüler mich mit roten Augen bedrohlich anstarren und nicht auf mich reagieren. Zum Glück sind das nur Träume, und die sind bekanntlich nicht real. Andererseits … Als ich als junge Frau einmal geträumt hatte, dass das ganze Haus wackelte und mein Bett gerade ein Stückchen hochgehüpft war, hatte ich das auch einfach als Albtraum abgetan. Bis ich morgens in der Küche gesehen hatte, dass sämtliche Gläser im Schrank umgefallen waren und ein Riss quer durch den Putz an der Wand ging. Ich hatte verwirrt die Radionachrichten angeschaltet und erfahren, dass es im Rheinland nachts ein Erdbeben der Stärke 6 gegeben hatte … Aber Ausnahmen bestätigen die Regel, und ich gehe jetzt mal trotzdem davon aus, dass wenigstens die Schüler, die ich nachts unterrichte, keine realen rotäugigen Minimonster sind.

Der neue Job vereinnahmt mich jedenfalls in einer Weise, die ich mir nicht hätte vorstellen können. Kürzlich habe ich den Podcast einer Quereinsteigerin gehört, die wie ich früher Journalistin war. Sie ist inzwischen seit einem Jahr im neuen Beruf. Er gefällt ihr ganz gut, sagte sie, ja wirklich. Das einzige Problem: »Ich hoffe, dass ich irgendwann auch wieder schlafen kann!« Seit einem Jahr finde sie nachts kaum Ruhe. Ich fass' es nicht – sie auch!? Ich kann gar nicht sagen, wie sehr es mich erleichtert, das zu hören. Wenig später lese ich in einem Artikel über einen anderen Seiteneinsteiger noch einmal Ähnliches: Er klagt darin nicht nur über Schlaflosigkeit, sondern berichtet auch, dass er in der ersten Zeit vor Angst und Stress gleich mehrere Kilo Gewicht verloren habe. Es ist also offenbar keineswegs so, dass mit mir etwas nicht stimmen würde. Dass ich vielleicht zu dünnhäutig oder zu empfindlich für diesen Beruf wäre. Sondern der Lehrerjob frisst die meisten Neulinge schlichtweg mit Haut und Haar und lässt sie auch in der Freizeit (welcher Freizeit?) nicht mehr los.

17.

»Nein, Sabrina, du gehst jetzt nicht aufs Klo!«

In der Schule ist es ein bisschen wie auf dem Mars: Hier herrschen völlig andere Naturgesetze, und die haben mit den Gegebenheiten in der normalen Welt nur sehr entfernte Ähnlichkeit. Ich brauche ein paar Wochen, bis ich es langsam begreife: Im Umgang mit einer Klasse ist nichts von vornherein irgendwie normal oder selbstverständlich. Was zu Hause mit meinen eigenen Kindern problemlos funktioniert: ihnen Freiheiten zu geben, Eigenverantwortung zu übertragen, ihnen zu vertrauen, dass sie es schon richtig machen werden – all das klappt in der Schule so gar nicht. Denn eine Klasse ist nicht nur eine Ansammlung einzelner Kinder. Eine Klasse ist immer auch ein Makro-Organismus. Sie ist wie ein Schwarm von Staren, der sich in der Luft wie ein einziges Lebewesen bewegt und ebenso schnell wie unvorhersehbar die Richtung wechseln kann.

Es ist denn auch ein Riesenunterschied, ob ich nur mit einem einzelnen Kind aus der Klasse spreche oder ob ich die Klasse als Gruppe anspreche. Außerhalb der Gruppe sind mit den Kindern fast immer gute Gespräche möglich, sogar mit sehr problematischen Kindern. Sie hören mir aufmerksam zu, verstehen, was ich meine, sind einsichtig. Doch sobald das einzelne Kind wieder im Schwarm aufgeht, ist es plötzlich sehr viel schwerer erreichbar.

Ein bisschen stecke ich anfangs trotzdem noch in der Überzeugung fest, dass man nicht alles reglementieren muss. Ich finde mein Kartensystem schon streng genug und lasse den Kindern in anderen Bereichen recht viel regelfreien Raum. Schließlich sind die Kinder alt genug, um manches selbst zu wissen und zu lösen.

Nun, das ist leider ziemlich naiv von mir, denn jedes noch so kleine Regelvakuum füllen die Kinder nur zu gern auf ihre ganz eigene Weise aus – und zwar schneller, als ich Piep sagen kann.

»Frau Kuhn, ich muss mal!«, ruft mir Noah zu und ist schon verschwunden, ehe ich etwas sagen kann. Das Problem ist nicht, dass ich etwas dagegen hätte, dass Noah einem menschlichen Drang nachgeben möchte. Sondern dass sich vor ihm bereits Tom und Nick auf den Weg zur Toilette gemacht haben. Und übrigens schon seit geraumer Zeit nicht zurückgekehrt sind, wie mir gerade erst auffällt, weil ich beim Unterrichten noch nicht wirklich multitasken kann und mir so manches einfach durchgeht. Mich beschleicht der nicht ganz unbegründete Verdacht, dass Noah zu den beiden Verschollenen stoßen will, um noch ein bisschen mit ihnen gemeinsam zu chillen.

Okay, für dieses Mal kann ich da nicht mehr viel machen. Wenn ich jetzt noch ein Kind hinterherschicke, um die Truppe zurückzubeordern, dann gehen mir hier langsam die Schüler aus. Als die drei endlich zurück sind, hänge ich ein kleines

Pappschild an einen Haken. Darauf steht »TOILETTE« und auf der Rückseite »BESETZT«. Wenn ein Kind nun in Richtung Klo aufbricht, wird das Schild umgedreht, und kein weiteres Kind darf in dieser Zeit ebenfalls in Richtung Schulhof gehen, wo sich die Schülertoiletten in einem Seitenflügel und fernab jeder Aufsicht befinden. Ja, und manchmal erlaube ich den Kindern auch überhaupt nicht, auf die Toilette zu gehen.

Ich weiß, was Sie jetzt vielleicht denken. Auch mich hat es als Mutter leicht schockiert, wenn meine Kinder mir erzählt haben, dass sie bei manchen Lehrern im Unterricht nicht auf die Toilette durften. Wie um Himmels willen kann man denn so eine kinderfeindliche Regel aufstellen, habe ich gedacht, denn wenn sie müssen, dann müssen sie eben, oder?

Jetzt erlebe ich die andere Seite. Und auf die Gefahr hin, dass ich wie eine Rabenlehrerin wirke: Ich verbiete den Toilettengang in bestimmten Fällen. Zum Beispiel, wenn die Pause gerade erst vier Minuten her ist. Oder wenn ich weiß, dass Sabrina immer locker eine Viertelstunde wegbleibt, und zwar chronisch genau dann, wenn wir eine Mathe-Stillarbeit im Heft machen. Übrigens bewege ich mich damit auf rechtlich sicherem Boden: Es ist Grundschülern grundsätzlich zumutbar, so haben Gerichte entschieden, 45 Minuten ohne Toilettengang auszukommen.

Trotzdem muss ich natürlich berücksichtigen, ob das Kind vielleicht noch Probleme damit hat, rechtzeitig zu merken, dass es muss. Ich bin schließlich kein Unmensch und bei etwaigen Wackelkandidaten großzügiger. In meine Entscheidung fließt aber auch ein, wie häufig ein Kind auf die Toilette will (eine mehrfache Störung des Unterrichts muss ich nur hinnehmen, wenn das Kind eine Harnwegserkrankung hat).

Es ist nicht immer leicht zu erkennen, wann ein Manöver hinter der »Toilettenfrage« steckt, und wann ein echtes Bedürfnis. Hier hilft einfach Erfahrung plus Intuition: Wiederkehrende

Muster wie bei Sabrina machen mich misstrauisch. Außerdem habe ich festgestellt, dass sie die Toilette sofort vergisst, wenn ich ihr stattdessen bei einer Aufgabe ein paar Minuten lang helfe. Wenn ein Kind aber hartnäckig darauf besteht, glaube ich ihm auch, dass es jetzt im wahrsten Wortsinn sein *muss.*

Warum Lehrer aus einer so unwichtigen Sache überhaupt ein Thema machen? Weil es zum einen Unruhe in die Klasse bringt, wenn ein ständiges Kommen und Gehen herrscht. Vor allem aber, weil die Kinder Unterricht verpassen, wenn sie nicht da sind, und zwar gar nicht mal so wenig. Bei uns dauert es zum Beispiel immer besonders lange, bis ein Kind zurückkommt, denn die Schülerklos sind weit vom Schuss. (Während übrigens die Lehrertoilette direkt im Hauptflur ist. Gut, es hat ja auch niemand behauptet, dass erwachsen zu sein nicht auch Vorteile hätte.) Außerdem ist auch die Sache mit der Aufsichtspflicht haarig, wenn die Kinder zu einem etwas abgelegenen Gebäudetrakt gehen müssen und weit und breit kein Erwachsener in der Nähe ist.

Ein anderer »rechtsfreier Raum« bei unseren Klassenregeln, der mir erst spät auffällt, ist die Sache mit dem Trinken. Kinder trinken viel zu wenig, befanden Experten, das ist schlecht für die Konzentration.[23] Seitdem bekommen die Kinder an vielen Schulen kostenlos Mineralwasser. Und angeblich – so behaupten zumindest meine Schüler – durften sie bei der Klassenlehrerin auch mitten im Unterricht ihre bunten Plastikbecher mit Unmengen von Sprudel füllen und hinunterstürzen. Aha, na gut. Ich will ihr da ja nicht in den Rücken fallen. Doch nachdem sich des Öfteren ganze Trauben am Tisch mit den Bechern und Wasserflaschen gebildet haben und dort keiner mehr meinem mühsam vorbereiteten Unterricht zu folgen gedenkt, muss ich handeln. Es wird jetzt nur noch zwischen den Stunden getrunken.

Die Kinder sind aber findig: Sie füllen sich den Becher zur erlaubten Zeit und nehmen ihn mit an den Tisch. Zuerst sehe ich nicht, was dagegensprechen würde. Bis ich entdecke, dass die Becher keineswegs zur Stillung des Dursts genutzt werden. Sondern um diese kleinen bunten Wasserperlen darin einzuweichen, die innerhalb weniger Stunden auf mehrfache Größe aufquellen. Damit kann man dann Tauschgeschäfte machen oder sich gegenseitig abwerfen. Gern fällt auch mal der Becher um, und alles ergießt sich klebrig auf Hefte und Fußboden. Wieder einmal stöhne ich innerlich: Kann nicht irgendetwas, nur eine einzige, klitzekleine Sache, von selbst funktionieren? Das Wort Selbstläufer ist in der Welt der Schule noch nicht erfunden. Ich bin gefühlt die halbe Zeit des Vormittags damit beschäftigt, ständig neue Forderungen der klasseninternen Schülergewerkschaft zu prüfen. Natürlich nie ohne Diskussionen, Beschwerden, kindliche Empörung und harte Machtkämpfe.

Überhaupt bin ich oft noch unsicher, welche Maßnahmen ich zur Herstellung der »öffentlichen Ordnung« in der Klasse ergreifen darf. Natürlich frage ich oft die Kolleginnen, aber vieles muss ich mir auch einfach anlesen. Das aber geht häufig erst im Nachhinein, denn wenn etwas Unerwartetes passiert, muss ich schließlich spontan reagieren. Emilia zum Beispiel hat ADHS. Sie hört fast nie zu, wenn ich etwas sage, sondern kramt ununterbrochen in ihrem Mäppchen herum, spielt mit ihren verschiedenen Pony-Märchen-Feen-Stiften und fachsimpelt mit ihrer Nachbarin über die betörendsten Duftradiergummis.

Auf Ermahnungen reagiert sie nicht, sie macht einfach zwanghaft weiter, auch wenn ich mich direkt neben sie stelle. Heute ist Emilia wieder mal völlig in ihrem Glitzerpony-Universum verloren gegangen und der Wirklichkeit des Unterrichts gänzlich abhold. Mir reicht es, ich mache kurzen Prozess: Ich gehe zu ihrem Tisch, klappe das Mäppchen wütend zu und konfisziere das pinke Plastikmonster bis zum Ende der Stunde. Ähnlich verfahre ich kurz darauf bei Anakin und Lukas, die wieder mal Bundesligabildchen unter dem Tisch tauschen, anstatt meinem doch nun wirklich inspirierenden Unterricht zu folgen. Ich kassiere die Karten ein, und weil das schon das zweite Mal nötig ist, bleiben sie dieses Mal über Nacht im Lehrerpult.

Auf dem Heimweg kommen mir erste Zweifel: Darf ich das alles eigentlich? Zu Hause konsultiere ich sicherheitshalber schnell mal das Internet. Ich lerne: Die Wegnahme von Gegenständen ist erlaubt, wenn das Kind sie »zur Störung verwendet«. Das ist sehr schön gesagt, finde ich. Und offenbar bin ich da rechtlich auch schon mal auf der sicheren Seite.

Wie lange man Dinge aus dem Verkehr ziehen darf, ist dagegen unterschiedlich, denn Schule ist in Deutschland Ländersache, und daher sind auch die Schulgesetze allerorten etwas anders. Jedenfalls ist meist von »zeitweise« oder »vorübergehend« die Rede. Würde ich in Hessen oder Baden-Württemberg unterrichten, müsste ich die Sachen trotzdem noch am selben Tag zurückgeben. Zum Glück bin ich nun aber in NRW, sodass die »Übernacht-Wegnahme« (ist das Amtsdeutsch nicht voller wunderbarer Poesie?) erlaubt ist, zumindest bei hartnäckigen Wiederholungstätern. Uff, Glück gehabt.

Allerdings kommt mir bald die Einsicht, dass ich in Sachen Strenge doch noch mal eine Schippe drauflegen muss. Nicht weil ich die armen Kleinen unterdrücken möchte, sondern weil eine Klasse Risse und Spalten bei Regeln sofort nutzt, um zielsicher genau an diesen Stellen Sand ins Getriebe des Unterrichts zu streuen oder ihn gleich ganz implodieren zu lassen.

Apropos Strenge, die meisten Eltern reagieren auf dieses Wort keineswegs wohlwollend, sondern eher mit Sorge. Sie wünschen sich eine besonders liebe Lehrkraft, die ihrem Kind den Übergang vom behüteten Kindergarten ins Schulleben möglichst sanft gestaltet. Doch strenge Lehrerinnen und Lehrer müssen nicht automatisch schlecht sein für ein Kind.

Meine eigene Lehrerin damals war sogar ausgesprochen streng, und dennoch mochten wir sie sehr. Okay, wir mochten sie meistens. Oder vielleicht kommt mir das auch erst im Rückblick so vor, weil ich ihre Stärken jetzt besser zu schätzen weiß. Was ich aber sicher weiß: Wir spürten trotz allem, dass sie uns Kinder mochte. Sie überlegte ständig, was uns Spaß machen würde, mit welchen Ideen, Projekten oder Ausflügen sie uns locken und begeistern könnte. Und dass sie sich wirklich für jedes einzelne Kind interessierte, erkannte ich daran, dass sie meinen Namen noch wusste, als wir uns 20 Jahre später einmal zufällig trafen. Ich meine, ich weiß viele Namen der Kinder schon nicht mehr, während ich dieses Buch schreibe …

Klar haben wir gejammert über ihre zum Teil arg altmodischen Regeln. Zum Beispiel waren piepsende Digitaluhren ihr damals ein ebenso großer Dorn im Auge wie heutigen Lehrern das Smartphone. Wir mussten diese wunderbaren Uhren zu Hause lassen, was wir ausgesprochen gemein von ihr fanden. Aber im Großen und Ganzen fühlten wir uns wohl in unserer Klasse, auch wenn wir das niemals zugegeben hätten.

Auch meine eigenen Kinder hatten hier und da ziemlich gestrenge Lehrerinnen oder Lehrer. Einige davon waren tatsächlich eher mürrisch und menschlich nicht wirklich ein Hauptgewinn, klar gibt es auch solche. Andere aber brachten den Kindern so viel bei wie kaum jemand vor ihnen, sie achteten auf Werte wie Freundlichkeit und Fairness, opferten unbezahlte Freizeit für tolle Unternehmungen. Und sie sorgten last but not least für eine ruhige Klasse, was überreizte Kinderhirne beim Lernen sehr entlastet und was manche Kinder geradezu einfordern, weil es ihnen meistens schlichtweg zu laut ist, um sich zu konzentrieren.

Kurz: Kinder kommen meist gut damit zurecht, wenn ein Lehrer streng, aber gerecht und zugewandt ist, und zwar oft viel besser, als wir Eltern glauben. Strenge allein ist kein Kriterium für einen guten oder schlechten Lehrer. Wichtig ist allerdings, dass er auch Wärme, Mitgefühl und einen guten Sinn für Humor besitzt. Wenn Strenge eine Berechtigung hat, dann nur die, all diese Dinge überhaupt zu ermöglichen.

Natürlich gibt es viele Situationen, die ich mit Strenge nicht lösen kann. Und wo auch das Bauchgefühl nicht unbedingt über Wissenslücken hinweghilft, sondern mir der gesunde Mutterverstand förmlich stillstehen will. Gerade möchte ich zum Beispiel Lara verarzten, die sich beim Rennen das Knie aufgeschlagen hat und blutet, und suche ein Wundspray. Doch meine Kollegin Yvonne bremst mich besorgt aus: Ich darf auf die offene Schürfwunde kein Desinfektionsspray sprühen. Ich darf eigentlich überhaupt nichts damit machen. Ich kann die Stelle allenfalls vorsichtig mit einem angefeuchteten Tuch abtupfen und dann ein Pflaster auf den Dreck kleben. Obwohl ich ehrlich gesagt finde, dass diese »Erste Hilfe« ihren Namen nicht wirklich verdient, muss ich dafür ein Unfallprotokoll in ein bereitliegendes Heft eintragen und dort auch meine »Maßnahmen« beschreiben.

Dabei kann Lara froh sein, dass sie überhaupt ein Pflaster bekommen hat. Denn viele Einrichtungen zaudern hier oder sichern sich rechtlich lieber erst einmal ausführlich ab. So auch eine Schule in Heidelberg, die dafür vorab eine schriftliche Einverständniserklärung der Eltern verlangte. Weil es nämlich auch Pflasterallergien gebe. Eine Mutter stellte das Formular halb ärgerlich, halb belustigt auf Twitter aus und sorgte damit für bundesweites Augenverdrehen bei Eltern.[24] Und tatsächlich ist eine solche Absicherung der Schule unnötig, denn Lehrer *dürfen* Pflaster aufkleben.[25] Trotzdem: Diese Fälle zeigen, wie groß das gegenseitige Misstrauen zwischen Eltern und Schule heute ist. Beschwerden und Rechtsstreitigkeiten werden schon von vornherein einkalkuliert, man will sich eben absichern.

Immer wieder einmal finde ich mich in unerwarteten Situationen wieder, auf die ich nicht vorbereitet bin. Heute gebe ich Stunden in einer zweiten Klasse. Alles läuft normal, wir üben die Uhrzeiten und das 24-Stunden-System. Alle haben verstanden, dass man nur 12 Stunden abziehen muss, wenn man wissen will, wie spät es bei der Angabe »17 Uhr« in umgangssprachlicher Uhrzeit ist, »5 Uhr!« nämlich, wie Maxi stolz hineinquakt. Wir trainieren das Ganze noch ein bisschen, und allen gelingt es bald, fröhlich zwischen dem 12er- und 24er-System hin und her zu springen. Ich bin hochzufrieden, das klappt ja wie am Schnürchen.

Auf einmal wird es vorne rechts sehr laut. Irritiert versuche ich zu erkennen, was da los ist. Zwei Jungs sind sich offenbar in die Haare geraten. Doch schneller, als ich gucken kann, eskaliert die Sache. »Ich mach' dich kalt!«, schreit der eine, fasst sein tobendes Gegenüber mit beiden Händen am Pulloverkragen und drückt gefährlich eng zu. Ich bin für eine Sekunde fassungslos. Dann stürme ich empört los. Ich greife die beiden Jungen, die sich fest ineinander verkrallt haben, ziemlich hart an den Armen und zerre sie auseinander. Sie lassen sich trotzdem kaum trennen – unglaublich, wie kräftig zwei wütende Kinder sein können. Irgendwann habe ich es endlich geschafft.

»Ihr zwei habt sie wohl nicht mehr alle!«, rutscht es mir wütend raus. »So etwas machen wir hier nicht, klar?« Doch die beiden starren mich nur finster und mit dunkelroten Köpfen an. Ich kann auch mit hartnäckigen Fragen nicht ganz klären, was eigentlich vorgefallen ist. Offenbar haben die Jungen, die sich nicht besonders leiden können, aber (der erzwungenen Sitzordnung sei Dank!) trotzdem nebeneinander ausharren müssen, sich mehrfach angepöbelt, bevor die Sache innerhalb von Sekunden eskaliert ist.

Die ganze Szene samt übler Drohung und Würgegriff wirkt auf erschreckende Weise so, als hätten die beiden etwas nachgespielt, was sie in irgendeiner effektheischenden CSI-Serie gesehen haben. Vermutlich ist genau das auch der Fall. Ich frage mich, ob manche Eltern wissen, was solche Gewaltbilder in den Köpfen ihrer Kinder anrichten. Mütter und Väter aus meinem Bekanntenkreis, deren Kinder schon mit acht Jahren Krimiserien für Erwachsene sehen dürfen, erklären manchmal treuherzig, ihr Kind wisse ja, dass das »nicht echt« sei. Aber das ist ein klassischer Irrtum. Denn zwar mag der Kopf das wissen, die Psyche aber weiß es nicht. Sie reagiert auf solche Szenen fast genauso wie auf reale Beobachtungen.

Fast jeder von uns kennt das übrigens von sich selbst: Die meisten von uns haben wohl schon mal bei einer besonders rührseligen Filmszene geheult. Und das, obwohl wir doch genau wissen, dass alles nur gespielt ist. Auch Filmbilder lösen aber in uns echte Gefühle aus. Wenn das schon uns Erwachsenen so geht, wie verheerend müssen gewalttätige, hasserfüllte Szenen dann erst für die Seele eines Kindes sein?

Ich halte den zwei Delinquenten jedenfalls erst mal einen strengen Vortrag über die gewaltlosen Möglichkeiten zur Klärung eines Streits. Außerdem setze ich sie auseinander und schreibe eine Nachricht an die Eltern. Nicht weil ich will, dass sie Ärger bekommen. Sondern weil ich die Szene so schildern will, wie *ich* sie beobachtet habe. Damit die Eltern zur vielleicht etwas einseitigen Beschreibung ihres Sprösslings (»Der hat angefangen, und ich hab' gar nix gemacht!«) auch ein realistisches Bild des Vorfalls bekommen. Bekanntermaßen erzählen Kinder solche Situationen zu Hause gern so, dass sie selbst ziemlich gut, der Gegner dafür aber umso schlechter wegkommt.

Ich zittere noch Minuten später. Während ich mich allmählich beruhige, dämmert mir langsam, dass ich die beiden verdammt fest an den Armen packen musste, um sie auseinanderzubekommen. Was, wenn sie zu Hause erzählen, ich hätte ihnen wehgetan? Ich habe inzwischen genug Eltern kennengelernt, um zu ahnen, dass einige das Problem ungern bei ihrem Kind (oder gar ihrer Erziehung) suchen, sondern viel lieber beim Lehrer. Und schließlich gibt es keine erwachsenen Zeugen dafür, dass ich so kraftvoll dazwischengehen *musste,* weil der eine der beiden Streithähne den anderen schon im Würgegriff hatte. Obwohl mein energisches Eingreifen in so einem Fall rechtlich erlaubt ist, bin ich beruhigt, als auch nach Tagen keine negative Reaktion kommt. Wieder mal frage ich mich, welchen Job ich hier eigentlich mache. Lehren oder die »Wilden Kerle« bändigen? So nervenaufreibend hatte ich mir das Unterrichten von noch so »kleinen« Grundschulkindern jedenfalls nicht vorgestellt.

18.

Mikrokosmos Morgenkreis

Was dem Management das Briefing, ist der Klasse der »Morgenkreis«. Er wurde erfunden, damit wir – also Lehrkraft und Kinder – ein richtig tolles Team werden. Und uns, so kuschelig Schulter an Schulter gequetscht, wahnsinnig miteinander verbunden fühlen. Ich fühle mich den Kids auch schon ganz nah. Das Mädchen rechts von mir hustet mir kruppartig ins Gesicht, der Junge links rammt mir den Ellbogen in die Rippen, weil er sich mit seinem Nachbarn um »Leo Lausemaus« streitet, das angeschmuddelte Stofftier, das regeln soll, wer gerade das Wort hat. (Ich sollte mir vielleicht ein Desinfektionsspray bereitlegen, denn ich bin ziemlich sicher, dass dieses Tier in seinem Zottelfell die Keime sämtlicher Kinderkrankheiten des Globus beherbergt.)

Diese traute Kinderkonferenz findet mehrere Male pro Woche statt. Wir setzen uns dafür gleich zu Unterrichtsbeginn in ein Quadrat aus Stühlen und Holzbänken. Das ist ganz hinten in der Klasse, wo es auch einen Teppich, Bilder und einen kleinen Tisch in der Mitte gibt, auf dem ein Gebetswürfel liegt. Hier soll alles ein bisschen wohnzimmerlike wirken. Doch diese Runde hat es in sich, von Lagerfeuerfeeling keine Spur. Alle Machtstrukturen, alle Abneigungen oder Sympathien innerhalb der Gruppe, all die unterschiedlichen Persönlichkeiten haben plötzlich keine verdünnende Luft mehr um sich herum, keinen Wohlfühlabstand mehr, sondern werden auf wenige Quadratmeter konzentriert. Der Morgenkreis wird dadurch zum hochenergetischen Raum, der alle Beziehungen der Klasse wie unter einem Brennglas verdichtet. Hier wird schnell deutlich, wer die Leitwölfe und wer die Hinterbänkler sind.

In diesem Strudel aus der geballten Impulsivität von 30 Kindern zeigt sich aber auch, wie es um die Autorität der Führungspersönlichkeit – also meine – wirklich bestellt ist. Oder, um's nicht so schönzureden: Bis zum allerletzten Tag bekomme ich hier nie restlos und vollständig die Oberhand.

Bei Kolleginnen habe ich neidvoll erlebt, wie geschmeidig und elegant sie ihren Kinderkreis im Griff haben. Auch bei ihnen ist es ziemlich laut, aber nur, weil fröhlich und enthusiastisch gesungen, gereimt und gespielt wird. Aber wenn die Lehrerin spricht, sagt niemand sonst einen Mucks. Davon kann ich nur träumen. Wer sich gegenseitig mag, quatscht lautstark miteinander über die neuesten Schleich-Figuren oder Computerspiele, und wer sich nicht mag, boxt und schlägt sich oder schreit sich wenigstens ungehemmt an.

Heute ist Montag, und wir reden übers Wochenende. Wer also was wie und warum gemacht, erlebt und unternommen hat (zum Beispiel acht Stunden pro Tag an der Playstation von Level zu Level geklettert ist). Gerade hat Luca fertig erzählt, der mit seinem Papa immerhin einen Ausflug zu einer Indoor-Kartbahn gemacht hat. Jetzt soll er das Klassentier an einen Klassenkameraden seiner Wahl weiterreichen. Sofort schreien alle »Ich! Zu mir!« und strecken ihm die Arme entgegen, weil sie als

Nächstes dran sein wollen. Luca sonnt sich in seiner Macht und lässt sich viel Zeit mit der Entscheidung. Es wird immer lauter. Ich stöhne innerlich. Kein Wunder, dass die Konferenz bei uns gern mal fast die ganze Stunde dauert.

»Gib Gas, Luca, die anderen wollen auch noch drankommen!«, dränge ich ihn, und endlich wirft er die lausige Maus, äh Lausemaus seinem besten Kumpel zu. Apropos Laus, seit die Schulleiterin verkündet hat, dass wir wieder mal Läuse im Haus haben und die Kinder deshalb den üblichen Elternbrief mit Hinweisen zur Schädlingsbekämpfung mitbekommen sollen, habe ich irgendwie Phantomjucken auf der Kopfhaut. Ich werde doch nicht auch …? Und hat Anna sich nicht gerade schon zum dritten Mal am Kopf gekratzt? Also, wenn meine Hühner sich irgendwelche Blutsauger im Gefieder eingefangen haben, halte ich sie immer vorsichtig kopfüber an den Beinen (sonst kommt man nicht unter die Flügel) und stäube sie mit so einem Antiblutsaugerpulver ein, als ob ich sie rundum damit würzen wollte. Ob man das bei Kindern auch so macht, wenn sie befallen sind? Ich habe keine Ahnung, denn meine eigenen Kinder sind zum Glück bei den bisherigen Läusewellen stets verschont geblieben, weswegen ich die einschlägigen Instruktionen, wie man sich der kleinen Biester entledigt, nie wirklich durchgelesen habe. Aber falls es doch mal passiert, habe ich ja wenigstens was im Haus.

Als Nächster ist es jedenfalls erst mal Alex, der uns langatmig von seinen Wochenend-Erlebnissen berichtet, obwohl er – mal netto betrachtet – beinahe nichts gemacht hat. Während seiner immer wieder stockenden Schilderungen und Sprechpausen, in denen er angestrengt in seinen Erinnerungen kramt, versuche ich, das Konzentrat aus knapp 30 Schülern einigermaßen vor dem Überkochen zu bewahren. »Elisa, bleib jetzt endlich mal auf deinem Hintern sitzen und steh nicht dauernd auf! Nein, Ivo, du wirst *nicht* auf die Fensterbank klettern, nur weil du von da den besseren Überblick hast, du bleibst auf deinem Stuhl! Wie, du hast Durst, Viola, du bist doch erst seit vier Minuten hier. Boah, Max, heb den Gebetswürfel wieder auf und lass ihn endlich mal auf dem Tisch liegen!«

Viel von der brodelnden Unruhe des Morgenkreises kommt auch daher, dass es hier keine Sitzordnung gibt. Alle Freunde und Freundinnen setzen sich zusammen, um sich erst mal ausführlich auszutauschen. Außerdem gibt es eine spontane Geschlechtertrennung. Fast immer sitzen die Jungs *en bloc* zusammen, die andere Hälfte des Stuhlkreises okkupieren die Mädels. Ich überlege, dass ich diese festen Fraktionen vielleicht einfach mal aufknacken sollte, damit es ruhiger wird. Am nächsten Morgen habe ich die begnadete Eingebung, dass die Geschlechter sich doch einfach alternierend setzen könnten. Dass also immer ein Junge auf ein Mädchen folgt und so weiter. Da habe ich die Rechnung aber so was von ohne die Klasse gemacht. »Och nee!«, ruft die versammelte Mannschaft einstimmig. Als ich trotzdem darauf bestehe, kommt es zu ersten Warnstreiks. Julia, die Zwölfjährige mit dem Teenagergebaren, verschränkt die Arme und sagt eiskalt: »Nö. Mach' ich nicht!«, als sie sich neben Justin setzen soll. Die anderen Mädchen fallen begeistert ein und weigern sich ebenfalls, sich neben einen Jungen zu setzen.

Ich schwitze. Denn jetzt ist genau das passiert, wovor mich meine ältere Kollegin Judith neulich gewarnt hat: Ich bin in einen Machtkampf gerutscht mit einem Kind, das längst kein Kind mehr ist, sondern eine Jugendliche auf dem Höhepunkt ihrer Pubertäts-Starrköpfigkeit. Doch es hilft nichts, aus der Nummer komme ich nicht mehr elegant heraus. »Doch! Du setzt dich da jetzt hin. Wir wollen weitermachen!«, sage ich energisch, denn nur wenn ich mich bei *ihr* durchsetze, werden auch die anderen Mädchen einknicken.

Es braucht noch sechs weitere Aufforderungen, bevor sie laut maulend nachgibt. Fast hatte ich schon nicht mehr damit gerechnet. Auch die übrigen Kinder sind in den letzten Sekunden plötzlich sehr still geworden, denn jeder weiß, wie Julia drauf ist, und keiner will den Ausgang der Sache verpassen. Sie entscheiden je nach meinem Erfolg oder Misserfolg, wie ernst sie meine Autorität nehmen müssen. Es geht also durchaus um viel.

Ich habe es gerade noch mal so geschafft. Aber ich spüre: Das stand hart auf der Kippe. Es hat keinen Zweck, das noch einmal zu riskieren. Denn es gibt ein Geheimnis, das bisher zum Glück erst wenige Kinder hier kennen, auch wenn viele von ihnen es schon ahnen: In letzter, in äußerster Konsequenz kann ich nichts machen, wenn sie sich verweigern. Gar nichts.

Natürlich, ich kann Rote Karten verteilen, ein Kind ausschließen, Eltern benachrichtigen. Aber nichts davon ist ein wirklich sicheres Mittel. Das ist einerseits gut, denn auf keinen Fall wollen wir wieder zurück zu den Erziehungsmethoden von vor hundert Jahren. Doch der Haken ist: Einige wenige Kinder kennen diesen Punkt, an dem wir Lehrer weitgehend ohnmächtig sind, längst. Das sind zum einen die psychisch auffälligen Kinder, die bereits fast alle Hemmungen verloren haben und natürliche Grenzen im Miteinander nicht mehr wahrnehmen können. Zum Glück sind das aber nur Einzelfälle.

Vor allem aber gibt es da die sehr große Gruppe von Kindern, die sich zwar noch nicht *über,* aber schon sehr nah *an* die Autoritätsgrenzen wagt, und deren Anteil ist hier sehr hoch. Sie bekomme ich mit Mühe noch halbwegs gezähmt, aber viel fehlt nicht mehr bis zum, sagen wir, völligen Zusammenbruch von Recht und Gesetz in der Klasse. Eine Lehrkraft ohne stählernen Durchsetzungswillen hätte bei diesen Kindern schon verloren.

Doch egal, zu welcher Kategorie ein Kind gehört: In manchen Fällen kann es klüger sein, es nicht zum Äußersten kommen zu lassen. Zumal zu häufig eingesetzte Drohungen und auch die Konsequenzen selbst bald stumpf werden und ihre Eindrücklichkeit verlieren, und dann steh' ich mit leeren Händen da.

Ich weiß, der Vergleich hinkt: Aber mit älteren Kindern und Pre-Teens ist es ein bisschen wie mit Pferden oder auch mit Elefanten. Diese großen Tiere lassen sich nur deshalb von uns kleinen und schwachen Menschen lenken, weil sie keinen Schimmer davon haben, *wie* stark sie eigentlich sind. Kein Mensch könnte ein Pferd festhalten, das um seine Stärke weiß, und natürlich schon gar keinen Elefanten. Klar möchten wir Kinder nicht dressieren – aber auch bei ihnen sind es lediglich unsichtbare Schranken und Überzeugungen, die dafür sorgen, dass sie sich der Autorität der Lehrer (meist) beugen. Wenn diese inneren Mechanismen nicht mehr funktionieren, dann haben wir ein echtes Problem.

Doch zurück zum Morgenkreis und seinen eigenen Gesetzen. Es gibt Firmen, die auf Bestellung in Büros kommen und dort einen Tag lang alle Vorgänge filmen. Das Material wird anschließend allen Mitarbeitern vorgeführt – dabei aber in mehrfacher Geschwindigkeit abgespult. So kann man sich einen ganzen Arbeitstag in etwa einer halben Stunde ansehen. Als ich noch in der Zeitungsredaktion gearbeitet habe, hat mein Arbeitgeber auch einmal so ein Kamerateam in unser Großraumbüro eingeladen. Warum man das macht?

Weil im Zeitraffer Muster erkennbar werden, die man normalerweise nicht wahrnehmen kann: zum Beispiel, wer wie oft mit wem gesprochen hat. Wer dagegen nie mit einer bestimmten Person gesprochen hat. Wer sehr häufig zu bestimmten Schreibtischen gegangen ist, andere Tische dagegen völlig gemieden hat. Oder zu wem sehr viel öfter die Kollegen an den Tisch gekommen sind, als dass er selbst zu ihnen hingegangen wäre.

Wie Leuchtspuren erscheinen hier also Muster und Verhaltensweisen, die normalerweise unsichtbar bleiben. Solche

Aufnahmen sind äußerst aufschlussreich für Vorgesetzte, aber auch für die Mitarbeiter selbst. Sie machen inoffizielle Hierarchien sichtbar, die der offiziellen durchaus entgegenlaufen können. Sie zeigen aber auch scharfgezeichnet, wer besonders eng kooperiert, wer mit wem kann, und wer mit wem eben nicht kann.

Wenn Sie all das ebenfalls wissen möchten, müssen Sie aber gar kein teures Kamerateam in Ihr Büro kommen lassen. Führen Sie doch einfach mit den Kollegen einen Morgenkreis ein! Natürlich mit möglichst dicht aneinander gestellten Stühlen und sehr wenig Ellbogenfreiheit. Denn auch hier entsteht schnell eine Art Destillat aus der gesamten Struktur der Gruppe: Es wird überdeutlich, wer gut miteinander klarkommt und wer sich gegenseitig abstößt wie die positiven Pole zweier Magneten. Aber auch, wer gut Allianzen bilden kann und wer lieber ein Einzelkämpfer bleibt, oder wer ein Alphatier und wer eher ein Mitläufer ist.

Okay, in einem Büro gilt das jetzt vermutlich nicht, aber in der Klasse werden diese Dinge nicht nur mit Worten, sondern auch körperlich ausagiert. Denn wenn Kinder so dicht Arm an Arm sitzen, wird natürlich geschoben, gedrückt, gedrängt und gezankt, was das Zeug hält. Unter Kumpels und besten Freundinnen kann es dabei zwar hoch hergehen, aber trotz allem wird gelacht und gequietscht.

Anders ist das, wenn einer ein Außenseiter ist und jetzt dicht an dicht mit anderen Kindern zusammensitzen muss. Hier fällt das Geschiebe oft sehr aggressiv aus, und leider muss ich immer wieder laut werden. »Ey, du Spast!«, ruft Mirco gerade Simon zu, der eine leichte Lernbehinderung hat. Simon wehrt sich nicht, er lächelt schief und lässt sich von links nach rechts schubsen. Ich gehe sofort böse dazwischen. Doch der Erfolg ist nicht sehr nachhaltig, solche Entgleisungen gibt es bei Kindern – oder deutlicher: vorwiegend bei Jungen – immer wieder.

Auch sonst ist das Wir-Gefühl, das im Morgenkreis erblühen soll, eher ein schönes Ideal als gelebte Wirklichkeit. Wer sich nicht mag, kommt sich auch in dieser Runde keinen Millimeter näher, egal wie wenig Platz noch zwischen ihm und dem anderen ist. Im Gegenteil: Hier sehen manche die Gelegenheit, einmal ganz unmissverständlich ihre Gefühle auszuleben. »Boah, Paul! Das ist *echt* spannend«, höhnt Lennox, als Paul von seinem Museumsbesuch am Wochenende erzählt. Paul hat eine etwas betuliche Art und kann noch nicht ganz einschätzen, wann die Aufnahmefähigkeit seiner Mitschüler erschöpft ist. Ähnlich geht es Nina. Ihr Lieblingsthema sind Dinosaurier. Über die kann sie endlose Vorträge halten, die selbst meine Lehrergeduld irgendwann abnutzen.

Es ist bei uns ein bisschen wie im Parlament oder bei Firmenjubiläen: Auch hier finden sich Endloslaberer, die dröge Inhalte so breit auswalzen, dass das Publikum irgendwann nicht mehr kann. Trotzdem gibt es einen Unterschied: Kinder haben wenig Hemmungen, mit ihren Mitschülern Klartext zu reden. Bevor ich Nina freundlich bremsen kann, übernehmen das schon ihre netten Klassenkameraden: »Nina! Das INTERESSIERT keinen! Merk das doch einfach mal«, blafft Wanja sie an, worauf Nina beleidigt verstummt. Wieder mal ermahne ich die Kinder, jeden ausreden zu lassen, und fordere, dass bitte niemand einfach so hineinruft. Dabei wedele ich streng mit dem angegrauten Leo Lausemaus, der gewährleisten soll, dass immer nur einer spricht. Doch der macht seinen Job heute echt mies, muss ich sagen.

Ach ja, und soll ich es überhaupt erwähnen? Auch in trauter Runde weicht Evin weiterhin unbeirrt meinem Blick aus. Aber er ist wenigstens still, und das hilft mir schon sehr. Denn nicht nur wird es niemals völlig ruhig in unserem Kreis, auch sonst hakt es an allen Ecken, denn das mit meiner Durchsetzungsfähigkeit bessert sich hier irgendwie nicht wirklich. Ich schäme mich denn doch sehr, als eine Kollegin kurz hereinkommt, weil sie mir etwas vorbeibringen will. Und einigermaßen entgeistert auf Pia starrt, die mit gekreuzten Beinen auf dem halbhohen Schrank neben unserem Stuhlkreis sitzt. Ja, ich weiß, das geht gar nicht. Es ist … sagen wir, wieder so ein Ergebnis meiner Taktik, in manchen Fällen lieber das Gesicht zu wahren, als mich mit einer Schülerin anzulegen, die man mit den üblichen Maßnahmen nicht mehr erreichen kann. Okay, vielleicht war ich auch einfach nur müde vom 1001. Machtkampf an diesem noch jungen Vormittag.

Auch wegen solcher Szenen schlagen mir die Morgenkreise zunehmend auf den Magen, denn hier entgleitet mir die Situation immer noch zu oft. Am nächsten Tag gebe ich das erste Mal eine Vertretungsstunde bei Erstklässlern. Auch hier steht heute die übliche Morgenrunde an. Ich wittere sprichwörtlich Morgenluft. Na, das ist doch mal eine prima Gelegenheit, zumindest in dieser Klasse die Weichen frühzeitig anders zu stellen! Ich blicke streng in die Runde und halte meine übliche kurze und knackige Ansprache, in der ich mein Elfmetersystem samt Roten Karten erkläre. Mit großen Augen sehen mich die Kleinen aufgeregt und ein bisschen verschreckt an. Keiner sagt auch nur einen Piep, es ist völlig still. Ha, *skadoosh*! Es klappt!

Erst viel zu spät geht mir auf, dass meine Drohkulisse völlig überdimensioniert war. Diese noch ganz Kleinen sind nämlich so, wie ich mir eigentlich *alle* Grundschulkinder vorgestellt hatte: leicht zu lenken, neugierig, ein bisschen verträumt, ein wenig chaotisch, aber all das geradezu auf einem Wellnessniveau für Lehrer. Leider habe ich meine Autorität total überdosiert und die Armen damit ziemlich erschreckt. Aber offenbar auch nachhaltig beeindruckt, denn ein kleiner Naseweis fragt mich jetzt alle fünf Minuten mit wohligem Gruseln: »Frau Kuhn, Luisa hat gerade einfach was reingeredet. Kriegt sie jetzt eine Gelbe Karte???«

Mir tun die kleinen Mäuse jede Minute mehr leid. Sie sind nämlich sichtlich hin- und hergerissen: Einerseits fürchten sie die dräuende Ampelkarte, andererseits warten sie darauf, gespannt wie die Bürger Roms im Circus Maximus, sie bei einem Klassenkameraden einmal live vollstreckt zu sehen. Ich fühle mich schrecklich. Wie eine empfindungslose Dampfwalze bin ich über diese zarten Pflänzchen hinweggerollt. Ich beeile mich zu sagen: »Ihr seid wirklich eine tolle Klasse, und ihr macht alle so prima mit, da brauche ich doch nur Grüne Karten!« Was erhebliche Erleichterung auslöst – und ein kleines bisschen Enttäuschung bei den sensationslüstern veranlagten Vertretern der Minis.

Die nächste Erkenntnis der Mutter im Lehrergewand ist jedenfalls: Wie man es macht, ist es verkehrt. Es fehlt an der Erfahrung, und für die Erfahrung gibt's keine Abkürzung.

19.

»Meine Mutter sagt aber, man rechnet das anders!«

Kennen Sie die Szene bei »Harry Potter«, wenn die halbdurchsichtigen Schlossgeister durch den Saal wehen? So ähnlich ist es auch im Klassenzimmer: Man sieht sie zwar nicht, aber es sind neben den 30 Kindern immer auch 60 Eltern mit im Raum. Das merke ich spätestens, als wir die beliebte »teilschriftliche Division« durchnehmen. Ich gebe zu, ich wusste zuerst auch nicht mehr, was das genau ist, wie es geht und wozu man das braucht, denn die Grundschulzeit meiner eigenen Kinder liegt schon eine Weile zurück. Als ich nun wieder mit dieser Rechenmethode konfrontiert werde, entdecke ich, dass sie überraschenderweise ziemlich sinnvoll ist. Denn sie bildet sozusagen die Brücke zwischen dem Teilen im Kopf und dem schriftlichen Teilen, das die Viertklässler anschließend erlernen.

Falls auch Sie es gern noch mal rekapitulieren wollen (es tut auch gar nicht weh!): Beim halbschriftlichen Dividieren machen die Kinder sich eine knifflige Aufgabe einfach. Indem sie nämlich eine Zahl aufdröseln und in mehreren Päckchen rechnen. Die Methode ist simpel, und sie funktioniert. Sollen die Schüler zum Beispiel 285 : 5 rechnen, rechnen sie im Kopf erst 200 : 5, dann 50 : 5 und dann noch 35 : 5. Die Ergebnisse (40, 10, 7) werden notiert und müssen nur noch schnell addiert werden (= 57).

Wir üben das jetzt schon seit einigen Tagen. Gerade steht Marlin an der Tafel und versucht sich mit meiner Hilfe an diesem Rechenweg, da quakt Brendon rein: »Meine Mutter sagt aber, man rechnet das anders!« Mehrere Kinder stimmen sofort lautstark ein. »Ja, mein Papa hat mir auch gezeigt, wie man das richtig rechnet!« Ich verdrehe die Augen. Das Ganze ist für mich nicht wirklich eine Überraschung. Bereits bei der Kontrolle der Hausaufgaben habe ich gesehen, dass einige Eltern ihren Kindern schon vorschnell das vollschriftliche Teilen beigebracht haben. Natürlich nicht ohne den Hinweis, es sei viel besser, »gleich den richtigen Weg« zu nehmen.

Das ist aber doch gar nicht schlimm, werden viele Eltern jetzt vielleicht denken. Wieso sollten die Kinder diese Methode nicht gleich benutzen? Genau das habe ich auch gedacht, als meine Kinder im vierten Schuljahr waren. Jetzt aber sehe ich, dass das schrittweise Vorgehen Vorteile hat. Zum einen lösen die Kinder beim teilschriftlichen Dividieren die Aufgaben fast ganz im Kopf, was ihre Alltagsfitness in Sachen Rechnen sehr erhöht. Denn so können sie auch knifflige Teilaufgaben einfach so, ohne Papier und Stift (und sogar ohne Handy) lösen, was nicht einmal jeder Erwachsene beherrscht.

Außerdem verstehen sie, dass man Zahlen zerlegen und damit beim Rechnen harmloser und weniger furchterregend machen kann. Auch größere Zahlen verlieren so ihren Schrecken und werden leichter zu *handeln*. Das echte schriftliche Dividieren ist dann nur noch für Zahlen mit vielen Stellen nötig.

Aber auch hier klappt der Weg (in mehreren Teilschritten mit Rest) leichter, wenn kind bereits weiß, dass das Zerlegen von Zahlen grundsätzlich eine prima Idee ist.

Doch das eigentliche Problem hat gar nichts mit Mathe oder auch einem anderen Fach zu tun. Der Knackpunkt ist, dass elterliche Einmischung die Kinder eher verwirrt als ihnen zu helfen. Sie führt in letzter Konsequenz sogar zu einem Loyalitätskonflikt. Denn wer weiß es denn nun besser – Mama und Papa oder die Lehrerin ...? Dabei sollen Elternhaus und Schule doch kooperieren und sich ergänzen.

Fazit: Besserwisserische Eltern erschweren den Unterricht. Weil ich dann bei den Kindern gegen eine zusätzliche Blockade anarbeiten muss – als ob es da nicht schon genug innere Sperren gäbe, gerade in Mathe. Ich sage also energisch an Brendons Adresse: »Ja, Brendon, deine Mutter hat Recht: Man kann das auch so lösen. Aber das machen wir erst im nächsten Schritt. Bis dahin rechnest du bitte die Aufgaben so, wie wir das im Augenblick machen«, und ergänze mit aufmunterndem Blick: »Dann wirst du nämlich auch richtig gut im Kopfrechnen.« Woraufhin Brendon mich nur fragend ansieht, weil ihm diese Aussicht offenbar nicht ganz so verlockend erscheint wie mir. Okay, dann eben nicht.

Seltsamerweise ist es besonders der Mathe-Unterricht, bei dem Eltern einen starken inneren Drang verspüren, sich im Lehrplan, sagen wir, einzubringen. So mancher Elternabend, dem ich selbst als Mutter beiwohnen durfte, zog sich schier ins Unendliche, weil ein Vater oder eine Mutter hartnäckig Vorschläge anbringen wollte, wie die (offenbar unfähige) Lehrkraft es ihren Sprösslingen doch viel leichter machen könnte. Und auch jetzt, im neuen Job, sprach mich beim Abholen ihres Kindes bereits eine Mutter an und sagte vorwurfsvoll, dass ja »heute wohl alles extra kompliziert« gemacht werde und die

Kinder überhaupt viel zu wenig Zeit für die Klassenarbeiten hätten.

Dabei gibt es bei uns fast kein Zeitlimit, die Kinder dürfen bis in die nächste Stunde hinein schreiben, wenn sie noch nicht fertig sind. Aber irgendwann muss auch das langsamste Kind zu Potte kommen, denn wir können schließlich nicht im Klassenzimmer sitzen, bis der Mond aufgeht.

Natürlich sind Lehrer und Lehrpläne trotzdem nicht perfekt, und manches ließe sich sicher optimieren. Doch ich muss an dieser Stelle etwas ziemlich Ernüchterndes verraten: In Deutschland nimmt der Staat den Bildungsauftrag wahr. Und zwar allein. Ein Mitspracherecht für Eltern ist nicht vorgesehen (vermutlich will man überlange Elternabende vermeiden). Lehrer haben auch keine übertriebene Informationspflicht zu Unterrichtsinhalten und -methoden gegenüber diskussionsfreudigen Müttern und Vätern. Und sie müssen auf kreative Forderungen von Eltern, die bestimmte Vorgehensweisen oder Inhalte ablehnen und durch andere ersetzen wollen, nicht eingehen.

Das dürre Fazit ist also: Egal, wie viel wir Eltern lamentieren oder diskutieren, es hat schlicht keinen Einfluss. Weshalb man es sich genauso gut auch sparen kann. Ja, das tut weh, ich weiß. Schließlich sind wir es im Alltag gewohnt, dass wir uns überall einbringen und oft auch mitbestimmen dürfen. Auch ich bin eine Mutter und fühle mich hier – wieder mal – hin- und hergerissen zwischen den beiden Lagern. Ist das mit der Null-Mitsprache-Politik nun richtig oder falsch?

Ich glaube, es geht hier vielleicht eher um das kleinere Übel. Wenn sich 30 Elternpaare berufen fühlten, beim Stoff, dem Unterricht, den Lehrmethoden und Aufgaben ihren Senf dazuzugeben und jeder versuchte, sich durchzusetzen, dann käme man vor lauter Debatten, Abstimmungen und Widerspruchsanträgen nicht mehr dazu, wenigstens ein bisschen Wissen in die Kinderköpfe zu pflanzen, bevor die Grundschulzeit vorbei ist.

Offiziell nennt sich das Ganze denn auch »Rechtssicherheit«: Alle Beteiligten – nämlich Schüler, Lehrer und Eltern – wissen, was sie zu tun haben und was nicht. Und Ruhe ist. Zumindest bis zum nächsten Elternabend …

Das mit dem fehlenden Mitspracherecht ist für Eltern auch in vielen anderen Bereichen des schulischen Lebens manchmal schwer verdaulich. Zum Beispiel auch, wenn es um Quereinsteiger geht. Die meisten Väter und Mütter fragen sich zweifelnd: Kann es für unsere Kinder wirklich gut sein, wenn pädagogisch völlig unbeleckte Menschen von jetzt auf gleich die Lehrerrolle übernehmen?

Ich muss zugeben, ich hätte auch Bauchweh gehabt, wenn ein Seiteneinsteiger meine Kinder unterrichtet hätte, wo doch gerade in der Grundschule die Basis für alles Weitere in Sachen Schule gelegt wird. Ich kann die Zweifel der Eltern also sehr gut verstehen, wenn sie mich hier und da beim Bringen oder Abholen ihrer Kinder misstrauisch »besichtigen« und mir spitze Fragen stellen wie: »Wo haben Sie denn eigentlich vorher unterrichtet …?« Ich kann nur ahnen, wie heiß die Debatte erst hinter meinem Rücken geführt wird. Ich weiß schließlich aus eigener mütterlicher Erfahrung, wie gern und wie viel sowieso schon über Lehrer, deren Eigenarten, Vorerfahrungen, Können oder eben auch vermutetes Nichtkönnen geredet wird. Ehrlich gesagt bin ich sogar froh, dass ich das meiste davon nicht mitbekomme, denn das würde mich wohl eher verunsichern als bestärken.

Ich möchte aber trotzdem eine Lanze für die zugestiegenen Lehrer brechen – einfach zu Ihrer Beruhigung, falls auch Ihr Kind eines Tages von einem solchen »betroffen« sein sollte. Natürlich, mir fehlen die zweijährige Erfahrung als Referendarin und auch die pädagogische Ausbildung. Fachlich aber bin ich – wie die meisten Einsteiger – sehr gut aufgestellt, zum

Beispiel habe ich einen Magister in Deutsch und in Spanisch. Vor allem aber haben wir etwas, was Lehrer in diesem Maße vielleicht nicht vorweisen können: Wir haben ausführlich über den Tellerrand geschaut.

Als Journalistin habe ich mich zum Beispiel bereits in unzählige Lebens- und Wissensthemen eingearbeitet und dabei ein breit gefächertes Know-how erworben, das den Kindern im Unterricht oft zugutekommt. Ich kann mit ihnen über Grammatik reden, aber auch darüber, wie eigentlich eine Zeitung gedruckt wird oder wie eine Stadt funktioniert. Ich habe Reportagen über Maler, Sprengmeister, Brauereien, Großbaustellen, Krankenhäuser, Feuerwehren, Nationalpark-Ranger, Stuckateure, Museumsrestauratoren, Bestatter, Mönche, jüdische Gemeinden, Sterneköche und noch hundert andere Menschen und Dinge gemacht. Vor allem im Sachunterricht kann ich vieles davon mühelos aus dem Fundus fischen und einbauen.

Noch dazu habe ich fast 20 Jahre lang über Erziehung und Kinderentwicklung geschrieben. Ich habe meterweise Fachliteratur gelesen und mit Kinderpsychologen, Kinderärzten und Erziehungsberatern gesprochen. Sehr vieles von diesem Basiswissen nehme ich jetzt jeden Tag mit in die Klasse. Ich weiß, wie Kinder in der Vorpubertät ticken, was sie beschäftigt, und verstehe, dass sie in ihren Autonomiebestrebungen auch mal gegenhalten müssen, weil ihre Natur das so will. Und eben weil ich weiß, wie Kinder ticken, nehme ich vieles nicht persönlich, was die Gelassenheit denn auch sehr befördert. Klar hilft mir all das nicht in 100 von 100 Fällen, manchmal gerate ich trotzdem auf verdammt dünnes Eis, aber das soll sogar »richtigen« Lehrern gelegentlich passieren …

Okay, vielleicht haben die Kids in meinem Fall auch Glück, weil Journalisten eben besonders breit gefächerte Erfahrungen haben. Aber jeder Quereinsteiger, der vorher in einem anderen Beruf gearbeitet hat, bringt von außen etwas mit hinein in die Schule. Das heißt nicht, dass Quereinsteiger bessere Voraussetzungen hätten, das wäre nun doch arg übertrieben, zumal zumindest diejenigen, die nur Vertretungsstellen wahrnehmen, nicht selten viel zu wenig auf die neue Tätigkeit vorbereitet werden. Aber sie können eine tolle Ergänzung sein für ein Kollegium aus gelernten Lehrern. Wie so oft macht es eben die Mischung: Ein gewisser Prozentsatz an Seiteneinsteigern ist wie das Salz in der Suppe und kann einer Schule das Neue, Frische und Unerwartete geben.

Wir Trittbrettfahrer im Lehrerjob sind also viel mehr als nur eine Notlösung. Ich plädiere deshalb dafür, auch in zehn Jahren, wenn der Mangel vielleicht behoben sein wird, auch weiterhin Menschen aus anderen Berufen den Einstieg zu ermöglichen. Das Leben im 21. Jahrhundert ist hochkomplex, und wenn wir Kinder optimal auf dieses Zeitalter mit seinen unzähligen Möglichkeiten, aber auch Herausforderungen fit machen wollen, dann sind Menschen, die ihnen etwas aus unterschiedlichsten Bereichen mitbringen können, enorm bereichernd.

So neu, wie es erscheint, ist das Phänomen des Direkteinstiegs in den Lehrerberuf übrigens ja auch gar nicht. Schon zu meiner Zeit wurden wir – vor allem in den Naturwissenschaften – immer wieder auch von Diplomabsolventen und anderen unterrichtet, weil es nämlich auch damals schon Phasen des Lehrermangels gab. Weder mein Mathe- noch mein Physiklehrer hatten auf Lehramt studiert, und niemand sah darin wirklich ein Problem. Auch die Fremdsprachen wurden oft von Männern und Frauen unterrichtet, die über kein Lehrerexamen verfügten, dafür aber meist mehrere Jahre im Ausland gelebt hatten und nicht nur die Sprachen fließend beherrschten, sondern uns auch etwas über fremde Gebräuche erzählen konnten. Zum Beispiel Witze – die mein Englischlehrer am besten geeignet fand, um sich der anderen Kultur anzunähern (kennen Sie den mit dem Deutschen, der im Restaurant ein »bloody steak« bestellt und dazu vom Kellner noch »fucking potatoes« bekommt ...?)

Übrigens äußern sich viele Vorgesetzte lobend über Quereinsteiger, weil sie mit denen – trotz anfänglicher Bedenken – fast nur gute Erfahrungen machen.[26] Diese spontan auf den Zug des Lehrens aufgesprungenen Menschen bringen immer auch eine Riesenportion Motivation mit. Sie wollen schließlich unbedingt zeigen, dass sie's draufhaben. Motivation und Leistung aber hängen immer eng zusammen, und wer in seinem Job richtig gut sein *will,* ist es meist auch. Jedenfalls habe ich nach meiner eigenen Erfahrung nun weitaus weniger Bedenken, falls mein Sohn selbst mal einen Quereinsteiger im Unterricht bekommen sollte. Zugegeben, ich würde kurz schlucken – aber dann wäre ich optimistisch, dass die Sache für ihn eine Bereicherung sein könnte.

Im Moment aber stehe ich gerade auf der anderen Seite und muss mich erst bewähren beziehungsweise die skeptischen Eltern meiner Schützlinge milde stimmen. Leider können mir die Mütter und Väter nicht selbst beim Unterrichten zuschauen, was sie sicher beruhigen würde (oder auch nicht ...?). Um Vorurteile zu entkräften, bediene ich mich, ich gestehe es, eines uralten psychologischen Tricks: Wenn ich mit den Eltern spreche, lobe ich deren Kinder. Es gibt wohl keine Mutter und keinen Vater, die nicht sofort wohlwollender gestimmt wären, wenn jemand etwas Gutes über ihren Nachwuchs zu berichten weiß.

Und das fällt mir nicht schwer, ich mag die Kinder nämlich nicht nur, sondern ich habe auch einen großen Vorteil gegenüber einer Lehrerin, die sie schon länger kennt: den noch ganz frischen Blick. Mir fallen positive Dinge auf, die die langjährige Klassenlehrerin vielleicht nicht mehr sieht oder die sie selbstverständlich findet. Und die spreche ich einfach aus. Dabei kommt mir zugute, dass es an dieser Schule noch erlaubt ist, dass die

Eltern nach Schulschluss kurz ins Gebäude kommen. Das wird nicht an allen Schulen gern gesehen, was ich zwar gut verstehen kann, Lehrern und Eltern aber die wertvolle Möglichkeit von Tür-und-Angel-Gesprächen nimmt. Jedenfalls erzähle ich zum Beispiel Darias Mutter beim Abholen, dass ihre Tochter eines der wenigen Kinder ist, die mit richtiger Betonung wunderbar lebhaft vorlesen können. Daria verstellt sogar die Stimme, wenn eine Figur im Text spricht, was dazu führt, dass ihr alle zuhören und wirklich still sind. Damit ist sie eine Ausnahme, denn die meisten Kinder leiern beim Lesen einfach alles runter und machen nicht einmal bei den Punkten am Satzende halt. Dieses Feedback freut Darias Mama denn auch sichtlich.

Als Mareks Mutter morgens in den Schulflur kommt und mich anspricht, weil sie sich Sorgen wegen des heutigen Mathetests macht (ihr Sohn hatte wegen eines Sportturniers kaum Zeit zum Lernen), kann ich sie beruhigen: Der Drittklässler hat nicht nur fast immer alles richtig, wie sie durch seine guten Noten eigentlich auch weiß. Er ist auch immer einer der Ersten, die fertig sind, und rechnet konzentriert, aber ohne jedes Lampenfieber. Was seine Mutter wiederum noch gar nicht wusste. Ihr schwant das erste Mal, dass *sie* vielleicht vor den Tests mehr Angst hat als ihr Sohn.

Und Tims Vater erzähle ich, dass sein Viertklässler es schafft, sogar am Montagmorgen um acht Uhr schon gute Stimmung bei uns zu verbreiten. Weil der Neunjährige nämlich fast immer prächtig gelaunt und so unverwüstlich gut drauf ist, dass dies auf uns alle ansteckend wirkt. Kinder wie er beeinflussen die ganze Atmosphäre der Klasse positiv. Sein Vater grinst so breit wie stolz, er ist offenbar ebenfalls eine Frohnatur.

20.

Sportfest: Ball in den Bauch – und das Wetter war ja auch so schön!

Ich muss es zugeben: Ich bin nicht so der Heiteitei-Typ, der toll mit Kindern spielen kann. Klar habe ich mit meinen eigenen Kindern gebastelt, Hunderte Male die Kundin im Kaufladen gemimt, habe selbst gebackene Knetgummikuchen probiert und bin mit Kasperlepuppen in unserem Wohnzimmer aufgetreten (als Seppl, Krokodil und Hexe in Personalunion). Ich habe immer neue Lego-Baustellen oder -Zugstrecken mitdesignt und Burgen aus riesigen Schaumstoffklötzen gebaut. Doch so ganz meins ist das Mitspielen trotzdem nicht, ich bin eher so die Vorlese- und Geschichtenerzähl-Mutter.

Es gibt nun aber Situationen im Schulleben, da ist das Mitmachen und Aus-sich-Herausgehen unbedingt angesagt. Zum Beispiel beim alljährlichen Sportfest. Ich freue mich schon seit Tagen … also, nicht wirklich darauf. Vielleicht zieht ja ein

Tornado auf und die Bundesjugendspiele fallen aus. Ich meine, es gibt zwar einen Ausweichtermin, falls das Wetter nicht mitspielt. Aber wenn es da dann auch hagelt oder so …?

Natürlich ist es am großen Tag hochsommerlich warm. Kein Wölkchen trübt den strahlend blauen Himmel, als ich ihn frühmorgens hoffnungsfroh scanne. Das Superwetter geht mir leicht auf den Nerv, ich finde das schon etwas übertrieben. Ausnahmsweise hat es auch mal nichts mit dem Klimawandel zu tun. Schon als ich selbst noch ein Kind war, war für die Bundesjugendspiele immer gutes Wetter gebucht. Zumindest kann ich mich an kein einziges Sportfest im Regen erinnern, geht es Ihnen nicht auch so? Aber vielleicht ist die Erinnerung ja auch selektiv, sodass man die Ausnahmen ausklammert oder verdrängt.

Jedenfalls ist es jetzt schon ziemlich schwül, obwohl es erst kurz vor acht ist. Als ich auf den Haupteingang zugehe, stellen sich die Kinder gerade klassenweise vor dem Gebäude auf, zumindest ist das offenbar die Idee. Im Moment erkenne ich in dem Gewusel noch nicht wirklich eine Struktur. Wie es sich gehört, wird überall gelärmt, gelacht, gerufen und geschubst. Ein paar geduldige Kolleginnen stecken schon irgendwo mitten im Getümmel und versuchen, die Heerscharen zu ordnen. Ich bringe schnell meine Sachen ins Lehrerzimmer, genieße noch mal für wenige Sekunden die Stille und gehe schließlich mit gemischten Gefühlen wieder hinaus. Draußen sind inzwischen noch mehr sportfreudige Schüler eingetroffen (wobei die Freude weniger der körperlichen Ertüchtigung als dem unterrichtsfreien Tag gilt). Meine eigene Sportfreude hält sich dagegen weiterhin in Grenzen. Denn wie bei jeder neuen Situation in diesem Job frage ich mich, was wohl heute wieder alles schiefgehen wird – oder sagen wir es schöner: an Challenges auf mich wartet.

Irgendwann sind alle Kinder einigermaßen sortiert, die Klassentrupps stehen abmarschbereit in Reih und Glied, und die Karawane setzt sich in Richtung Sportplatz in Bewegung. Der Weg ist ziemlich weit, wir müssen unter anderem mehrere Straßen kreuzen. Es macht nicht wirklich Spaß, mit einem Haufen Schüler eine Straße zu überqueren. Aber nicht wegen der Kinder, sondern wegen der Autofahrer. Schon nach wenigen Sekunden des Wartens werden die Blicke hinter den Windschutzscheiben düster, und wenn es noch ein paar Momente länger dauert, wird schnell mal empört gehupt.

Manchmal springt auch die Ampel zu früh wieder um, und wenn letzte versprengte Kinder dann trotzdem noch lebend die andere Straßenseite erreichen wollen, ist das für manche Zeitgenossen schon Grund genug, um sich einen kleinen Ausraster zu genehmigen. Dabei bemühen wir uns doch schon, die Kinder nicht als Endlosschlange, sondern gruppenweise über die Straße zu lotsen, wir lächeln die Autofahrer an und bedanken uns winkend, wenn sie sich ein paar Augenblicke gedulden mussten.

Die meisten sind denn auch entspannt und rücksichtsvoll, aber die paar übrigen reichen, um auch bei uns Lehrern den Spiegel an Stresshormonen enorm steigen zu lassen. Es ist sowieso schon nicht leicht, eine Herde Kinder sicher zu geleiten. Ich fühle mich wie ein Hirte, der in schwierigem Gelände die Sommeralm erreichen will, ohne dass einzelne Schäfchen unterwegs unbemerkt verschüttgehen oder sich gar verletzen. Jetzt bremst auch noch ein Auto direkt neben mir scharf ab und hält an. Ich rolle entnervt die Augen. Was haben wir denn nun schon wieder falsch gemacht? Wir sind doch alle auf dem Bürgersteig, und hier ist weit und breit keine Kreuzung.

Das Fenster wird heruntergekurbelt, und zum Vorschein kommt das Gesicht von Annikas Mutter. Annika, das Mädchen mit der Lernbehinderung, hat ihre Sportsachen zu Hause vergessen und bekommt sie – wie schon öfter – nachgeliefert. Mir soll's recht sein. Dankend nehme ich die Sporttasche entgegen und reiche sie an das überraschte Mädchen weiter, das noch gar nicht bemerkt hatte, dass es gar nichts dabei hat. Spontan denke ich: Das ist wieder mal typisch, Annika ist einfach ständig latent verpeilt. Aber in diesem Fall muss ich ehrlich sein. Auch ich bin mehr als einmal schimpfend zur Schule meiner Kinder geeilt, um vergessene Klassenarbeitshefte oder Turnsachen nachzuliefern. Und ich war damit nicht allein. Gerade vor Klassenarbeiten traf ich meist noch ein, zwei andere Mütter, die ebenfalls gereizten Blicks in Richtung Schule strebten, um den lieben Sprösslingen Vergessenes nachzureichen.

Später habe ich diesen Service zwar aus pädagogischen Erwägungen weitgehend eingestellt, aber Ausnahmen gab es trotzdem immer mal wieder. Zum Beispiel, als meine Tochter als Teenager anrief und verzweifelt bat, ich müsse ihr sofort eine neue Hose vorbeibringen. Sie sei mit ihrer in den Matsch gefallen. Und nun sei die Jeans total nass und im wahrsten Wortsinn nicht mehr tragbar. Okay, ich musste wohl los, schließlich sollte sie sich nicht erkälten. Ich unterbrach also den Artikel, an dem ich gerade schrieb, fischte murrend eine frische Jeans aus ihrem Schrank und fuhr die nicht gerade kurze Strecke in die Nachbarstadt.

Am Straßenrand vor dem Schultor stand denn auch die vom akuten Harnwegsinfekt bedrohte Tochter und harrte meiner. Und zwar in einer trockenen, blütenweißen Jeans. Auf meine mühsam beherrschte Frage zeigte sie mir zwei winzige, etwa drei Millimeter große Schlammspritzer unten am Aufschlag der Hose. Ich fasste es nicht! Dass ich schon wieder auf so was reingefallen war und dafür eine meiner kostbaren vormittäglichen Arbeitsstunden geopfert hatte. Aber es gebe da, erklärte sie trotzig, diesen Jungen, mit dem sie gleich einen Kurs gemeinsam habe. Und dem wolle sie sich unbedingt perfekt gestylt präsentieren und nicht »total eingesaut« …

Ach so. Ich fühlte, wie ich gerade im Begriff war zu platzen. Eigentlich wollte ich loskeifen. Aber dann verließ mich plötzlich jede Energie, und ich versank stattdessen in einer Spontandepression. Es war einfach alles so sinnlos.

Doch zurück zum großen Tag des Sports. Als wir endlich im Stadion eintreffen, werden wir schon von einer Gruppe Mütter und Väter erwartet, die sich in die Helferlisten eingetragen haben. Wir sind froh, dass alle erschienen sind, denn wir brauchen sie dringend, um unseren acht Klassen möglichst viele Sportdisziplinen bieten zu können. Jetzt sind wir gut aufgestellt, denn wieder einmal war die Hilfsbereitschaft groß, was mir an dieser Schule immer wieder auffällt und mich, ja, auch ein bisschen rührt. Fast nie müssen wir den Eltern nachlaufen, es melden sich zu fast allen Veranstaltungen schnell genügend einsatzfreudige Väter und Mütter; diese Erfahrung habe ich auch bei den Eltern »meiner« Klasse schon gemacht.

Mir wird heute die gutmütige und fröhliche Danka zugeteilt, die Mutter eines Mädchens aus dem zweiten Schuljahr. Zu zweit leiten wir eine Riege von zehn Jungen und managen sie über den gesamten Tag hinweg, indem wir sie von Station zu Station lotsen und ihre Ergebnisse anschließend in langen Listen notieren. Danka und ich verstehen uns prima, sie ist sympathisch und hilfsbereit – ein wahrer Schatz. Das Einzige, was mich ein wenig, sagen wir, irritiert, ist ihre mühelos ausgestrahlte, selbstverständlich wirkende Autorität gegenüber den Kindern. Was ich selbst mir in den ersten Tagen und Wochen mühsam erarbeiten musste, hat sie offenbar in den Genen: Im rauen und etwas herrischen Tonfall einer russischen Klavierlehrerin setzt sie sich mühelos durch, und wenn ich nicht schnell genug bin, kommt sie mir sogar zuvor und ermahnt oder ordnet die Kinder, wenn irgendwo Chaos ausbricht.

Leicht pikiert und nicht ganz neidfrei sehe ich sie in unbeobachteten Momenten von der Seite an. Ich meine, schließlich bin *ich* hier ja wohl die Lehrerin. Vor allem aber frage ich mich:

Wieso kann diese Frau das so gut, die in ihrem Job nicht einmal mit Kindern arbeitet? Sie stammt aus Polen, und ich überlege, ob sie dort einfach eine viel strengere Schulzeit erlebt hat, sehr autoritäres Verhalten normal findet und deswegen gar keine Scheu davor hat. Das ist aber reine Spekulation. Ich tröste mich mit der Vorstellung, dass ihr Naturtalent sich aber bestimmt nicht auf die Unterrichtsplanung und das Lehren und so erstrecken würde. Trotzdem lerne ich: Es gibt Dinge, die manchen in die Wiege gelegt werden und anderen eben nicht.

Das gilt übrigens auch in Sachen Leichtathletik. Manche Kinder zeigen hier echtes Talent, andere schleppen sich mühsam durch den Tag, und die meisten bewegen sich irgendwo zwischen diesen Polen. Ich selbst war eine ziemliche Niete bei den Bundesjugendspielen. Ich war die Kleinste und Schmächtigste der Klasse und passte nicht in die starren Tabellen, die für mein Alter schon deutlich höhere Leistungen erwarteten. Dabei ging ich seit Jahren reiten, fuhr Rollerskates (und sprang mit Letzteren furchtlos über Treppen und Mäuerchen), strampelte täglich kilometerweit mit dem Fahrrad zur Schule, quer durch die Stadt zu allen Hobbys und zu Freunden. Ins Schema F aber passte ich leider nicht, und deshalb gab's bei den Bundesjugendspielen denn auch immer nur die »Siegerurkunde«, die fast jedes Kind bekam. (Sie wissen schon: Es gibt keine Verlierer, sondern nur zweite Sieger. Ja, ist klar.) Und im Zeugnis hatte ich in Sport chronisch eine Drei.

Auch bei meinen eigenen Kindern sehe ich, dass es im Schulsport immer noch nicht unbedingt um Sportlichkeit, sondern eher um das Erreichen festgelegter Standards geht – eine frustrierende und demotivierende Erfahrung für viele Kinder. Ich bin sehr für die Abschaffung von Sportnoten. Denn es geht doch in Zeiten von Computerspielsucht und exzessivem Medienkonsum von Kindern um das Wiederentdecken des guten Gefühls, das Bewegung einem verschafft. Warum muss einem auch noch dieser elementare Spaß mit Noten vergällt werden? Ich weiß nicht, wie Sie das sehen, aber ich finde, *wenn* Zensuren irgendwo unnötig sind, dann hier.

Jetzt aber gehen Danka und ich erst mal zur nächsten Station: Es steht ein 800-Meter-Lauf an. Wir stellen uns gemütlich am Rand der Bahn auf und jagen die Kinder aufs Startsignal hin los. Manche kommen schon nach der ersten Runde nur noch schlurfend bei uns vorbei, weil sie einfach nicht mehr können. Es gibt, man muss es leider sagen, auffallend viele Mädchen und Jungen, deren Körper nicht einmal ahnt, was Kondition ist, und die über jede Anstrengung ausführlich wehklagen. Offenbar sind Rennen, Spielen, Balancieren und Bällewerfen heute nicht mehr selbstverständlicher Teil des Nachmittags vieler Kinder. Drittklässler Nick will mir gar verklickern, seine Mutter habe gesagt, Sport sei zu anstrengend für ihn, denn er habe ein krankes Herz. Ich stutze erschrocken. Aber da es keine Entschuldigung, kein Attest und keine sonstige Kontaktaufnahme seiner Mutter gab, entscheide ich mich dafür, ihm jetzt einfach mal nicht zu glauben. Ich scheuche ihn weiter, und er wehklagt sich auch noch durch die zweite Stadionrunde, bis er diese Zumutung an körperlicher Anstrengung endlich bewältigt hat. (Seine Story war übrigens tatsächlich frei erfunden, wie sich später herausstellte. Netter Versuch trotzdem.)

Überhaupt ist das Schwindeln der Kinder nicht nur nervig, sondern oft ein echtes Problem für mich. Mir fehlt manchmal noch die Erfahrung, wann ich einem Kind glauben kann und wann nicht. Ich will schließlich nicht ungerecht sein, nichts übersehen, und ich will vor allem den Kindern grundsätzlich Vertrauen entgegenbringen. Aber geschwindelt wird immer und überall.

»Ich konnte die Hausaufgaben nicht machen. Meine Mama ist Anwältin und war bis spätabends in der Kanzlei. Ich war bei der Oma, aber da hatte ich die Bücher nicht, die ich für die Aufgaben brauche«, erzählt Lena treuherzig. Es spräche eigentlich nichts dagegen, ihr das zu glauben. Doch Lenas Glaubwürdigkeit wird denn doch sehr durch die Tatsache getrübt, dass sie schon seit anderthalb Wochen keine einzige Hausaufgabe mehr gemacht hat und mir täglich neue Erklärungen dafür präsentiert. Mir reicht's. »Sage bitte deinen Eltern Bescheid, dass ich sie heute gern einmal anrufen möchte. Wann sind sie denn normalerweise zu Hause?«, frage ich.

»Äh, ich weiß nicht«, stottert Lena, nun doch sichtlich erschrocken. Mir egal. Nachmittags versuche ich, die Eltern zu erreichen, aber zunächst hebt niemand ab. Und dann geht eine alte Dame ans Telefon, die von einer Lena noch nie etwas gehört hat und einigermaßen verwirrt über meinen Anruf ist. Ich bin auch verwirrt.

Am nächsten Morgen erzähle ich Lena von meinen vergeblichen Versuchen, und es stellt sich heraus: Die Festnetznummer auf der Klassenliste, die hinten an der Pinnwand des Raums hängt, ist uralt. Der Telefonanschluss wurde wegen Trennung der Eltern schon vor Jahren gekündigt, die Nummer ist inzwischen an jemand anderen vergeben. Ich bekomme von der Schulsekretärin die neue Nummer. Doch ich muss Lenas Eltern gar nicht mehr anrufen: Lena hat – aufgeschreckt und leicht panisch – am Vortag in einer Gewaltaktion die Hausaufgaben der letzten zehn Tage nachgeholt. Jetzt präsentiert sie sie mir mit Hundeblick. Ich bin einigermaßen besänftigt und lasse sie noch mal davonkommen.

»Ach, das ist immer dasselbe Spiel bei Lena«, sagt eine Kollegin resigniert, als ich sie frage, wie ich es hinkriegen könnte, dass das Mädchen seine Hausaufgaben zur Abwechslung mal jeden Tag macht. »Man ruft zu Hause an, dann gibt's ein Donnerwetter, und es geht mal wieder für eine Woche gut, und dann ist es wieder die alte Leier.«

Ich frage mich: Wenn der Staat hierzulande so großen Wert darauf legt, den Bildungsauftrag selbst wahrzunehmen, warum hängt es dann so sehr vom Zuhause ab, ob ein Kind in der Schule gut ist oder nicht? Lena macht ja nicht nur keine Hausaufgaben, sondern auch sonst achtet bei ihr niemand darauf, ob sie lernt, für Tests gut vorbereitet ist, ja, ob sie in der Schule überhaupt klarkommt. Sie hat nicht einmal ein Pausenbrot dabei.

Während ich meine Gedanken schweifen lasse, ist es später Vormittag geworden, die Sonne steht schon recht hoch über dem Stadion. Wir haben nun etwa ein Drittel der Stationen geschafft. Gerade sind wir beim Weitsprung angekommen, die Kinder stellen sich der Reihe nach auf. Von der Nachbarstation, dem 100-Meter-Sprint, höre ich, wie die Kolleginnen die Kinder lautstark anfeuern. Ach ja, richtig, das muss ich jetzt beim Weitsprung wohl auch machen. Ich gebe zu, das wäre mir leider nicht von selbst eingefallen, denn aus mir herauszugehen liegt mir nicht so. Aber ich verstehe, hier muss es jetzt sein.

Leicht befremdet höre ich meiner eigenen, ungewohnt lauten Stimme zu, als ich probeweise rufe: »Tim! Jetzt! Absprung! Und riiichtig weit! Jaawolll!« Huch, das war doch gar nicht mal so schlecht. Ehrlicherweise sogar besser, als ich es bei meinem eigenen Sohn bisher hinbekommen habe. Der macht nämlich einen Leistungssport, und wenn wir an den Wochenenden auf seinen Sportkanadier-Turnieren sind, beschränke ich mich – Asche auf mein Haupt – meist damit, im Zieleinlauf ein einziges Mal so mittellaut zu rufen: »Marius! Gleich haste's geschafft! Nur noch ein paar Meter!«

Ja, echt lahm, ich weiß, und eher aus Pflichtbewusstsein (als Mutter macht man das halt so) als aus echtem Enthusiasmus. Dabei fiebere ich sehr mit, aber ich kann das eben nicht so nach außen und vor allem nicht so lautstark zeigen. Trotzdem ist das sicher immer noch besser, als es so zu machen wie einige fanatische Mütter und Väter: Sie laufen das ganze Rennen am Ufer mit, um ihren Sprösslingen mit sich überschlagender Stimme zuzukreischen: »Marco, mach sie platt, verdammt noch mal! Heb die Arme! Mensch, was machst du denn für'n Scheiß!«

»Eislaufmütter und -väter« gibt's eben in jeder Sportart, und was besonders originell ist: Fast immer sind die ehrgeizigsten Eltern diejenigen, die selbst offensichtlich überhaupt keinen Sport machen. Das Kind soll's dann richten und die eigenen Defizite – vielleicht auch in Sachen Lebenszufriedenheit – ausgleichen. Wie auch immer. Heute kann ich mich jedenfalls nicht länger vor dem Anfeuern drücken. Und so langsam schreie ich mich warm: »Mia, gib Gaaasss! Da geht noch was!«, »Mar-lon, Marlon, hop-hop-hop, uuund jetzt! Yesss! Suuuper!« Vielleicht sollte ich die Sache mit der Zurückhaltung noch mal überdenken. Da entgeht einem ja doch was.

Die nächste Station, die auf unserem Laufzettel steht, ist noch besetzt, meine Zehnerriege muss warten. Ich lasse meine Blicke ein bisschen über den Rasen wandern und genieße den Anblick der fröhlichen, laufenden und lachenden Kinder. Wieder so ein Augenblick, wo ich denke, dass es doch manchmal sehr schön ist, Lehrerin zu sein und nicht immer an einem öden Schreibtisch hocken zu müssen.

Wie ich so wohlgemut umherschaue, fällt mein Blick zufällig auf das kleine Gebäude, vor dem auf langen Klapptischen das Mittagsbüfett für die Kinder aufgebaut ist. Die wackeren Eltern haben Platten voller belegter Brötchen, Obst und Salate gespendet. Leider ist der Blick auf den Tisch gerade verdeckt – von ein paar kleinen, dunklen Gestalten, die im Schatten des Vordachs konspirativ herumstehen. Und zu kauen scheinen! Ich fass' es nicht: Da schlagen sich ein paar Kinder schon die Bäuche voll, während ihre Klassenkameraden noch fleißig schwitzen.

Und nein, ich brauche nicht lange zu raten, aus wessen Klasse die Übeltäter – natürlich – mal wieder stammen.

Also, da hört sich doch wohl alles auf. Ich sprinte los, hechte erbost die Treppen zum Gebäude hoch und halte den Mampfenden eine ausführliche Standpauke über Fairness und Sportsgeist, bevor ich sie wieder runter zu ihren Stationen scheuche. Sie entfleuchen kichernd und stoßen, samt den noch blitzschnell geschnappten Brötchenhälften, wieder zu ihren Gruppen. Dort bricht sofort akuter Neid und noch akuterer Hunger aus, als man die Brötchen in den schwitzigen Händen der Kumpels erblickt. Und nun stürmen Kinder sämtlicher Klassen vorzeitig und umstandslos das Büfett. Gerade will ich in einem letzten verzweifelten Versuch den Ansturm ausbremsen, da sagt eine Stimme hinter mir: »Ach, lass sie einfach.«

Es ist Yvonne, die mich tröstend anlächelt. »Was soll's, eh?« Meine Schultern sacken wieder herunter. Ja, was soll's. Ist doch eh alles egal, und sie haben halt Hunger. Die anderen Kolleginnen stutzen kurz, als sie plötzlich ziemlich allein auf dem Platz stehen, weil fast alle Kinder mitten im Wettkampf weglaufen. Aber dann trotten auch sie entspannt in Richtung Kaffee-Ausgabe, denn offenbar hat ja die Schulleiterin das Signal für eine Pause gegeben. Die wiederum glaubt, die Kolleginnen hätten beschlossen, dass jetzt Zeit für eine Pause sei, und beugt sich gern der Mehrheit. Yvonne grinst mich an – und reicht mir einen Becher Kaffee rüber.

Gemütlich wird die Kaffeepause trotzdem nicht. Denn die Lücke im sportlichen Ablauf wird von einigen anwesenden Müttern sofort dazu genutzt, um mir, dieser neuen Lehrerin, endlich mal gründlich auf den Zahn zu fühlen. Unauffällig schieben sich gleich mehrere Frauen mit ihren Papptellern näher, bis ich ganz umzingelt bin. Flucht ist zwecklos.

Ich habe den vagen Verdacht, dass manche sich überhaupt nur deshalb in die Helferliste eingetragen haben, um mich einmal genauer begutachten zu können. Schließlich ist die Sache mit dieser neuen Lehrerin irgendwie komisch: Sie ist nicht mehr ganz jung, also ganz klar keine Referendarin. Aber auch keine richtige Lehrerin, denn die ersten Wochen hat sie ja nur im Unterricht zugeschaut und allenfalls ein bisschen geholfen, wie die Kinder erzählt haben, und das macht eine erfahrene Lehrerin ja wohl nicht. Seltsam.

Tatsächlich hat die Schule die Eltern lieber nicht darüber informiert, dass ich keine ausgebildete Lehrerin bin. Die Klassenlehrerin hat mich lediglich in einem Elternbrief als Vertretung angekündigt. Und ich war schon damals nicht sicher, ob das eine gute oder eine schlechte Idee war. Einerseits, wozu schlafende Hunde wecken und unnötigen Anlass für Unruhe oder Bedenken liefern? Andererseits war es etwas naiv zu glauben, in der brodelnden Gerüchteküche der Elternschaft könne irgendetwas geheim bleiben. Mit unschuldigen Fragen und lauernden Blicken löchern mich jetzt die wissbegierigen Mütter – und zwar so lange, bis ich mich völlig nackig gemacht habe und sie absolut alles wissen.

»So, Sie sind also Journalistin … Und wie sind Sie so schnell zur Lehrerin ausgebildet worden?«, fragt eine Mutter zum Abschluss. Äh, ja. Das ist genau der Punkt. Zum Glück fällt mir mein fast vergessenes Lehramtsstudium wieder ein, und ich kann damit immerhin noch einen Rest vom angekratzten Image der »Notlösungslehrerin« retten. Die Müttermeute lässt denn auch – halb zufriedengestellt – allmählich von mir ab und trollt sich, während man murmelnd die Köpfe zusammensteckt und erste Handys gezückt werden, um ein paar brandneue Informationen in die WhatsApp-Gruppe der Eltern einzuspeisen.

Übrigens kann ich die Neugier gut verstehen, auch ich will als Mutter natürlich wissen, wer meine Kinder unterrichtet.

Und auch ich gehe zuerst mal grundsätzlich davon aus, dass eine Lehrkraft auch für den Job qualifiziert ist. Wäre sie das nicht, würde ich auch Näheres wissen wollen, aber hallo!

Zum Glück sind die Eltern der Klasse trotz allem gelassen. Zumindest zu mir persönlich sagt keine Mutter und kein Vater je ein unfreundliches Wort. Eine der Elternvertreterinnen der Klasse gibt mir sogar noch im Sportstadion ihre Telefonnummer, nur für den Fall, dass ich mal Fragen hätte. Weil ich doch ganz neu an der Schule sei. Und eine andere Mutter, die zugleich in unserer Nachmittagsbetreuung arbeitet, schaute die ersten Tage öfter bei mir vorbei, um zu fragen, ob ich etwas brauche oder irgendetwas wissen möchte, wobei sie helfen könnte. Auch heute unterstützt sie uns wieder beim Sportfest, für das sie zuvor schon einen köstlichen Bienenstich gebacken hat.

Doch jetzt ist die Pause erst mal vorbei, und obwohl ich wegen des Müttertribunals kaum Zeit zum Essen hatte, muss ich mich wieder zurück ins Getümmel stürzen. Im Moment brauche ich keine Station zu betreuen, denn es ist freies Spiel angesagt. Ein kleiner Pimpf von sechs Jahren möchte, dass ich mit ihm Badminton spiele. Weil ich das mal ganz gut konnte, gelingt es mir sogar, die meisten seiner schrägen und schiefen Bälle zu erwischen und so zu parieren, dass auch er den nächsten Ball meist wieder trifft. Er ist begeistert und himmelt mich bald heftig an. Das ist irgendwie niedlich, doch ab jetzt wird er mir den Rest des Tages nicht mehr von der Seite weichen und mich im 90-Sekunden-Takt fragen: »Frau Kuhuun? Spielst du jetzt wieder Bättmint'n mit mir?«

Ich fechte aber nicht nur gefühlte 100 Matches gegen den Zwerg aus, dessen Technik tatsächlich immer besser wird. Sondern ich finde mich auch unversehens zwischen zwei Mädels wieder, die ein langes Hüpfseil kreisen lassen und mich auffordern, da hineinzuspringen. Och nee, ne? Also, ich finde eigentlich, dass ich aus dem Seilspring-Alter langsam heraus bin. So werde ich denn auch wieder mal von akuter Ich-Entfremdung befallen, als ich mir selbst dabei zuschaue, wie ich zu dem familienfreundlichen Reim »Verliebt, verlobt, verhei-ra-tet! Eins, zwei, drei, vier, fünf, sechs sie-ben – wie viele Kin-der wirst du krie-gen?« zwischen den Mädels über das kreisende Seil springe. Ich ziehe mich nach ein paar Runden dezent aus der Sache raus und schlendere lieber rüber zum Fußballfeld, wo gerade schnelle, aber heftige Blitzturniere von nur wenigen Minuten Länge im Gange sind.

Ein paar Bufdis und Väter haben hier die Koordination übernommen, was uns weiblichen Lehrern sehr zupasskommt. Und sie machen das auch wirklich toll. Doch leider sind diese freiwilligen Helfer keine Lehrer, und das bedeutet: Es entgehen ihnen ein paar Dinge, die eine Lehrkraft sofort bemerken würde. Zum Beispiel, dass der zehnjährige Mirco gerade am Spielfeldrand auf dem Rasen sitzt und ganz offensichtlich weint. Ich eile hin und höre gerade noch, wie zwei Jungs aus seiner Klasse verächtlich zu ihm sagen: »Nee, du wirst nicht eingewechselt. Du *kannst* einfach nicht Fußball spielen, und dann verlieren wir!«

Als ich frage, was los ist, erzählt Mirco, dass er im ganzen Turnier, das immerhin schon über eine Stunde läuft, nicht ein einziges Mal mitspielen durfte. Na super, das ist wirklich toller Teamgeist. Ich gehe zu dem Vater, der gerade den Schiedsrichter gibt, und bitte ihn, Mirco einzuwechseln. Doch jetzt will Mirco nicht mehr, er ist zu tief gekränkt und schämt sich. Er wollte, dass seine *Mannschaft* ihn wollte. Und nicht, dass erst wir Erwachsenen kommen müssen, um sein Mitspielen quasi zu erzwingen. Die hässliche Situation bleibt also unaufgelöst, und mir blutet das Herz. Mirco und ich sind bisher nie wirklich miteinander warm geworden. Er ist der Junge, der mich im Unterricht oft aggressiv und arrogant anstarrt und sich immer wieder mit verschränkten Armen und schmalem Lächeln weigert, meine Aufforderungen zu befolgen.

Ich bin nicht wenig erstaunt, als er sich jetzt bereitwillig von mir trösten, über den Kopf streichen und kurz drücken lässt und tatsächlich auch bald aufhört zu schniefen. Ergrimmt über seine fiesen, unfairen Klassenkameraden, beschließe ich, dass es am folgenden Tag aus gegebenem Anlass einen Morgenkreis, oder besser eine Morgenkrise außer der Reihe geben wird. Aber hallo!

Nach Ende des Fußballturniers bleibt noch etwas Zeit, bis das Sportfest offiziell vorbei ist. Bis dahin dürfen die Mädchen und Jungs die Bälle frei herumkicken oder zu zweit damit das Passen üben. Währenddessen unterhalte ich mich am Spielfeldrand mit ein paar Kindern. Plötzlich knallt eine Kanonenkugel in meinen Bauch, es kreisen rote Lichter vor meinen Augen und mir wird spontan schlecht. Nach ein paar Sekundenbruchteilen kapiere ich: Justin, ein begabter Torschütze mit verdammt kräftigem Schuss, hat mir gerade den steinhart aufgepumpten Fußball direkt in den Magen geschossen.

Da kommt er auch schon schuldbewusst und verschwitzt angetrabt und fragt, ob alles okay sei. »Jachkrchz«, röchle ich und bemühe mich um Fassung, und um Atemluft. Der Viertklässler wirkt ehrlich erschrocken, und auch die anderen Kinder stehen versteinert um mich herum. Sie befürchten sichtlich, dass ich in den nächsten Augenblicken umfallen oder gar ganz dahinscheiden könnte. Ich will aber nicht, dass sie sich ängstigen, schließlich war der Schuss keine Absicht. Deshalb grinse ich nach ein paar Momenten schief und krächze: »Alles okay, es geht schon wieder …«, bevor ich gebeugten Schritts zu den Tribünen gehe, um mich mal kurz hinzusetzen. Wirklich ein gelungenes Fest. Und das Wetter war ja auch so schön.

Am nächsten Morgen schicke ich die allmählich hereintröpfelnden Kinder erst einmal allesamt nach hinten in den Stuhlkreis.

Nach der Begrüßung wandert der abgegriffene Leo Lausemaus von Hand zu Hand, und wir legen alle noch mal unsere Erlebnisse, Eindrücke und Erfahrungen zusammen. Wir ziehen eine positive Bilanz, denn fast allen Kindern hat der Tag viel Spaß gemacht (besonders gut war übrigens das Büfett angekommen). Ich kündige noch kurz an, dass es übermorgen in der Pause eine Siegerehrung im großen Kreis geben wird, bei der die Urkunden verteilt werden. Dann komme ich zur Sache.

»Es gibt ein Kind hier in unserer Runde, dem hat der Tag gestern nicht so viel Spaß gemacht«, sage ich. Weil ich Mirco nicht bloßstellen will, nenne ich keinen Namen. Ich frage in den Kreis, wie es sich wohl anfühlt, wenn man bei einem Spiel kein einziges Mal mitmachen darf, nur weil alle finden, man könne das nicht gut genug. Betretene Blicke bei denen, die wissen, worum es geht. Aber auch die anderen sind still; jedes Kind weiß, wie es sich anfühlt, ausgeschlossen zu werden.

»Aber … wir hätten sonst verloren!«, bricht es schließlich aus Fedor heraus, der im Verein ist und deshalb gut Fußball spielt. Und zwei, drei andere fallen zustimmend ein. Die kleine Widerstandstruppe ist total davon überzeugt, richtig gehandelt zu haben. Mitgefühl: null. Offenbar sind sie vom Bundesligasyndrom befallen, denn auch dort wird bekanntlich jeder sofort geschasst, der nicht die gewünschte Leistung bringt.

Ich frage mich langsam, ob der Fernsehfußball wirklich so harmlos ist, wie es mir bisher immer erschien. Tatsächlich geht es bei den großen Vereinen ja nicht um Sportsgeist, sondern ums Geld, um Werbeeinnahmen und Prestige. Aber nicht nur hier. Nicht wenige Eltern beklagen, dass schon im örtlichen Fußballverein die Leistung oft mehr zählt als der Teamgeist, und zwar schon bei den Jüngsten. Wer hier nicht »abliefert«, wird vom Trainer oft nicht sehr wohlwollend behandelt und bekommt irgendwann auch signalisiert, dass er durchaus verzichtbar ist. Und solche Botschaften der Erwachsenen kommen an

– auch schon bei den Kindern. Die jungen Fußballfans lernen, dass es normal und völlig legitim ist, Einzelne für den Spielsieg zu opfern. Diese Haltung aber schlägt sich, wie wir es gestern beim Fest erlebt haben, erschreckend konkret auch im Alltag der Kinder nieder. Und dann wird es da draußen wieder ein bisschen kälter, lieb- und mitleidsloser.

Wie kann ich da gegensteuern? Ich erkläre leicht entmutigt, dass es beim Sportfest, wie der Name schon sagt, in erster Linie ums Feiern und Fröhlichsein gehen sollte, und dass so ein Fest nur dann ein Erfolg ist, wenn jeder mitmachen und Spaß haben darf. Zumal es bei dem abschließenden Fußballturnier ausnahmsweise mal nicht um Tabellen und Urkunden geht, sondern das Ganze eher inoffiziellen Charakter hat. Während ich jedes Kind nacheinander eindringlich anschaue, sage ich noch, dass es eine Klassengemeinschaft doch überhaupt erst ausmacht, dass man zusammenhält und niemanden ausschließt.

So langsam fällt der Groschen, ich sehe es an den Gesichtern. Ein, zwei Kinder nicken. »Ihr seid als Klasse nämlich auch ein Team, und zwar ein tolles! Und da zählt jeder Einzelne!«, schließe ich meinen Vortrag ab und hoffe, dass wenigstens ein klein wenig von meiner Ansprache hängen bleibt. Sicher bin ich mir da nicht.

Doch *eine* unerwartete gute Folge hat die ganze Sache immerhin schon jetzt: Mirco ist nach dem Sportfest wie verwandelt. Seit er sich in der Stunde der Not von mir hat trösten lassen und ich die anderen Jungs zur Räson gerufen habe, hat er zum ersten Mal seine Maske aus gespielter Arroganz fallen lassen und Vertrauen gefasst. Die spöttische Art, der seltsam starre, herausfordernde Blick sind wie weggeblasen. Mirco sieht mich offen an, und er macht im Unterricht auf die selbstverständlichste Weise mit, so als sei das nie anders gewesen. Er kommt – und das sehe ich als echtes Kompliment für mich – auch gar nicht auf die Idee, ich könnte ihm vielleicht etwas nachtragen, weil wir beide monatelang eine wirklich schwierige Zeit miteinander hatten. Auch in den Pausen kommt er jetzt öfter einfach so zu mir, um mir ein neues Technikspielzeug zu zeigen oder etwas aus seiner Freizeit zu erzählen. Ich komme aus dem Staunen nicht mehr heraus. Es geschehen eben auch im Lehreralltag noch kleine Wunder.

21.

Die Mathematik der Gefühle

»Ihre Seelen wohnen im Haus von morgen, das ihr nicht besuchen könnt, nicht einmal in euren Träumen«, schreibt Khalil Gibran ebenso romantisch wie wahr in seinem berühmten Gedicht »Eure Kinder«.[27] Okay, manchmal frage ich mich schon, was für ein Haus das bei manchen Kindern wohl sein wird, und öfter ertappe ich mich dabei, dass ich da für einige ziemlich schwarz sehe. Zumindest, wenn ihre Entwicklung weiter so verläuft wie bisher. Einige Kinder sehe ich später eher im Jugendknast als im lichten, hoffnungsfrohen »Haus von morgen«. Habe ich das jetzt wirklich gesagt? Da muss ich mich kurz mal selbst zurückpfeifen. Schließlich erlebe ich auch an der Schule immer wieder etwas, was ich aus meiner Erfahrung als Mutter längst weiß: wie stark Kinder sich verändern und entwickeln können.

Wir Erwachsenen neigen oft dazu, Kinder sehr statisch zu sehen. Sogar unsere eigenen. Wir glauben zum Beispiel, dass unser Kind eben eher schüchtern oder zurückhaltend sei, oder umgekehrt, dass es quirlig, unruhig oder widerborstig sei und auch bleiben werde. Doch das stimmt oft nicht die Spur. Kinder haben ein ungeheures Entwicklungspotenzial und können sich sehr verändern, in jeder Hinsicht. Und zwar weitaus stärker, als wir Erwachsenen es ihnen zutrauen.

Das gilt auf vielen Ebenen: Aus schüchternen Grundschulkindern werden selbstsichere Teens, wie ich bei meiner eigenen Tochter erleben konnte. Aus verträumten Erstklässlern werden konzentrierte Drittklässler, aus jungen Rabauken werden empathische Kinder, die sich für andere einsetzen, aus Konsumkids können Kämpfer für den Klimaschutz werden, und aus Spätentwicklern eines Tages Herzchirurginnen. Es ist deshalb wichtig, dass wir Eltern und Lehrer einem Kind nicht vorschnell einen Stempel aufs Haupt knallen, weil wir zu wissen glauben, wie es ist und bleiben wird.

Das gilt natürlich umso mehr für Kinder, bei denen eher unerwünschte Eigenschaften dominieren. Damit unsere negativen Etiketten fürs Kind nicht zur *self-fulfilling prophecy* werden, müssen wir immer wieder einen Schritt zurücktreten und jedes Kind noch mal ganz neu anschauen. Ein bisschen wie ein Maler, der ein Bild nur mit etwas Abstand in der Gesamtperspektive richtig gut einschätzen kann. Oder es sogar vor den Spiegel hält, um seinem Gehirn durch das Seitenverkehrte noch einmal einen ganz neuen Eindruck zu ermöglichen.

Wenn auch wir öfter so einen Perspektivwechsel schaffen, können wir positive Seiten am Kind entdecken, die wir vorher übersehen haben, zum Beispiel aus Ärger über weniger angenehme Eigenschaften. Ganz nebenbei werden wir dabei feststellen, dass kein Kind nur eine einzige, durchgängige Persönlichkeit hat, sondern – wie jeder Mensch – hochkomplex ist und aus einer Vielzahl von Persönlichkeitsanteilen besteht. Von denen manche eben noch schlummern und darauf warten, hervorgelockt zu werden, damit weniger günstige wieder in der Versenkung verschwinden können.

Denn ein Kind, von dem vorwiegend Schlechtes erwartet wird, bedient – aus Trotz und weil es selbst nicht mehr an Veränderung glaubt – diese Erwartung leider oft auch zuverlässig. Nach dem Motto: Wenn die mich eh schei… finden, dann zeige ich denen doch mal, wie schlimm ich wirklich bin!

Natürlich gilt das Umgekehrte ebenso: Wer als Lehrer genervt ist von einem Kind, erwartet von ihm auch kaum noch etwas Gutes. Denn der gemeine Feld-, Wald- und Wiesenlehrer ist auch nur ein Mensch, und wenn er die Nase voll hat, bekommt er leicht eine selektive Wahrnehmung: Es fallen ihm dann nur noch die negativen Verhaltensweisen auf. Das Ganze nennt man wohl ein Nullsummenspiel, oder um es einfacher auszudrücken: Da beißt sich Leo Lausemaus in den Schwanz. Und das ist Mist, so rein pädagogisch gesehen.

Wie wichtig ein tagesfrischer Blick ist, sehe ich auch daran, wie unterschiedlich die Kolleginnen und ich manchmal ein und dasselbe Kind einschätzen. So wundere ich mich aufrichtig, dass Annegret mit dem hochauffälligen Dennis so geduldig und nachsichtig ist und sich sein völlig gestörtes Verhalten immer noch irgendwie schönreden kann. Mir selbst geht der Drittklässler schwer auf den Senkel. Zwar habe ich auch Mitgefühl mit ihm, denn kein Kind ist schließlich grundlos oder gar gern verhaltensauffällig. Doch es gelingt mir trotzdem nicht, wahnsinnig viele beglückende Eigenschaften an ihm auszumachen. Die geduldige Annegret hingegen findet, dass sein Verhalten absolut entschuldbar sei. Er habe es eben schwer zu Hause. Und er fühle, dass sie ihn wirklich, wirklich möge. Er vertraue ihr, und darauf sei sie stolz, das habe nämlich lange gedauert. »Und außerdem hat er sich schon gebessert.« Ich frage mich nur fröstelnd, wie er dann wohl vorher war.

Umgekehrt verstehe *ich* wiederum nicht, warum sogar die eigene Klassenlehrerin mit Annika (dem lernbehinderten Mädchen) oft in gereiztem und unfreundlichem Ton sprach, als wir gemeinsam unterrichteten, bevor sie zur Kur fuhr. Denn das Mädchen leidet ganz offensichtlich sehr unter seinen Defiziten. Es versteht nicht, was mit ihm los ist. Wieso die anderen sich scheinbar so leichttun mit den Aufgaben, die es selbst nicht begreift. In der Klassengemeinschaft ist Annika einsam und ohne echte Freunde.

Sie saugt jede Form von Zuwendung förmlich auf. Und wenn sie für uns Lehrer manchmal anstrengend ist, dann weil sie zunächst nicht reagieren *kann*, wenn sie direkt angesprochen wird. Ihre Augen schweifen ab, sie ist erst nach zwei oder drei weiteren Anreden in der Lage, überhaupt aufzunehmen, was man gerade zu ihr sagt. Manchmal gibt sie auch freche oder bockige Antworten, aber ist es nicht völlig offensichtlich, dass sich hier lediglich seit Langem erlittene Ablehnung und Frustration Bahn brechen? Ich finde jedenfalls, es ist ein Wunder, dass ihr Verhalten überhaupt einigermaßen pflegeleicht und nicht viel auffälliger ist.

Manchmal ist es ganz offenbar einfach eine Frage der Chemie, wie man als Lehrer einen Schüler wahrnimmt oder mit ihm zurechtkommt. Ich weiß nicht, wieso, aber ich komme perfekt klar mit Emre, einem großen und etwas pummeligen deutsch-türkischen Jungen. Die Kolleginnen beklagen, dass er einer der schwierigsten Kandidaten sei, aggressiv, ein Dauerstörer, mit dem sie sich ununterbrochen anlegen müssten. Ich wundere mich ehrlich, als ich das höre. So habe ich ihn gar nicht erlebt. Ich brauchte mit Emre nur in den ersten Stunden ein, zwei harmlose Scharmützel auszufechten, und gut war's. Das hat nichts damit zu tun, dass ich mehr Autorität hätte, denn oft ist ja noch eher das Gegenteil der Fall. Aber zwischen uns gibt es einfach keine fühlbaren Spannungen. Emre wirkt auf mich wie ein gemütlicher, zahmer Bär, der gar keine Lust hat, die Krallen auszufahren, weil das so anstrengend ist. Er ist nicht gerade ein Ass in der Schule, um es mal diplomatisch auszudrücken. Aber er macht mit und bittet treuherzig um Hilfe, wenn er nicht weiterkommt – was brauche ich als Lehrkraft mehr, um glücklich zu sein?

Weil unsere Wahrnehmung oft so unterschiedlich ist, wäre es doch eine gute Idee, als Kollegium in trauter Runde und bei einem Käffchen regelmäßig über alle Kinder zu sprechen. Also nicht nur bei der Zeugniskonferenz und immer über dieselben Problemkandidaten. Wir könnten vorher auch beschließen, dieses Brainstorming vor allem zu den *guten* Eigenschaften eines Kindes zu machen. Einfach, um das Bild, das alle von einem bestimmten Mädchen oder Jungen haben, weniger schwarz-weiß ausfallen zu lassen, sondern vielschichtiger und bunter zu gestalten. Und um auch wieder bewusster auf die Stärken eines Mädchens oder Jungen zu achten und diese im Alltag besser würdigen und fördern zu können.

Wenn jeder Lehrer aufgefordert wird, auch nur eine einzige gute Eigenschaft, besondere Fähigkeit oder wenigstens ein Hoffnung stiftendes Verhalten zu benennen, macht die Summe dieser unterschiedlichen Eindrücke das Bild, das alle von diesem kleinen Menschen haben, vollständiger und positiver. Denn das Unerwünschte und Negative springt uns bekanntermaßen immer viel leichter an als das Gute.

Doch solange wir zu wenige Lehrer sind, ist im Alltag kaum Muße für so etwas. »Es gibt schließlich kaum noch Entlastungsstunden«, gibt Victoria zu bedenken. Sie meint solche Stunden, in denen ein Lehrer nicht unterrichtet, sondern weitere wichtige Aufgaben im Schulalltag übernimmt, wie etwa die Betreuung der Bibliothek, die Erstellung von Vertretungsplänen oder des Jahresberichts, oder auch die Planung von Ernährungs- oder

Konfliktvorbeugungsprogrammen. »Diese Stunden könnte man gut für so etwas nutzen, aber die müssen wir im Moment ja alle im Unterricht verbraten, weil wir nicht genug Lehrer sind«, klagt Victoria.

Jedenfalls sind die Emotionen zwischen Lehrkräften und Schülern oft ganz schön kompliziert. Sie ähneln Gleichungen mit mehreren Unbekannten, und sie gehen noch dazu oft nicht auf, sondern hinterlassen nur Ratlosigkeit. Heute Vormittag sind zwei Lehrer der Sekundarschule bei uns im Klassenzimmer. Weil mehr als ein Drittel der Viertklässler nach den Sommerferien auf diese Schule wechseln wird, sind ein Lehrer und ein Schulsozialarbeiter von dort bei uns zu Besuch, um ihre zukünftigen Schüler schon mal ein bisschen kennenzulernen.

Im Morgenkreis stelle ich sie vor, und sie erzählen, was die neue Schule alles zu bieten hat. Danach beantworten sie Fragen, stellen auch selbst welche und unterhalten sich zwanglos mit einzelnen Kindern. Später schauen sie von den hinteren Bänken aus noch eine Weile dem Unterricht zu, um einen ersten Eindruck vom Verhalten und Wissensstand ihrer Schützlinge in spe zu bekommen. Der Sozialarbeiter der Sekundarschule ist ein mittelalter, hagerer Mann mit langem Haar und dem etwas ungezähmten Habitus eines Streetworkers. Offenbar hat dieses Gesamtpaket schon bei den noch ganz jungen Vertretern des schönen Geschlechts eine gewisse Wirkung. Zunehmend irritiert beobachte ich Kira. Die voll entwickelte Zwölfjährige, die aussieht wie 15, legt seit ein paar Minuten ein seltsames Verhalten an den Tag.

Zuerst lässt sie ihren Oversize-Pulli wie unbeabsichtigt von der Schulter rutschen, bis man vorne ihren BH herausspitzen sieht. In den nächsten Minuten rutscht der Pulli auch noch von der anderen Schulter so weit in die Tiefe, dass sie – mitten im kalten April – fast nur noch im Spaghetti-Top im Klassenzimmer sitzt. Dann fasst sie sich mit beiden Händen ins Haar und biegt sich dabei auf ihrer Stuhllehne extrem nach hinten, wobei sie noch mehr BH samt Busen präsentiert. Dabei wirft sie dem Sozialarbeiter schmachtende Blicke unter halb geschlossenen Lidern zu, als hätte sie sich diese Pose in irgendeinem Pin-up-Kalender abgeschaut.

Das Objekt ihrer Schmachterei bleibt professionell, reagiert null auf ihr Balzverhalten und ignoriert sie völlig. Doch mir reicht es jetzt. Schließlich ist Kira nicht 20, sondern erst zwölf. Und ich kann mir nicht mehr länger einreden, dass ihre seltsamen Verrenkungen bestimmt nur Zufall sind.

»Kira, zieh dich wieder richtig an, es ist kalt!«, zische ich ihr zu. Ertappt zuckt sie zusammen, wirft mir einen finsteren Blick zu und zieht knurrend und maulend den Pulli wieder rauf.

In der Pause erzähle ich meiner erstaunten Kollegin Victoria von Kiras arg frühreifem Flirtverhalten, und wir kommen wieder mal seufzend zu dem Schluss, dass »Kinder« wie Kira längst nicht mehr auf die Grundschule gehören. Zu groß ist die Diskrepanz zwischen den »richtigen« Kindern der Klasse, die noch mit Transformer- und Barbiepuppen spielen, und den Schon-fast-Jugendlichen, die längst anfangen, für Jungs (oder gar Lehrer) zu schwärmen.

Kira ist nicht die Einzige, die schon von den verwirrenden Untiefen der Pubertät mitgerissen wird. Auch Joanna erzählt mir unter dem Siegel der Verschwiegenheit, dass sie nicht nur bereits seit einem Jahr ihre Tage hat, sondern seit Kurzem auch schon mit einem Jungen geht. Ähnliches deutet mir auch Melina stolz an und zeigt mir ein silbernes Herzkettchen, das ihr Angebeteter ihr verehrt hat.

Ich überlege, ob ich das alles überhaupt wissen will. Es wäre stark untertrieben zu sagen, dass das Ganze für mich ziemlich gewöhnungsbedürftig ist. Ich meine, wir reden doch hier immer noch von Viertklässlern. Grundschulkinder und ihre Probleme hatte ich mir irgendwie ganz anders vorgestellt …

Wo wir gerade von Gefühlen sprechen. Derzeit lerne ich auch, dass es da etwas gibt, was für die Kommunikation zwischen Lehrkraft und Schülern extrem wichtig ist und was man zugleich auf keiner Uni lernen kann: nämlich das Bauchgefühl. Die Intuition und der sichere Instinkt wissen oft mehr als der Kopf, und ich brauche diese Skills fast täglich. Denn vieles, wenn nicht sogar das meiste, was sich zwischen Menschen abspielt, läuft nicht über Worte, sondern über die Körpersprache. Wenn sich zum Beispiel Lea weigert, mit ihrem Arbeitsblatt anzufangen, und mir bockig in die Augen starrt, dann ist es entscheidend, dass ich den Blick nicht senke. Ich schaue sie geradeheraus an, bis sie es ist, die schließlich wegsieht. In der Regel braucht es jetzt nur noch ein energisches »Lea, du weißt, wie du die Aufgabe angehen musst?«, damit sie murrend anfängt. Denn den kleinen Machtkampf, um den es ihr eigentlich ging, haben wir längst nonverbal geklärt.

Solche kleinen Kraftproben passieren oft ganz unterschwellig, und manchmal ist es nicht einmal den Kindern gänzlich bewusst, dass sie etwas austesten. Gerade gehe ich kurz durch den Klassenraum, um ein paar Materialien zu holen, denn gleich fängt der Unterricht an. Mitten im Weg steht aber eine Dreiertruppe Jungs und quatscht. Ich muss durch, weil der Gang nur schmal ist, aber niemand macht Anstalten, ein bisschen zur Seite zu gehen. Und das ist kein Versehen: Jeder der drei hat mich längst gesehen. Man rührt sich aber erst mal nicht vom Fleck, soll die Kuhn doch zusehen, was sie macht. Während die Kids weiteralbern, beobachten sie mich ganz beiläufig aus den Augenwinkeln. Ich bremse nicht die Spur ab und nehme auch keinen Umweg um die Bänke, sondern gehe forsch direkt auf sie zu. Bald bin ich sehr dicht vor ihnen und berühre sie fast. Ich schaue sie nachdrücklich an, und die jungen Widerstandskämpfer trollen sich von selbst zur Seite.

Vielleicht werden Sie jetzt sagen: »Aber sie hätte doch ruhig ausweichen können.« Zu Hause hätte ich das auch gemacht, anstatt wie ein Schneepflug durch spielende Kinder zu rauschen. Aber in der Schule ist eben doch manches anders als zu Hause, hier muss ich deutlich sichtbare Leuchtsignale setzen, wenn ich meine Autorität erhalten will. Kluge Verhaltensbiologen wissen es längst: In solchen und ähnlichen kleinen Szenen gelten noch uralte, stammesgeschichtliche Gesetze, und zwar bei kleinen wie großen Menschen. Man nennt das Territorialverhalten, und dieses klärt, wer in einem bestimmten Raum dominiert.[28] Wer als Autoritätsperson in so einer Situation zu oft ausweicht, erkennt an, dass der andere in diesem »Territorium« das Sagen hat. Würde ich als Lehrerin bei solchen Blockaden allzu bereitwillig Slalom laufen, würde dies von den Kindern als Schwäche interpretiert, ohne dass sie darüber überhaupt groß nachdenken müssten.

Hier läuft also eine lebhafte Unterhaltung ganz ohne Worte ab, und diese Sprache muss eine Lehrkraft instinktsicher nutzen, wenn sie ihre mühsam errungene Autorität erhalten will. Letztere ist nämlich kein Selbstzweck, sondern sie macht das Unterrichten in einer Klasse, die es täglich aufs Neue wissen will (und zwar so was von), überhaupt erst möglich.

Die Kommunikation ohne Worte entfaltet aber auch auf anderer Ebene große Wirkung. Zum Beispiel beeinflusst meine eigene Laune sofort auch die Stimmung der gesamten Klasse. Noch ehe ich morgens auch nur ein Wort gesagt habe, wittert die Klasse längst, wie ich an diesem Tag drauf bin. Quäle ich mich schlecht gelaunt und gegen einen inneren Widerstand ins Klassenzimmer, ist die Atmosphäre im Raum schnell zum

Schneiden voll mit negativer Energie. Die Kids werden lustlos, miesepetrig, laut und machen kaum mit.

Bei meiner Stellenbeschreibung gehört also die Pflicht zu guter Laune dazu. Ich muss möglichst fröhlich, optimistisch, ermutigend und locker sein. Für eine Quereinsteigerin, die eher mit Überleben beschäftigt ist, ist das in etwa so einfach, wie kurz vor einem Bungeesprung noch schnell fürs Publikum zu jonglieren und dabei Witzchen zu erzählen. Gekünsteltes Sichverstellen aber klappt nicht, es wird von den Kindern in Sekundenschnelle durchschaut. Deshalb muss ich ständig eine Art Psychohygiene betreiben: muss darauf achten, dass ich positiv gestimmt bleibe, muss schlechte Gefühle bei mir selbst wahrnehmen und dafür sorgen, dass sie keine Wurzeln schlagen können. Ich lerne, Stress, Frust oder Müdigkeit draußen vor dem Schultor abzustellen, wo sie sowieso geduldig auf mich warten, bis ich wieder rauskomme. Denn in einer Gruppe wie unserer, die jeden Tag so viele Stunden miteinander verbringt, wirkt jeder Teil unmittelbar auf jeden anderen. Ändere ich mein Verhalten, reagiert automatisch die ganze Gruppe anders, nichts passiert hier losgelöst – im Guten wie im Schlechten.

Der Montagmorgen ist in Sachen Laune immer eine besondere Herausforderung. Wir hängen wieder mal mehr oder weniger aufrecht im Morgenkreis herum und gähnen. Die Kinder sind zwar körperlich anwesend, aber mit dem Kopf stecken sie noch im Wochenende und ihren Erlebnissen, ich übrigens auch. Jetzt auf Schule umzuswitchen, fällt uns allen schwer. Aber ich kann mir die Lustlosigkeit nicht leisten – wegen der Spiegelneuronen, Sie wissen schon: Bin ich schlapp und lustlos, sind's auch die Kinder. Nebenan höre ich eine übermotivierte Kollegin schon fröhlich auf ihrer Gitarre klampfen und samt ihrer singenden Kinderschar den jungen Morgen bejubeln. Also, die geht mir gerade echt auf die Ketten. Die hat doch was eingeworfen, oder wieso ist sie jetzt schon so gut drauf? (Und warum kann *ich* eigentlich nicht Gitarre spielen?) Okay, es hilft ja nichts, ich muss hier jetzt auch mal zu Potte kommen in Sachen Motivation und so.

Immerhin kenne ich ein paar Rhythmus- und Klatschspiele. Um uns alle wach zu kriegen, singe ich mit der Klasse erst einmal das sinnfreie Lied »O alele, a meri tiki tomba«, das irgendwie ein bisschen ethno klingen soll und das ich noch aus meiner Kindheit kenne. Danach klatschen wir die »Zwei Elefanten, die sich gut kannten«. Die hatten bekanntlich »vergessen, ihr Frühstück zu fressen«, bestehend aus Spaghetti. Also das ist doch endlich mal ein korrektes Frühstück, finden die Kinder einhellig. Für solche Quatschlieder ist die Bande jedenfalls immer zu haben, und ich animiere sie, auch richtig schön laut zu singen. Soll die Kollegin nebenan ruhig hören, dass wir genauso exorbitant viel Spaß zu dieser frühen Stunde haben wie ihre Truppe.

Meine eigene Grundschullehrerin fand es damals übrigens opportun, morgens erst mal stimmkräftig den »Jäger aus Kurpfalz« zu bemühen, der das Wild gern »daherschießt, wie es ihm gefällt«. Also, deutsches Liedgut in Ehren, aber das ginge heute, im Zeitalter der wachsenden Veganerfraktion, echt gar nicht mehr. Auch damals fand ich das Lied ehrlich gesagt schon schei…, denn was genau soll am Amoklauf dieses Jägers, der wahllos die Tiere im Wald abknallt, gute Laune machen? Aber man war da wohl noch etwas rustikaler in der Pädagogik, und die Sache mit der Rücksicht auf die kindlichen Gefühle stand irgendwie auch noch nicht so im Fokus.

22.

Im Zentrum der Macht: Innenansichten der Zeugniskonferenz

Meine erste Zeugniskonferenz steht an. Endlich werde ich erfahren, über was da so geredet wird. Denn das habe ich mich oft gefragt – sowohl als Kind wie auch später als Mutter. Wird dort eigentlich jedes Kind einzeln durchgekaspert? Und wie ist wohl die Stimmung, wird vielleicht auch Dampf abgelassen und kräftig über Kinder und Eltern gelästert?

Die Konferenz wird den ganzen Tag dauern, was die Schüler sehr freut, denn sie haben heute frei. Wir dagegen möchten die Arbeit an diesem Tag nicht länger als nötig unterbrechen. Deshalb haben wir schon am Vortag beim Pizzaservice bestellt. Viel verdient der allerdings nicht an uns, denn wir sind in dieser Runde heute nur Frauen, und das bedeutet: Fast alle bestellen Salat. Es ist ein bisschen wie bei den Elternstammtischen in den Klassen meiner Kinder, zu denen wir uns ab und zu im Restaurant treffen, um Sommerfeste oder Adventsbasare zu planen.

Auch bei diesen Treffen lächeln die Gastwirte nur säuerlich, wenn die Eltern eintrudeln, denn sie wissen längst: In diesen Runden wird zu 90 Prozent Mineralwasser bestellt, und ein warmes Essen wählt so gut wie nie jemand.

Irgendwie scheint es die Political Correctness bei solchen Anlässen zu verlangen, dass man weder genießt noch schlemmt. Es gilt offenbar, den Anschein zu erwecken, als lebe man nur von Luft, Sport und Sprudel, was wohl wahnsinnig diszipliniert wirken soll. Dementsprechend langweilig sind die Stammtische denn auch. Sie erinnern mich stark an die schier endlosen Ausschusssitzungen zu Abwasser- und Kanalgebühren, auf denen ich mir in meinen Zeitungsjahren oft die Abende um die Ohren schlagen musste.

Beim letzten Elternstammtisch habe ich – eine kleine Anregung, falls es Ihnen ähnlich geht – die Sache ungewollt ein bisschen aufgelockert. Es war schon Spätherbst und sehr kalt. Als ich durchgefroren in die Gaststätte kam, war von den anderen Müttern und Vätern noch niemand da. Ich habe mir dann erst mal einen Tee mit Rum bestellt, zum Aufwärmen von Körper und Seele. Tee ist nämlich politisch korrekt, und den Rum sieht man zum Glück nicht. Ich genoss es, wie die Wärme sich langsam in meinem Bauch ausbreitete. Allmählich trafen weitere Eltern ein. Eine andere Mutter sah meinen heißen »Tee« und sagte zum Kellner, sie hätte gern dasselbe. Auch sie bekam also einen Tee mit Schuss, und zwar mit einem durchaus großzügigen. Nach dem ersten Schluck riss sie überrascht die Augen auf und sah freudig zu mir rüber. Wir prosteten uns unauffällig mit unseren Tassen zu und grinsten. Noch ein paar weitere Mütter und Väter schlossen sich mehr oder weniger ahnungslos der Grogfraktion an, und ja, der Abend fiel dieses Mal deutlich lebhafter aus als sonst.

Doch zurück zur Zeugniskonferenz. Ich muss gestehen: Als Debütantin will ich hier denn doch nicht die Einzige sein, die sich eine soßentriefende Lasagne reinschlabbert, und entscheide mich ebenfalls für einen frugalen Rucolasalat mit Tomaten. Als ich am nächsten Morgen in die kleine Aula komme, haben die Kolleginnen schon mal ein Hufeisen aus Tischen gebaut, vorne wird gerade der Beamer aufgestellt. Überall sitzen Grüppchen aus zwei bis drei Frauen, dazwischen sind immer einige Stühle leer. Auf den Tischen stehen Teller mit Snacks, um einer Unterzuckerung während der anstrengenden Zusammenkunft vorzubeugen: Nüsse, Schokolade, Flips, Trockenobst.

Wo soll ich mich hinsetzen? Alle sind ins Gespräch vertieft, ich werde nicht groß beachtet. Links sitzen die beiden Kolleginnen der »Wir sind absolut gegen Seiteneinsteiger«-Fraktion, dort lasse ich mich also lieber nicht nieder. Rechts sehe ich ein paar ältere Lehrerinnen kurz vor dem Ruhestand, die sich seit Jahrzehnten kennen und tief in ein Dreiergespräch versunken sind, das passt irgendwie auch nicht. Ein Stück weiter sitzen zwei enge Freundinnen, auch da will ich nicht gern das fünfte Rad am Wagen sein. Ich beschließe, dass ich mich nicht unbedingt zu anderen dazusetzen muss, sondern es sicher auch ein Zeichen von Selbstbewusstsein ist, mich irgendwo allein niederzulassen.

Als wir fast vollzählig sind, sagt Selma, eine der »alten Häsinnen« der Schule, plötzlich: »Mensch, wenn ich jetzt so in die Runde gucke … Wisst ihr noch? Vor ein paar Jahren waren wir fast doppelt so viele!« Ein paar andere Kolleginnen, die auch schon lange an der Schule sind, murmeln zustimmend. »Eigentlich hätten wir nur die Hälfte der Tische gebraucht, ich hab' die einfach aus Gewohnheit so aufgebaut«, meint Yvonne, der auch gerade erst bewusst wird, wie sehr die Runde durch den Lehrermangel inzwischen ausgedünnt ist.

Ein paar Augenblicke später trifft auch Rektorin Birgitta ein, sieht mich auf meinem einsamen Posten und setzt sich – offenbar zu Integrationszwecken – neben mich. Das finde ich zwar nett, aber nicht unbedingt entspannend. Doch egal, es geht sowieso gerade los. Mehrere Frauen haben offenbar Referate vorbereitet. Karin fängt an und spricht über die häufig auftretende Paarung von ADHS und Legasthenie, und darüber, wie man Aufgaben und Materialien so gestalten kann, dass die betroffenen Kinder besser zurechtkommen. Sie hat aktuelle wissenschaftliche Literatur ausgewertet und eine Power-Point-Präsentation mitgebracht.

Das Erste, was ich also lerne: Eine Zeugniskonferenz ist immer auch eine kleine Fortbildung. Und dieser Begriff ist ziemlich weit gefasst. Nach mehreren weiteren Kurzvorträgen wird es nämlich erst einmal spielerisch: Wir sollen neue Lernspiele selbst ausprobieren, bevor wir sie in der Klasse anwenden. Och nee, bitte nicht! Doch es gibt kein Entkommen. Zuerst geht es um die Silbentrennung. Hoffentlich filmt niemand mit versteckter Kamera, wie ich mit der Rektorin eine Zweiergruppe bilde und wir bei jeder Silbe froh in die Hände klatschen und einmal hochhüpfen. Mit diesem Video wäre ich ein Leben lang erpressbar. Ich kann nicht glauben, was ich hier gerade mache, und versuche zugleich krampfhaft, so zu wirken, als ob ich das Ganze ebenso natürlich fände wie die unbeschwert hüpfenden Kolleginnen. Irgendwie sind »echte« Lehrerinnen doch noch eine andere Liga als ich, und das meine ich durchaus neidisch. Werde ich jemals dazugehören?

Ich werde erst wieder ein bisschen lockerer, als eine der Frauen halb ratlos, halb amüsiert erzählt, eine ihrer Schülerinnen habe leider so gar kein Gefühl für Silbentrennung: Neulich habe das Mädchen beim Wort »Eichhörnchenfutter« nur einmal geklatscht – am Schluss des Worts.

Nach diversen weiteren (und nicht minder peinlichen) Spielen steht erst mal eine wohlverdiente Kaffeepause an, endlich! Ich biete an, frischen Kaffee zu kochen, und gehe ins Lehrerzimmer. Wo war noch mal das Kaffeepulver? Ich mache ein paar Schränke auf und finde in einer dunklen Ecke eine angebrochene Packung. Ich werfe gleich zwei Kaffeemaschinen an und warte, bis das Heißgetränk durchgelaufen ist. Wohlwollend schauen die Kolleginnen auf, als ich mit den vollen Kannen erscheine, und kommen auch gleich mit ihren Tassen herbeigeeilt. Ausgerechnet Alina vom Aktionsbündnis »Quereinsteiger raus!« nimmt den ersten Schluck. Und verzieht sofort das Gesicht. Das hat offenbar ausnahmsweise mal nichts mit mir zu tun, denn auch weiteren Frauen entgleiten nach dem Trinken die Gesichtszüge. Was ist da los? Ich schaue ratlos in die Runde. »Boah, was ist denn DAS?« fragt die erste, nachdem sie mühsam geschluckt und sich wieder gefasst hat, und alle fangen laut an zu rätseln, wieso das Getränk so grauenvoll schmeckt. Ich bin verwirrt und probiere auch. Stimmt, das ist kein Kaffee, sondern eine Katastrophe.

Ich gehe kurz zurück ins Lehrerzimmer und hole die Packung. »Kaffee mit Kirscharoma« steht da drauf, was ich im dunklen Schrank nicht gesehen habe. Wir rekonstruieren die Sache. »Der ist doch uralt. Den hat vor Jahren mal eine Praktikantin mitgebracht, und er schmeckte so furchtbar, dass wir ihn nie wieder aufgemacht haben«, erinnert sich Inge irgendwann. Zehn Augenpaare gucken mich missbilligend und vom Koffein-Entzug erschöpft an. Kann die Neue nicht mal Kaffee kochen, der genießbar ist?

Verdammt, das war wohl nix. Anschließend steht Didaktik auf dem Programm, also die Kunst der spannenden und verständlichen Vermittlung des Lernstoffs. Wir sammeln auf großen Plakaten Ideen, wie man Kindern in Deutsch, Mathe oder im Sachunterricht auch knifflige Themen leichter begreiflich machen kann. Jeder schreibt ein passendes Spiel oder auch eine Idee fürs Arbeitsmaterial auf. Dieses Brainstorming ist sehr bereichernd, gerade ich als »Frischling« bekomme viel neuen Input. Trotzdem werde ich langsam ungeduldig: Wann endlich geht es denn nun um die Kinder und die Zeugnisse? Erst mal nähert sich jetzt der Mittag und mit ihm die Pause. Kurz darauf klingelt es auch schon am Haupteingang, ein junger, ansehnlicher Pizzabote mit einem Riesenstapel Essenskartons schneit herein und wird von der Frauenkompanie euphorisch begrüßt.

Wir ziehen samt der Einwegkartons ins Lehrerzimmer um. Die meisten von uns knabbern politisch korrekt, aber dezent missmutig ihren Salat, der noch dazu ziemlich trocken ist, weil am Dressing gespart wurde. Judith, eine der älteren Kolleginnen, hat das mit der unausgesprochenen Salatübereinkunft nicht mitgekriegt und schneidet mit sichtlichem Unbehagen als Einzige eine dick mit Käse belegte Pizza. Anstatt sie einfach zu genießen, murmelt sie nur peinlich berührt: »Ich hätte besser auch Salat bestellt, so wie ihr …« Ich sage nichts und schiele ein bisschen neidisch auf den golden geschmolzenen Mozzarella. Sie hat's richtig gemacht, finde ich.

Nach dem Essen spendiert noch jemand eine Runde Eis (schließlich dürfen die beim Salat gesparten Kalorien jetzt ruhig ausgegeben werden), und dann endlich wird die Veranstaltung ihrem Namen gerecht: Es geht um die Zeugnisse. Beziehungsweise um die Kinder, die diese Zeugnisse bekommen werden. Da das Sommerhalbjahr zu Ende geht, ist es eine besonders wichtige Konferenz, denn die Versetzung steht bei manchen Kindern akut auf dem Spiel.

Jetzt übernimmt die Rektorin das Zepter: »Wie sieht es bei euch in den Klassen mit Wiederholern aus?« Annegret meldet sich: »Eigentlich müsste Jasmin das Jahr noch mal machen. Aber sie hat in den letzten Wochen richtig Gas gegeben. Ich würde sie gern doch noch mitnehmen in die nächste Klasse«, berichtet sie. »Wir müssten uns dann aber irgendwie einigen, wegen Englisch.« Was sie meint, ist: Englisch unterrichtet sie nicht selbst, sondern eine Fachlehrerin. Und weil Jasmin hier auf Fünf steht und sie bei Annegret in Mathe ebenfalls eine Fünf zu bekommen droht, muss eine von beiden Lehrerinnen ihr noch eine schwache Vier geben, damit sie nicht automatisch die Klasse wiederholen muss.

»Okay, dann kriegt sie von mir eine Gnaden-Vier.« Die Englischlehrerin versteht die unausgesprochene Aufforderung richtig. »Hoffentlich ist das kein Fehler.« Erleichtert nickt Annegret. Und ich staune: Es gibt offenbar einen gewissen Ermessensspielraum in Sachen Ehrenrunde. Ich finde es gut, dass die Lehrerinnen auch positive Entwicklungen berücksichtigen, also das Vertrauen in ein Kind wagen, das gerade auf dem aufsteigenden Ast ist. Jasmin wird versetzt und bekommt eine Chance, auf ihrem guten Weg weiterzugehen.

Nachdem noch kurz über ein paar weitere Kinder gesprochen wurde, die tatsächlich wiederholen müssen, ist das Thema Zeugnisse auch fast schon durch. Wie jetzt – so schnell? Also, ich hatte ja schon irgendwie gedacht, dass zumindest kurz über jedes Kind und darüber, wie es sich so macht, geredet wird. Vielleicht hatte mein mütterliches Ego sich das auch insgeheim ein bisschen gewünscht, schließlich sind meine Kinder ja wohl wichtig. Aber vermutlich wurde auch über sie in all den Jahren während der Konferenzen weder ein lobendes Wort noch ein missbilligendes Räuspern verloren.

Falls also auch Sie sich das immer gefragt haben: Nein, es wird hier bei Weitem nicht über jedes Kind gesprochen. Sondern fast nur über Wiederholungskandidaten. Und natürlich über Kinder mit problematischem Verhalten, doch dazu später.

Zunächst geht es noch um ein paar formale Probleme: Zeugnisnoten werden heute mit einem speziellen Computerprogramm zentral erfasst, das heißt, alle Lehrerinnen der Schule tragen dort die Noten ihrer eigenen Schüler für jedes Fach ein, und die Schulleiterin hat auf diese Weise den kompletten Überblick. Eine ältere Kollegin tut sich damit ziemlich schwer, früher ging das alles handschriftlich. »Ich hab' letzte Nacht schon nicht geschlafen, ich kriege das mit dem Eintragen nicht hin. Der Computer nimmt das nicht an«, klagt sie verzweifelt. Sie will sogar auf den anstehenden Lehrerausflug am nächsten Nachmittag verzichten, um sich noch weiter an den störrischen Dateien abzuarbeiten. Einige andere Frauen bieten halbherzig Hilfe an; eigentlich hat jede schon mehr als genug zu tun, und fast jede hier macht regelmäßig Überstunden. Denn vieles, was Zeit kostet und wofür es früher sogenannte Verfügungsstunden (offiziell »Entlastungsstunden«) gab, findet heute zwischendurch, in der Pause oder gleich in der Freizeit statt. Der Lehrermangel ist so groß, dass man auf keine Lehrerstunde mehr verzichten kann.

»Es gibt kaum noch die Stunden, in denen wir uns um Dinge kümmern können, die nicht direkt mit dem Unterrichten zu tun haben, die aber trotzdem nötig und sehr wichtig sind«, erklärt mir Annegret, und die Kolleginnen nicken resigniert. Wann haben sie also noch Gelegenheit, sich auch mal über neue Lehrmethoden zu informieren, mit Schülern Gewaltpräventionstrainings oder besondere Projekte in Angriff zu nehmen, sich und die Schüler über die Sicherheit im Netz und über Cybermobbing schlauzumachen, besondere Ereignisse wie Klassenfahrten vorzubereiten, die Schulbibliothek zu betreuen oder sich mit der Sozialpädagogin über bestimmte Kinder auszutauschen?

All das muss zusätzlich geleistet werden, ohne dass es auf die Arbeitszeit angerechnet wird. Weil nämlich in NRW pro Stelle und Woche nur noch 0,2 Entlastungsstunden bereitgestellt werden, was nicht zufällig eher wie ein Witz als wie eine seriöse Rechnung klingt. Denn unterm Strich macht das kaum zwei ganze Schulstunden fürs gesamte Kollegium aus – in denen dann aber notgedrungen meist sowieso unterrichtet wird. Klar, dass da vieles flachfällt, was eine gute Schule ausmachen würde, die auf der Höhe der Zeit ist. Stattdessen kann meist nur noch das absolute Pflichtprogramm absolviert werden, wenn überhaupt.

»Werd bloß nicht krank«, ermahnt mich die Konrektorin noch, halb ernst, halb lachend, »denn sonst geht hier gar nichts mehr.« Leicht gesagt bei all dem Stress. Und klappen wird's letztlich auch nicht …

Als Nächstes geht es in unserer Konferenz aber jetzt erst einmal um drei Jungen, die besonders verhaltensauffällig sind und uns das Lehrerleben mit unermüdlichem Einsatz schwer machen. Schon mehrfach haben sich Eltern beschwert, dass ihre Tochter oder ihr Sohn gar nicht zum Arbeiten komme, weil diese Jungen so laut seien. Ich gebe zu: Das stimmt nicht nur, sondern mir würde es als Mutter, rein empörungstechnisch gesehen, ganz genauso gehen.

Jetzt wird überlegt, die drei in andere Klassen »umzuverteilen«. Das Ganze erinnert mich stark an eine Pokerrunde. »Na ja, ich kann Tobias zwar nehmen. Aber ich habe schon Giorgio und Lutz. Und die reichen mir eigentlich völlig«, sagt Inge lustlos. Yvonne, die gleich neben ihr sitzt, zückt ebenfalls eilig eine Trumpfkarte: »Nee, ich hab' schon Maja und Luke, mehr geht echt nicht!« Die anderen Kolleginnen schauen unbeteiligt in die Luft und hoffen sichtlich, dass der Kelch an ihnen vorübergeht. Auch von ihnen ist offenbar niemand scharf darauf, Tobias in den eigenen Club aufzunehmen. »Also, ich habe schon mit den Eltern gesprochen«, schaltet sich die Rektorin jetzt gnädig ein, um die Anspannung zu lösen. »Sie wären einverstanden, dass er auf die Elisenschule wechselt. Die Schulleiterin weiß auch schon Bescheid und würde ihn aufnehmen.«

Hintergrund dieser Überlegungen ist, dass die benachbarte Grundschule deutlich weniger Kinder mit Förderbedarf in Sachen Sozialverhalten hat. Und wenn ein aggressives Kind in eine ansonsten intakte Klasse kommt, erfährt es oft eine wohltuende Korrektur durch die anderen Kinder, erklärt mir Christina. »Die sagen ihm nämlich: ›Du, das geht hier nicht, was du machst!‹« Das Kind bekommt also keine verstärkende Resonanz mehr für seine Störmanöver, weil es keine ähnlich veranlagten Gefährten mehr antriggern kann. Es kann keine Allianzen mit Gleichgesinnten bilden; seine Anläufe verlaufen im Sande, ohne dass jemand darauf anspringt. Im besten Fall passt sich ein solches Kind der Übermacht einer intakten Gemeinschaft an. Weil nämlich ganz tief drinnen kein Kind auf sich allein gestellt sein will.

Immerhin für Tobias ist also eine Lösung gefunden. Nicht aber für die weiteren Problemkids. Denn die befreundete Schulleiterin hat schon signalisiert, dass ihre Bereitschaft, sich noch mehr solcher Kandidaten in den eigenen Pelz zu setzen, damit erschöpft ist. Da ist zum Beispiel noch Annika aus »meiner« vierten Klasse. Wie schon erzählt, hat Annika eine massive Lernbehinderung. Vor allem aber hat sie Eltern, die das noch immer nicht so sehen, sondern ihre Tochter für ganz normal begabt halten. Weshalb Annika im Unterricht jeden Tag aufs Neue tragisch untergeht und fast nie Erfolgserlebnisse hat. »Und? Was machst du mit ihr?«, will Schulchefin Birgitta jetzt von Klassenlehrerin Kristin wissen, die inzwischen aus der Kur zurück ist. »Wiederholt sie die Klasse, oder geht sie weiter?«

»Aber hallo! Die geht *so was* von weiter«, antwortet Kristin wie aus der Pistole geschossen, unüberhörbar am Ende mit den Nerven. Annika wird also auf die weiterführende Schule wechseln. Es ist eines der seltenen Male, wo ich eine Kollegin so gereizt erlebe, wenn es um ein Kind geht. Tatsächlich richtet sich ihr Zorn aber nicht gegen Annika, die nichts für ihr Dilemma kann. Sondern gegen deren Eltern, die Kristin seit vier Jahren das Lehrerleben schwer machen. Weil sie alle Tests und Fördermöglichkeiten für Annika strikt ablehnen und Kristin stattdessen lieber verbal attackieren. In diesem Fall aber erfüllt sie den Wunsch der Eltern, das Mädchen ohne Ehrenrunde an die weiterführende Schule durchzureichen, ausnahmsweise allzu gern. Ihre Geduld ist aufgebraucht. Vielleicht schaffen es die Eltern ja, doch noch umzudenken, wenn es gleich mehrere neue Lehrer sind, die ebenfalls zur Förderung des Mädchens raten, wer weiß.

Nachdem alle Problemkandidaten besprochen wurden und mehr oder weniger gute Lösungen für sie gefunden sind, kommt noch ein überraschender Tagesordnungspunkt auf den Tisch: »Also, ich hab' da noch was«, fängt Schulleiterin Birgitta an und schaut unbehaglich in die Runde. »Das Schulamt sagt, es wird für einige Monate jemand von hier abgeordnet werden. An eine andere Schule«, verkündet sie nun mit Leichenbittermiene.

Es herrscht Schweigen, alle sehen sich betreten an. Ich bin verwirrt. Wie kann das sein? Auch hier sind wir doch schon chronisch unterbesetzt, es hakt jeden Tag an allen Ecken und Enden. Wird eine Kollegin krank, gibt es keine Vertretung. Die Klassen werden dann nach einem komplizierten Plan, der in jedem Klassenzimmer aushängt, auf mehrere andere Klassen aufgeteilt. Schließlich wurde auch ich nur deshalb eingestellt, um die katastrophal knappe Personalsituation zumindest etwas zu entschärfen. Und jetzt will man dem Kollegium an anderer Stelle eine Lehrerin wegnehmen?

»Es geht nicht anders, die sind dort sogar noch schlechter dran als wir«, seufzt Birgitta. Alle schauen frustriert vor sich hin. »Und ihr wisst ja, wer zuerst drankommt«, fährt die Rektorin müde fort. Ein Auswahlkriterium ist zum Beispiel das Alter: Kolleginnen, die kurz vor der Pensionierung stehen, werden möglichst nicht mehr abgeordnet. Auch Lehrer, die spezielle Aufgaben haben und nicht ersetzt werden können, dürfen in der Regel bleiben. Berücksichtigt wird auch, wie die familiäre Situation ist oder ob man vielleicht eine chronische Erkrankung hat. Doch bindend sind all diese Aspekte meist nicht. Zwei Kolleginnen, denen gerade dämmert, dass sie akut infrage kommen, machen besonders lange Gesichter. »Ich hatte mich so auf die neuen Erstklässler gefreut«, sagt Kristin mit resigniertem Blick. Weil ihre vierte Klasse nun bald auf die weiterführende Schule wechselt, finge für sie eigentlich jetzt ein neuer Turnus an, eben mit den Jüngsten. »Wir hatten doch schon Schnuppertage zusammen, die Eltern verlassen sich darauf, dass ich die neue Lehrerin bin. Und die Kleinen haben auch schon Vertrauen zu mir gefasst.«

Später wird sich herausstellen, dass es tatsächlich Kristin ist, die kurz vor Beginn des neuen Schuljahres die Schule verlassen und in einem anderen Bezirk unterrichten muss. Die neue Klasse wird stattdessen erst mal von einer Fachlehrerin übernommen, die dafür eigentlich gar nicht zuständig ist. Pech für die Erstklässler, die schon zum Schulstart erleben müssen, dass kaum etwas an der Grundschule noch verlässlich ist. Eine bittere Pille für gerade erst Sechsjährige, die noch sehr auf bekannte Bezugspersonen angewiesen sind und die auf Überraschungen und fremde Menschen oft noch ängstlich und verunsichert reagieren. Mir tun die Knirpse leid, die noch nichts ahnen von dem, was hier gerade besprochen wurde.

23.

Hauptfach »Glück«

»Nilo, du siehst blass aus. Geht es dir nicht gut?«, frage ich den Neunjährigen, der heute sehr wortkarg an seinem Tisch sitzt. »Ich hab' Kopfweh«, sagt er. Ich frage ihn, seit wann er die Schmerzen hat und ob er abgeholt werden will. »Och nee, geht schon. Ich hab' immer Tabletten bei, ich habe vorhin schon eine genommen.«

»Hast du denn öfter Kopfweh?«

»Nee, nicht so oft. Vielleicht alle drei Tage.«

Ich finde das verdammt oft. Und Nilo ist nicht der Einzige. Fast täglich kommt irgendein Mädchen oder Junge zu mir und klagt über Bauch- oder Kopfschmerzen.

Ich fühle mich unangenehm erinnert an Phasen, in denen auch meine eigenen Kinder morgens erschreckend oft Bauch- oder Kopfschmerzen hatten. Manchmal musste ich sie sogar ganz zu Hause lassen, wo die Schmerzen oft auf wundersame Weise innerhalb einer Stunde verschwanden, während das gut gelaunte Kind in seinem Zimmer ein Hörbuch hörte oder einfach nur chillte. Doch die Schmerzen waren nicht vorgespielt gewesen, das hatte ich deutlich gesehen. Dass sie verschwanden, sobald der Nachwuchs nicht in die Schule musste, verriet vielmehr die Quelle der Beschwerden.

Damit waren meine Kinder nicht allein: Heute leiden schon mehr als 40 Prozent aller Schulkinder unter regelmäßigen Stress-Symptomen wie Kopf- und Bauchschmerzen oder auch Schwindel ohne körperliche Ursache, wie Kinderärzte besorgt befinden.[29] Die Psyche schlägt bei vielen Kindern aber auch ganz direkt Alarm: Eine Datenerhebung der Krankenkasse KKH ergab, dass hierzulande 1,1 Millionen Kinder und Jugendliche zwischen sechs und 18 Jahren bereits unter Angst- und Panikstörungen oder Depressionen leiden.[30]

»Schlimm genug«, werden Sie jetzt vielleicht sagen, »aber meine Kinder fühlen sich zum Glück in der Schule wohl, und sie bekommen zu Hause auch keinen Leistungsdruck.« Genau das habe ich auch gedacht. Meine Kinder hatten in der Schule Freunde und meistens auch gute Noten. Ich bin auch keine überehrgeizige *Tiger Mom*, die der Meinung ist, abwechselndes Lernen und Schlafen würden den Tag eines Kindes doch prima ausfüllen. Und auch keine »Eislaufmutter«, deren Kinder für sie all das kompensieren sollen, was sie selbst in ihrem Leben nicht auf die Reihe gekriegt hat. Wieso also das Kopfweh?

Unsere Kinderärztin klärte mich netterweise auf: »Na ja, wissen Sie, der Druck wird ganz von selbst vermittelt, auch wenn wir das nicht absichtlich machen. Denn natürlich weiß jedes Kind, dass gute Noten den Lehrern und Eltern wichtig sind. Und das ist keinem Kind wirklich egal.«

»Hm«, sagte ich, »aber ich habe bei einer Fünf nie gemeckert. Sondern bei uns bedeutete eine schlechte Zensur nur, dass wir eine Zeit lang ein bisschen mehr geübt haben.« Also, wenn das nicht wahnsinnig entspannt und konstruktiv von mir war. Ich war ziemlich stolz auf mich.

»Okay, Sie haben vielleicht nie geschimpft«, meinte die geduldige Ärztin weise, »aber bestimmt haben Sie sich doch erfreut gezeigt, wenn Ihr Kind ein Lob vom Lehrer oder eine Eins mit heimgebracht hat, oder?«

»Ja, schon«, räumte ich ein, »das ist ja wohl auch ganz normal, oder?«

»Natürlich. Aber genau so läuft es. Weil wir Kinder für gute Noten meist ausführlich loben, verknüpfen sie auch unsere Wertschätzung und Liebe damit: Für eine Eins hat Mama mich so richtig lieb, sie streicht mir über den Kopf. Bei einer Vier runzelt sie die Stirn, ganz offensichtlich hat sie mich da nicht ganz so lieb, sondern sie ist enttäuscht von mir. Und voilà, schon ist der Notendruck da!«

Ich begriff: Der finstere Typ Leistungsdruck schleicht sich gern mal durch die Hintertür herein. Und selbst wenn wir Eltern es schaffen, ihn möglichst klein zu halten, gibt es da immer noch die Konkurrenz innerhalb der Klasse: Wer schlechte Noten hat, fühlt sich dem Tischnachbarn mit der Eins schnell ein bisschen unterlegen oder wird vom Neid gestochen. Vor allem, wenn die Lehrerin sagt: »Super, Luisa, wieder mal toll gemacht!«, und zu einem selbst nur: »Echt schade, Silas, du hast mich ziemlich enttäuscht!«

Kein Wunder, dass manche Fachleute längst warnen, dass Noten nicht nur unzuverlässig und daher ungerecht sind,[31] sondern dass auch kaum etwas die Lernfreude und das Selbstvertrauen so zuverlässig kaputtmacht wie schlechte Noten. Wohingegen die Pro-Noten-Fraktion unter den Lehrern, Kultusministern, aber auch unter den Eltern sich seit 150 Jahren einredet, eine Fünf oder Sechs motiviere ein Kind doch bestimmt ganz unglaublich, sich jetzt aber mal so richtig ins Zeug zu legen.

Und wozu das alles? Wenn wir mal einen Schritt zurücktreten, sehen wir: Zensuren haben gar keine Wirklichkeit. Sie sind reine Fiktion. Wir Erwachsenen haben sie einst erfunden, um einen winzigen Ausschnitt all der unzähligen Fähigkeiten unserer Kinder zu messen – der uns zufällig sehr wichtig ist. Das ist durchaus gut gemeint: Wir glauben, damit würden die Kinder mehr lernen, einen höheren Abschluss machen und später einen besseren Beruf ergreifen können. Ganz widerlegt ist diese Idee auch noch nicht. Was wir aber übersehen, sind die Nebenwirkungen: Jüngere Kinder können noch nicht so weit in die Zukunft denken wie wir. *Sie* glauben deshalb etwas ganz anderes, und zwar etwas ziemlich Gruseliges: dass wir Erwachsenen uns die Noten ausgedacht haben, um festzustellen, welches das bessere, vielleicht sogar das wertvollere Kind ist. Eine ziemlich traurige Sache, wenn man mal darüber nachdenkt.

Die ungute Spirale geht aber noch weiter: Natürlich wissen Kinder schon im dritten Schuljahr, dass das Gymnasium bei den meisten Klassenkameraden, aber auch bei vielen Lehrern und Eltern die angesehenste Schulform ist. Viele Kinder wollen denn später auch am liebsten aufs Gymnasium, obwohl sie die Unterschiede zwischen den Schultypen eigentlich gar nicht wirklich kennen. »Na, da musst du aber noch kräftig anziehen bei deinen Noten, sonst wird das nichts«, ist eine Drohung, die ich damals regelmäßig von Eltern im Bekanntenkreis hörte. Und ja, auch mir war es keineswegs völlig wurscht, wie die Empfehlung für die weiterführende Schule bei meinen Kindern ausfallen würde.

Es sind aber nicht nur solche Erwartungen, die Kinderseelen schlauchen. Es ist auch das Gesamtpaket Schule: Der Trubel in einer Gruppe von 25 oder 30 Kindern schlägt den kleinen Menschen ebenso sehr aufs Vegetativum wie der fast ständig relativ hohe Lärmpegel. Die Gemeinschaft an sich ist durchaus etwas Schönes, aber sie ist eben auch eine Herausforderung. Denn jedes Kind muss sich im sozialen Gefüge der Klasse behaupten, muss hier seinen Platz finden, will Freunde und Verbündete haben. Es möchte von den anderen Kindern gemocht, respektiert und anerkannt werden.

Es übt und erprobt auch ständig, welches Verhalten in der Gruppe diesen Effekt hat, und welches nicht. Schon wo das gut klappt, kostet es ein Kind mehr Kraft, als wir Erwachsenen uns vorstellen können. Manche Kinder aber kommen nie richtig in der Klassengemeinschaft an, finden keinen Anschluss, werden vielleicht sogar ausgegrenzt, ohne zu wissen warum. Wenn ich mit den Kindern montagmorgens die Lose für die neue Sitzordnung ziehe, gibt es fast jedes Mal irgendjemanden, der protestiert: »Nee, neben *die* will ich nicht. Ich will woanders sitzen!« Meist stimmen dann auch noch ein, zwei weitere Kinder ein, die aus dem unparteiischen Losverfahren einen Beliebtheitswettbewerb machen möchten. Und Ähnliches läuft auch in vielen anderen Situationen eines Schulvormittags ab.

Der Mix aus alledem kann jedenfalls ziemlich toxisch sein. Auch wenn die meisten Kinder zum Glück eine robuste Fröhlichkeit haben (wohl eher nicht *wegen*, sondern trotz der Schule), sehe ich in fast allen Klassen auch ein paar Kinder, die nur selten lächeln. Und das sind gar nicht mal wenige. Dabei soll die Kindheit doch angeblich unbeschwert und schön sein. Und Grundschule noch ach so spielerisch und fröhlich. Was läuft da falsch?

Als Quereinsteigerin habe ich ein großes Privileg: Ich stecke noch nicht ganz drin. Ich habe noch den Blick von außen, sehe Dinge scharf, die jemand, der von Anfang an dabei war, vielleicht nicht mehr so deutlich erkennt. Tatsächlich ließe sich fast alles hier infrage stellen, finde ich jetzt einfach mal ziemlich rebellisch. Zum Beispiel: Wird das einzelne Mädchen, der einzelne Junge in seiner Einzigartigkeit hier wirklich gesehen? Holt Schule auch diejenigen Kinder ab, die zu Hause wenig

Lernanreize bekommen? Und last but not least: Sind Hausaufgaben eigentlich sinnvoll?

»Heute hatte ich schon so lange Schule, und jetzt darf ich auch noch ewig Hausaufgaben machen«, maul(t)en meine Kinder fast jeden Tag (meine Tochter ist inzwischen erwachsen und mault eher über den Lernstress an der Uni, mein Sohn geht noch zur Schule). Ich fühle mich als Mutter jedenfalls immer verpflichtet, gegenzuhalten und zu erklären, warum Hausaufgaben wahnsinnig sinnvoll sind. Mal schnell überlegen. Ah, natürlich: zum Üben und Verfestigen des Gelernten, ist doch klar. Hm, aber sollte ein in sechs Unterrichtsstunden vollgestopfter Kopf auch nachmittags wirklich noch einmal ranmüssen, um immer neue knifflige Aufgaben zu lösen, weil es am Vormittag ja noch nicht genug waren?

Irgendwie schaffe ich es nie so richtig, die Position der Homework-Befürworter überzeugend einzunehmen. Manchmal doziere ich stattdessen strengen Blicks: »Sei froh, dass du nicht in Korea lebst. Da haben schon Grundschulkinder bis zum Abend Schule und kriegen anschließend noch bis 22 Uhr Privatunterricht.« Was zwar stimmt, meinen Sohn aber nur zu einem müden Schulterzucken veranlasst. Korea ist halt doch verdammt weit weg. Oft mache ich deshalb lieber kurzen Prozess: »Also, es hilft ja nix. Du musst die Aufgaben nun mal machen. Du kannst jetzt jammern und wehklagen – oder sie einfach hinter dich bringen, das geht schneller!« Okay, das ist jetzt auch nicht sooo motivierend. Aber schließlich habe ja nicht *ich* die Hausaufgaben erfunden, oder?

Mit meinen Zweifeln stehe ich übrigens nicht allein da, denn längst stellen sich Wissenschaftler solche Fragen ebenfalls. Einige von ihnen mit dem Ergebnis, dass Hausaufgaben Kinder nicht wirklich klüger machen.[32] Und glücklicher schon gar nicht,[33] aber das hat ja auch keiner erwartet. Geändert hat sich trotzdem an den meisten Schulen nichts.

Irgendwie habe ich ein Déjà-vu-Erlebnis, wenn ich jetzt als Lehrerin dieselben Dialoge wieder führen muss, nur quasi von der anderen Seite aus. »Boah nee, Frau Kuhn! Nicht so viele Mathe-Aufgaben! Wir können jetzt schon nicht mehr!«, protestiert die Klasse wieder mal routinemäßig. Was soll ich darauf sagen? Vielleicht: »Also, ihr Knaben und Mägdelein, wisset Folgendes: Manche Wissenschaftler finden Hausaufgaben im Grundschulalter in der Tat demotivierend und überflüssig. Andere aber sagen: ›Sinnvoll in die Unterrichtskonzeption eingebunden, festigen Hausaufgaben die vormittags erworbenen Lese-, Schreib- und Rechenkompetenzen!‹« Nee, so wohl eher nicht. Vielleicht lieber: »Hey, Hausaufgaben! Die sind geil. Alta, davon werdet ihr so was von krass schlau, Hammer!« Das verstehen sie zwar besser, aber auch das glaubt mir hier keine Sau. Am Ende erkläre ich ziemlich lahm: »Äh also, ich *muss* an dieser Schule Hausaufgaben aufgeben. Mir ist klar, dass ihr nachmittags lieber chillen wollt. Aber ich kann die jetzt auch nicht einfach so abschaffen«, worauf die Protestrufe erst richtig laut werden. »Echt jetzt? Ihr Ernst? Frau KUHUUN!!!«

Wieso eigentlich fühlt sich das Lernen oft so mühsam an für Kinder, warum haben viele von ihnen einen starken inneren Widerstand gegen die Schule? Eigentlich sind Kinder doch von Natur aus wissensdurstig. Das hat die Evolution so eingerichtet, damit sie problemlos all das Know-how aufsaugen können, das die Generationen vor ihnen angesammelt haben. Was ist mit dieser fröhlich auf den kindlichen Gensequenzen tanzenden Neugier passiert? An welcher Stelle hat sie enttäuscht Tschüs gesagt und sich davongemacht, seit das Kind am Tag der Einschulung mit leuchtenden Augen und voller Vorfreude in die Schule gestiefelt ist?

Mein Sohn hat während der ersten Schuljahre öfter wehmütig gesagt, dass er am liebsten wieder im Kindergarten wäre, wo er noch glücklich und sorgenfrei gewesen sei. Ich war ein bisschen erschüttert, auch über die Wortwahl, die ich ihm so noch gar nicht zugetraut hätte. Dabei hatte er sich doch anfangs sehr auf die Schule gefreut. Der Ernst des Lebens, der mein Kind so schnell in seine Klauen gekriegt hatte, ging mir hier denn doch entschieden zu weit.

Wann fing es an, dass uns nichts Besseres einfiel, als der verloren gegangenen Lernfreude von Kindern mit ständigen Leistungsvergleichen auf die Sprünge zu helfen? Zumal es noch nicht einmal funktioniert. Die Kinder werden nicht nur häufig von Kopf- und Bauchweh geplagt. Sondern selbst der messbare Erfolg bleibt aus, denn die alle drei Jahre durchgeführte PISA-Studie und andere Untersuchungen zeigen seit fast zwei Jahrzehnten mit schöner Regelmäßigkeit: Eine standfeste Basis an Allgemeinwissen wird hierzulande nicht vermittelt. Schon gar nicht werden Kinder in ihren besonderen Talenten und Begabungen gefördert. Kinder aus sogenannten »bildungsfernen« Elternhäusern oder mit Migrationshintergrund schaffen es oft überhaupt nicht, auf den marode dahinklappernden Bildungszug aufzuspringen.[34]

Ich maße mir nicht an, hier mal ganz schnell eine Lösung zu zücken. Es wäre aber sicher ein Anfang, das richtige Leben mehr in die Schule hineinzuholen. Denn das ist es, was Kinder immer schon fasziniert hat. An einigen Hamburger Schulen geben zum Beispiel Handwerker, Flugzeugtechniker und Ingenieure einen Teil ihrer Freizeit her, um mit Schülern das zu tun, was früher die Väter (und auch die technisch begabten Mütter) übernahmen: mit den Kindern zu schrauben, Dinge zu reparieren, zu zeigen, wie man Lampen aufhängt, Steckdosen austauscht oder einen Schlagbohrer benutzt.[35] Viele Kinder entdecken bei solchen Projekten überhaupt erst, dass sie handwerkliches Talent haben. Das macht sie nicht nur fit für den Alltag, sondern auf sie sind Handwerk und Industrie dringend angewiesen. Denn hier gibt es einen riesigen, ungedeckten Bedarf an Azubis.

Genauso könnte man auch Umwelttechniker, Förster, Kapitäne, Dirigenten, Quantenphysiker, Krankenschwestern, Künstler und viele mehr in die Schulen holen oder sie an ihrem Arbeitsplatz besuchen, damit sie den Kindern zeigen, was sie so machen und warum sie das spannend finden. Die Kinder dürften ein bisschen mitmachen und dabei Fähigkeiten entdecken, von denen sie bisher gar nicht wussten, dass sie sie haben. Diese Aktionen könnten breit und raumgreifend auf dem wöchentlichen Stundenplan prangen, anstatt auf nur wenige magere Praktikumstage in den höheren Klassen beschränkt zu sein. So käme das wahre Leben nicht erst »später, wenn du groß bist«, sondern es wäre schon da: in der Schule selbst nämlich.

Wo wir gerade so schön in Fahrt sind, könnten wir doch auch die Schulfächer generell mal infrage stellen. Denn das Blöde an ihnen ist: Kinder denken gar nicht in Fächern. Das Einteilen der erlebten Wirklichkeit in Schubkästen ist ihnen völlig fremd. Sondern Kinder möchten die Welt verstehen. Deshalb gibt es Fachleute, die den Fächerkanon, der teilweise noch aus dem 19. Jahrhundert stammt, auflösen wollen.[36] Und sogar bereits einige Schulen, die das zaghaft umzusetzen versuchen und die Grenzen zwischen den Fächern zumindest schon mal lockern.[37] Weitaus weniger zögerlich sind da die Finnen, die die Einzelfächer gerade (2020) komplett abschaffen – und übrigens bei den PISA-Studien Spitzenplätze einnehmen.[38] In Finnland ersetzt man die Fächer künftig durch Ereignisse und Phänomene, die fachübergreifend von der Klasse bearbeitet werden. Fähigkeiten wie Rechnen oder Rechtschreibung werden einfach mit eingebaut und dann auch gleich praktisch angewendet.

Tasten wir uns ruhig noch etwas weiter vor. Warum nicht auch mal ganz grundsätzliche Fragen stellen, zum Beispiel: Bereitet die (Grund-)Schule Kinder eigentlich darauf vor, ein erfolgreiches Leben zu führen? Und was genau meint dabei

»erfolgreich«? Dass die Kinder nach der 4. Klasse auf ein Gymnasium wechseln können? Dass sie das Abitur machen und studieren? Einen Job bekommen, in dem sie viel Kohle machen, damit der Wirtschaft die (latent unglücklichen) Konsumenten niemals ausgehen? Dass sie verstehen, dass Leistung der einzige Nenner ist, auf den alles im Leben heruntergebrochen werden sollte?

Aber wo bleibt da die Sache mit dem Glück, mit der inneren Zufriedenheit, mit dem Gespür dafür, was dem eigenen Leben Sinn verleihen könnte? Ganz offensichtlich reichen Deutsch und Mathe eben nicht aus, um Kindern bei der Beantwortung dieser Fragen zu helfen. Oder sie gar auf die Atemlosigkeit und Hektik einer Gesellschaft vorzubereiten, in der die erbeuteten Statussymbole der Gradmesser für ein gelingendes Leben geworden sind. Dass diese Einseitigkeit sogar krank macht, wird nicht nur bei den verbreiteten somatoformen Schmerzen bei Kindern offensichtlich. Sondern erst recht bei den späteren Erwachsenen: Nie war die Zahl der Krankentage aus psychischen Gründen so hoch wie heute.[39]

Wenn ich kleines Licht in den Kultusministerien etwas zu sagen hätte, würde ich das Fach »Glück«, das es in einigen wenigen Schulen bereits gibt,[40] auch flächendeckend einführen, um hier ein Gegengewicht zu schaffen. Und zwar ruhig als Hauptfach. Dass dieses Fach vielleicht sogar wichtiger ist als jedes andere, ist nämlich keine romantische Träumerei. Denn erwartet sich nicht jeder Mensch vom Leben vor allem das eine: glücklich zu werden? »Das letzte Ziel des menschlichen Lebens ist das Glück«, sprach schon der Philosoph Thomas von Aquin im 13. Jahrhundert weise,[41] und daran hat sich bis heute rein gar nichts geändert.

Ebenso wenig wie daran, dass das Glück verdammt schwer zu finden ist, wenn man keine Ahnung hat, wo man suchen muss. Oder wo man es zum Beispiel auch dann noch findet, wenn die Glücksversprechen von Werbung, Körperkult und Konsum ins Leere gelaufen sind. Wenn das eigene Leben Krisen bereithält, bei denen einem weder Geld noch ein perfekter Body noch die Instagram-Follower helfen können.

Die meisten Menschen müssen erst eine chronische Erkrankung oder eine psychische Störung entwickeln, bevor sie mühsam nach Mitteln und Wegen suchen, glücklicher, gelassener und erfüllter zu werden. Wieso lehrt man diese Wege nicht schon in der Grundschule? Was spräche dagegen, die Themen Zufriedenheit, Entspannung oder Meditation in den Fokus zu nehmen, also ein Fach zu kreieren, bei dem wir mit den Kindern darüber sprechen, was ein Mensch so braucht, um gesund zu bleiben und um glücklich zu werden?

Hier würde ich mit den Kindern zum Beispiel gern diskutieren: Sind die jugendlichen Influencer mit ihrem Sprech- und Bilddurchfall, denen schon Grundschulkinder oft begeistert »followen«, wirklich wichtiger als Leute, die in den sozialen Medien kaum einer kennt? Sind die Lauten und Selbstbewussten in unserer Klasse, die sich immer melden, wirklich die besseren Schüler – oder haben auch die Stillen und Schüchternen große Vorteile, zum Beispiel weil sie mehr nachdenken, bevor sie reden?

Und wie kommt es eigentlich, dass die Menschen in ärmeren Ländern oft gar nicht weniger fröhlich sind als wir? Ist das nicht seltsam? Was könnte vielleicht *noch* wichtiger sein als Geld, Handy, die neuesten Sportsneaker? Ist das, was mich glücklich macht, eigentlich dasselbe, was auch meine Klassenkameraden glücklich macht? Muss ich also immer alles toll finden, was alle anderen erstrebenswert finden? Was macht mich besonders?

Solche Fragen werden selbst im Ethikunterricht (den es an den meisten Grundschulen sowieso nicht gibt) nur im Ansatz aufgegriffen, und das Fach »Glück« gibt es leider bisher auch nur sporadisch. Es geht dabei auch nicht darum, Kindern irgendeine Ideologie aufzuzwingen. Lehrer müssen hier gar keine Antworten vorgeben. Es reicht, wenn Kinder lernen, festgemauerte Überzeugungen ungeniert infrage zu stellen. Damit sie im Laufe ihres Großwerdens eigene Antworten finden und Lebensentwürfe entwickeln, die wirklich zu ihnen passen und ihnen guttun.

Aber um über solche Dinge nachdenken zu können, müssen Kinder in ihren Köpfen natürlich erst einmal ein bisschen Platz schaffen. Nicht wenige verpassen ihre halbe Kindheit, weil sie sich jeden Nachmittag in virtuellen Scheinwelten verlieren, wo ein künstlicher »Avatar« so tut, als sei er sie. »An was wollt ihr euch später erinnern, wenn ihr an eure Kindheit denkt?«, frage ich einmal in unserem Morgenkreis die Klasse. Ich bin gerade leicht genervt, weil schon der dritte Junge berichtet, dass er das ganze Wochenende mit seinen Kumpels an der Xbox oder Playstation gespielt hat. »Wollt ihr dann nur an das fünfte Level eines Spiels denken, dessen Namen euch schon längst nicht mehr einfällt – oder lieber an richtige Erlebnisse?«

Die komplette Runde kapiert sofort, was ich meine. »Nee, Fußballspielen ist viel wichtiger, als an der Playstation hängen«, wirft einer ein. »Ich find's auch schöner, mit meinem Hund rauszugehen und ihm Tricks beizubringen«, sagt ein Mädchen. Kinder wissen also sehr wohl noch, was sie wirklich glücklich macht. Auch in Umfragen zum Thema »Glück« äußert die Mehrzahl der Kinder Dinge wie: »Ich bin glücklich, wenn ich mit meinen Freunden zusammen bin«, »Glück ist für mich, mit Mama und Papa zu lachen, bis wir nicht mehr können.« Computerspiele dagegen sind zwar ebenfalls beliebt, doch zeigte sich auch: Kinder, die sehr viel daddeln, sind unglücklicher als andere Altersgenossen.[42]

Ich selbst hatte das große Glück, noch eine »richtige« Kindheit zu haben. Es gab keine Gameboys oder Handys, und im

TV wurden nachmittags nur langweilige Bundestagssitzungen übertragen. Meine Freundinnen und ich haben uns gleich nach der Schule getroffen, sind mit dem Fahrrad über selbst gebaute Schanzen gesprungen, haben am Rheinufer Flussmuscheln gesammelt, in verwilderten Gärten Haselnüsse gepflückt, kleine Terrarien für Schnecken eingerichtet. Und ja, wir haben den Nachbarn ab und zu fiese Streiche gespielt (wovon ich meinen eigenen Kindern lieber nicht erzähle). Okay, das mit den Streichen ist jetzt kein sooo gutes Vorbild, aber ansonsten gilt: Wir Lehrer und Eltern sollten Kindern auch heute noch echte Er*leb*nisse (dieses Wort kommt nicht zufällig von »leben«) ermöglichen, so viele, wie es irgend geht. Bevor das Gefühl fürs Glück ihnen irgendwo zwischen Schuldruck und Computerspielen abhandenkommt und sie die Leerstellen reflexhaft mit Konsum zu füllen versuchen.

Warum also nicht auch in der Schule eine feste »Waldstunde« in den neuen Glücksstundenplan einfügen, in der wir über Baumstämme balancieren, kleine Bäche aufstauen, Steinmänner bauen, Kiesel auf Tümpeln hüpfen lassen und die Namen von Bäumen, Vögeln und Blumen lernen?

Ein wichtiger Teil des Pflichtfachs »Glück« wäre aber auch, zu vermitteln, wie Kinder dem allgegenwärtigen Glücksfresser Stress eine lange Nase zeigen können. Heute haben viele Kinder schon einen Tagesablauf, der sich kaum noch von dem eines Erwachsenen unterscheidet: Sie stehen sehr früh auf, nach dem turbulenten Schulvormittag warten noch die Hausaufgaben, und sie sind oft bis nachmittags im Offenen Ganztag, bevor sie sich gegen 16.15 Uhr nach Hause schleppen.

Jedes Kind sollte eine einfache Methode kennen, die ihm dabei hilft, runterzukommen. Das gehört heute praktisch zur Grundausstattung des Lebens. Egal, ob es Autogenes Training für Kinder ist, ob es Meditationsübungen sind,[43] ein bisschen Yoga oder auch heilsame Autosuggestionen für den Körper, die Schmerzen und Verspannungen lindern können. Sodass jedes Kind weiß: Was kann ich selbst tun, wenn ich mal Bauchweh habe, mich schlapp fühle oder vor einem Test aufgeregt bin?

Natürlich sind das alles sehr persönliche Ansichten, und vielleicht haben Sie noch weitere und andere Ideen, was zu so einem Fach gehören sollte. Wenn Eltern, Lehrer und Kinder neue Ideen einbringen dürften, und wenn diese auch gehört würden, dann würde das eben doch etwas verändern. Neue Lernwege würden entstehen, Menschen mit neuen Qualifikationen würden sie unterrichten, und schon die Grundschule wäre tatsächlich eine Vorbereitung auf das Leben oder besser: Teil des Lebens selbst.

Denn das ist auch so ein Anti-Glücks-Faktor: dass wir Kinder chronisch auf eine imaginäre Zukunft vertrösten: »Wenn du jetzt gute Noten hast, kannst du später einen guten Abschluss machen und alles werden, was du willst!« Für ein erst achtjähriges Kind ist diese ferne Zukunft genauso real, als würden die Eltern ihm sagen, dass es dereinst in einer Ein-Mann-Raumkapsel zum Mars zischen wird, um dort zur Nachhilfe oder zum Fußballtraining zu gehen. Vor allem aber lernt es so, dass das Jetzt nichts wert ist, sondern dass es ständig nur um »später« geht. Dass das Leben also erst richtig anfängt, »wenn du groß bist«.

Doch Kindheit ist kein lästiges Übergangsstadium zum eigentlichen Leben, sondern sie ist kostbar. Jüngere Kinder wissen das noch, sie leben ganz im Augenblick, und Schule könnte sie genau hier auch abholen. Dann lernen die Kinder nicht mehr lustlos für irgendeine imaginäre Zukunft, sondern weil es ihnen *jetzt* Spaß macht. Und sie müssen auch nicht warten, bis sie eines fernen Tages glücklich *werden,* weil sie es nämlich schon sind.

24.

Showdown – I love you everybody!

Es ist 7.45 Uhr. Ich sitze mit halbem Bein und noch ziemlich müde auf der Kante des Lehrerpults. Die ersten Kinder schlendern in die Klasse, heben schlapp die Hand zum Gruß, lassen sich auf ihre Plätze und ihre Ranzen neben die Tische fallen. Die Sonne scheint trotz der frühen Stunde schon hell ins Klassenzimmer. Ich schaue durch die nicht ganz sauberen Fensterscheiben in die Bäume, die sich im Sommerwind wiegen, und lasse noch ein bisschen die Gedanken schweifen.

Inzwischen bin ich seit vier Monaten Lehrerin. Vor ein paar Tagen hat mich mein Sohn gefragt: »Kann ich meinen Freunden eigentlich jetzt erzählen, dass meine Mutter Lehrerin ist?« Ich zögere kurz, dann sage ich: Ja klar.

Aber bin ich jetzt wirklich eine »richtige« Lehrerin? Ist mein Neuanfang gelungen? Und was genau ist eigentlich ein Quer*einsteiger*? Bin ich quasi irgendwo zugestiegen und fahre jetzt als gleichwertiges Crewmitglied mit? Oder werde ich, wie das Wort impliziert, noch lange irgendwie *quer*stecken – eine Noch-nicht-Lehrerin, eine Nicht-mehr-Journalistin, nicht Fisch, nicht Fleisch? Und Hand aufs Herz: Was war beziehungsweise ist besser, der alte oder der neue Job?

Ich merke, solche Fragen führen zu vielen losen Enden, die ich noch nicht zusammenknüpfen kann. Ich habe die Sache mit dem neuen Beruf bislang nicht wirklich in mein Selbstbild integriert. Das Gefühl, nur so zu tun, als ob, ist noch nicht ganz verschwunden. Ich fühle mich nach wie vor wie vor ein paar Monaten an Karneval. Als ich das Gefühl hatte, ich müsse mich gar nicht verkleiden, denn: Ich war ja schon verkleidet – als Lehrerin nämlich. Ha, ha!

Ich beobachte durchs Fenster geistesabwesend, wie ein paar junge Zuspätkommer sich rennend dem Schulgebäude nähern. Und ich denke, vielleicht würde sich mein Umstieg ja schlüssiger anfühlen, wenn es trotz aller Unterschiede eine Entwicklung dorthin gegeben hätte. Also Anzeichen, dass die Dinge, wenn auch auf Umwegen, auf ein Ziel hinstreben würden. Vielleicht hilft es, wenn ich die Gemeinsamkeiten zwischen meinem früheren und dem jetzigen Beruf beschwöre.

Also, mal sehen. Klar, da ist natürlich das Thema »Kindererziehung«, das mich als Journalistin, vor allem aber auch als Mutter täglich beschäftigt hat. Und das ist wirklich eine Parallele. Denn wie das Erziehen, hat auch das Unterrichten eine Art doppelten Boden: Es gibt da die Sachebene, bei der Mutter ist das die Organisation des Alltags, bei der Lehrerin der Unterrichtsstoff. Zum anderen ist da aber auch noch die darunter befindliche Gefühlsebene. Hier liegt für die Mutter ebenso wie für die Lehrerin eine Riesenverantwortung, und hier lauern auf beide auch Untiefen.

Zum Beispiel haben Kinder noch ein egozentrisches Weltbild. Das heißt, sie glauben unbewusst, dass alles sich um sie selbst dreht. (Okay, es gibt auch Erwachsene, die das noch denken, aber Kinder können wenigstens nichts dafür.) Alles, was passiert, beziehen sie also auf sich, ja, sie leiten daraus sogar ab, wer sie sind und was sie wert sind. Aber das bedeutet auch: Jedes Mal, wenn ich mit einem Mädchen oder einem Jungen rede, geht es höchstens zur Hälfte um die Sachebene. *Wie* ich etwas sage, mein Gesichtsausdruck, die Aufmerksamkeit (oder auch fehlende Aufmerksamkeit) für ein Kind – all das wirkt sich sofort auch auf seine Gefühlslage aus. Ein Schüler, den ich an einem Vormittag zu selten ansehe, glaubt sich schnell übersehen und vernachlässigt. Ebenso schnell fühlen sich Kinder, die ich oft tadeln muss, von mir persönlich abgelehnt. Dasselbe geschieht, wenn ich bestimmte Kinder lobe, dies aber bei anderen vergesse. Eine sehr ähnliche emotionale Verantwortung hatte ich auch schon als Mutter und kann sie daher relativ routiniert *handeln*, denn so groß sind die Unterschiede hier nicht.

Trotzdem, eine Kluft bleibt, die auch die Beschwörung solcher Gemeinsamkeiten nicht schließen kann. Denn es gibt da einen ziemlich gravierenden Unterschied sowohl zur Mutterrolle als auch zu meinem früheren Beruf: Nie musste ich dort solche Machtkämpfe ausfechten, wie sie jetzt als Unterströmung in jeder einzelnen Minute des Unterrichts mitlaufen. Diese Daueranstrengung ist es letztlich, die die Sache mit dem Umstieg zu einem Kraftakt macht, der mich nicht nur an, sondern *über* meine Grenzen bringt. Hier habe ich noch keine Lösung gefunden, und dafür bin ich vielleicht auch noch nicht lange genug in dem Job. Den »gelernten« Lehrerinnen passiert es nämlich nicht, dass sie ständig so scharf an der Kante der Überforderung segeln – oder es dauert bei ihnen zumindest deutlich länger, bis es dazu kommt. Zwar sind auch meine Kolleginnen oft sichtlich übermüdet, entnervt, resigniert oder auch mal mit ihrer Kraft am Ende. Sie berappeln sich aber meist relativ schnell wieder und machen einfach am nächsten Tag mit neuer Energie weiter.

Von diesem langen Atem bin ich selbst noch weit entfernt. Gegen Ende meines Zeitvertrags zeigt mir mein Immunsystem denn auch entnervt den Vogel, bevor es sich endgültig verabschiedet und kurzerhand hintenüberkippt. Ich bekomme eine über viele Wochen nicht mehr nachlassende Bronchitis samt schon erwähnter Kehlkopfentzündung, und Letztere legt meine Stimmbänder komplett lahm. So stimmlos, dass ich nicht einmal mehr »Piep« krächzen kann, war ich bis dahin noch nie.

Eine Freundin vermutet strengen Blicks: »Dein Körper will dir damit was sagen, das ist dir schon klar, eh? Indem er deine Stimme abschaltet, will er dir das Unterrichten unmöglich machen. Damit du dich endlich mal erholst.«

Ja, danke für diese XL-Portion an Laienpsychologie. Sie leuchtet mir sogar ein. Den Verdacht des unbewussten Selbstboykotts hatte ich nämlich in letzter Zeit auch schon öfter. Zum Beispiel, als ich morgens einen kleinen Ast über unseren Grundstückszaun in den Wald werfen wollte und dabei leider den Autoschlüssel gleich mit wegschmiss. Es war noch völlig dunkel, und so musste ich erst einmal mit der Taschenlampe 15 Minuten in altem Laub wühlen, bevor ich das verdammte Ding wiederfand und zur Schule aufbrechen konnte, zu spät natürlich.

Oder als ich auf der glattgefrorenen Schräge vor unserem Haus ausrutschte und übelst auf den Hinterkopf knallte. Ich wusste, in zwei Sekunden würden mir die Sinne schwinden. Ich schaffte es noch, meinem Sohn zuzurufen: »Ruf die 112 an!«, bevor ich den Kopf wieder nach hinten sinken ließ. Wie ich so dalag und in den Baum über mir guckte, wurde es denn doch langsam ziemlich kalt und ungemütlich auf dem harten Boden. Wieso eigentlich war ich immer noch bei Bewusstsein? Mein Sohn starrte mich nur sprachlos an und machte keine Anstalten, irgendetwas zu unternehmen. Das wurde mir nun doch zu bunt, ich hievte mich erbost zum Sitzen hoch. Hm, das war jetzt erstaunlich problemlos gegangen. Ich tastete ein bisschen an mir herum, eine Beule halt, aber sonst? Die Landschaft drehte sich nicht um mich, oder was man halt so erwartet bei einer Gehirnerschütterung oder Schlimmerem. Ächzend rappelte ich mich weiter hoch. Immer noch nichts. Erleichtert, aber auch ein kleines bisschen enttäuscht sah ich ein: Es gab wohl doch keinen Grund, jetzt nicht zur Schule zu starten.

Psychologische Deutungen zu solchen Vorfällen nützen mir aber nichts. Denn zu Hause bleiben gilt nicht. Ich *bin* schließlich schon die Vertretung, und nach mir gibt's keine Rückfallebene mehr. Wenn ich nicht erscheine, kann die Rektorin nur noch den Hausmeister oder vielleicht auch einen zufällig vorbeikommenden Passanten an die Tafel stellen. Ich schleppe mich also stimmlos zur Schule, was gar nicht mal klug, dafür aber umso ungesünder ist. Vor der ersten Stunde schreibe ich in Großbuchstaben an die Tafel: »Bitte leise sein! Meine Stimme ist weg!«, und flüstere den Kindern meine Anweisungen nur noch konspirativ zu.

Überraschenderweise nutzt die Klasse meine Sprachlosigkeit nicht aus, zumindest nicht hier drinnen im Klassenzimmer. Wenn es zwischendurch doch einmal lauter wird, reicht es, wenn ich den Zeigestock einmal flach an die Tafel knalle und zur Erinnerung streng auf meine schriftliche Bitte zeige. »Jahaa! Ist ja guhut«, murren die Kinder, sind aber wenigstens wieder leise. Immerhin zeigt mir diese unfreiwillige Belastungsprobe, dass ich als Leithammel(in) der Klasse inzwischen wohl doch fest etabliert bin. Aber natürlich auch, dass die Kinder trotz allen Aufmupfs mitfühlend sein können, wenn's darauf ankommt. Ich freue mich ehrlich und bedanke mich später mit ein paar Süßigkeiten dafür, dass sie so toll mitgemacht haben.

Jetzt, gegen Ende meines Zeitvertrags, frage ich mich auch: Was ist eigentlich aus meinem Vorsatz geworden, als Lehrerin einiges besser zu machen, was mir als Mutter an Lehrern manchmal sauer aufgestoßen war? Habe ich das geschafft? Immerhin hier sagt mein Bauch spontan und umstandslos: Klar haste das! Ich staune ein bisschen und frage: Findest du? Und wo genau soll das sein?

Also, sagt er, du bist zum Beispiel nie nach Schema F vorgegangen. Du hast immer zugehört, wenn Kinder eine Entscheidung von dir ungerecht fanden. Du hast auch nie einem Kind eine Sechs gegeben, weil das nämlich etwas in ihm kaputtmacht. Du hast auf so manche Regel, sorry, geschissen, wenn du meintest, dass die in dem Moment einfach nicht passte. Du hast kein Kind vorgezogen, nur weil es vielleicht für dich pflegeleichter war. Und du hast versucht, jedes Kind wirklich zu sehen, auch wenn sein Wesen hinter einer Schicht aus schwierigem Verhalten versteckt war.

Ich entgegne verlegen: Stopp! Jetzt lass mal gut sein. Ganz so rosig ist das Ganze auch wieder nicht. Da gibt's denn doch ein paar Dinge, bei denen ich neidlos eingestehen muss, dass die »richtigen« Lehrer mir einiges voraushaben. Fachlich sowieso, aber auch sonst. Sie sind zum Beispiel deutlich verspielter als ich, und das ist wichtig, wenn man mit Grundschulkindern zu tun hat. Fast alle von ihnen spielen, singen und basteln gern mit den Kindern, und zwar mit viel Kreativität und echtem Enthusiasmus. Sie klagen auch nicht über Ausflüge, bei denen sie Überstunden machen müssen, und sie fahren unerschrocken mit auf Klassenfahrten, bei denen sie tagelang überhaupt keinen Feierabend haben – etwas, wobei ich selbst ziemlich schnell zum äußerst reizbaren »Kuhnzilla« mutieren würde. Ich werde nämlich sehr unleidlich, wenn ich nicht jeden Tag auch ein bisschen Zeit für mich habe.

Viele meiner Kolleginnen dagegen sind förmlich geboren für die Arbeit mit Kindern. Und das kann ich von mir selbst nicht so glasklar behaupten. Mein eigener Zugang zu Kindern ist längst nicht so selbstverständlich und unbefangen. Ich bin noch dazu eher introvertiert. Als freie Journalistin, und natürlich erst recht als Mutter konnte ich praktischerweise viel zu Hause arbeiten und auch von hier kommunizieren – via Telefon, E-Mail, Skype. Das kam mir sehr entgegen, denn ich habe auch einen gewissen, sagen wir, eremitischen Anteil. Ich liebe es, in der Stille des Hauses für mich allein zu sein und am Schreibtisch zu sitzen. Ich gehöre auch zu den Menschen, die lieber alles im Internet bestellen, anstatt sich ins Getümmel der Fußgängerzone zu schmeißen. (Der größte Onlinehändler Deutschlands baut gerade ein neues Logistikzentrum in unserer Nähe. Ich hatte sofort Schuldgefühle, als ich das las, denn das ist bestimmt nur wegen mir und meiner vielen Pakete. Dabei sollte man doch lieber den Einzelhandel fördern und so.) Ich gehe auch nicht gern auf Partys, bin da fast schon ein bisschen menschenscheu. Und ausgerechnet so eine Sozialphobikerin stellt sich jetzt vor eine Klasse? Also, darin ist auch mit bestem Willen nicht allzu viel Logik zu erkennen, denn die meisten Lehrer sind tendenziell extrovertiert und kontaktfreudig.

Ich lasse meine Blicke über die Mädchen und Jungen schweifen, die die Klasse inzwischen fast ganz gefüllt haben. Und mir wird klar, dass ich den Zwiespalt, ob der Lehrerinnenjob meine Zukunft ist oder nicht, im Augenblick nicht lösen kann. Eines aber weiß ich ganz sicher und ohne den Schatten eines Zweifels: dass mir der Vertretungsjob bei allem Stress unglaublich viele Geschenke gemacht hat. Das vielleicht größte war eine Entdeckung, die mich zugleich ganz schön erleichtert hat: Zwar wusste ich immer, dass ich Kinder mag. Ich war mir aber keineswegs sicher, ob ich sie auch *alle* mögen würde. Ich meine, schließlich ist es wie bei Erwachsenen: Es sind einem eben nicht alle sympathisch. Doch eine der schönsten Erfahrungen war die Erkenntnis: Ich mochte sie alle, die ganze Bande. Die Braven wie die Aufmüpfigen, die Scheuen wie die Quatschbacken, die Pflegeleichten wie jene, die mir auch noch den letzten Nerv verödet haben. In dem Moment, als ich Lehrerin wurde, gab es eine Art *Shift*: Ich konnte auch bei den schwierigen Kindern nur das Leid sehen, das hinter der Fassade steckte. Kinder aber spüren sehr instinktsicher, ob man sie mag.

Dass es letztlich mit fast allen Kindern gut klappte, hatte aber noch einen anderen Grund: Ich behandelte sie, vielleicht gerade mangels Ausbildung, einfach ein bisschen wie Erwachsene. Ich nahm sie ernst, ich traute ihnen zu, dass sie meinen trockenen Humor verstanden (und das taten sie), und ich versuchte keinen bemüht kindgerechten Tonfall. Denn wenn ich mich an meine eigene Kindheit erinnere, dann weiß ich das Geheimnis noch, das wir Erwachsenen oft vergessen: Ein Kind nimmt sich selbst gar nicht als Kind wahr. Es findet sich nicht klein, eingeschränkt, unwissend, niedlich oder hilfsbedürftig. Sein Bewusstsein und sein Blick auf die Welt sind absolut alterslos und ernst. (Deshalb macht auch kaum etwas ein Kind so ratlos wie eine Runde Erwachsener, die über es lachen, weil es etwas scheinbar Lustiges oder Niedliches gesagt hat.)

Die Natur hat Kinder nach außen hin kleiner, manchmal noch etwas tollpatschig, unsicher, impulsiv, mit heller Stimme, runden Gesichtern und großen Augen gemacht, damit sie unseren Beschützerinstinkt wecken, weil sie auf unsere Hilfe angewiesen sind. Ihre Wahrnehmung aber ist nicht anders als unsere. Das heißt nicht, dass sie sich selbst überschätzen oder für Erwachsene halten würden. Sie denken gar nicht in solchen Kategorien, sie *sind* einfach. Es ist schon etwas dran an Platons Auffassung, dass die Seele kein Alter besitzt.

Was mir von den Kindern zurückgegeben wurde, macht jedenfalls den dicksten Posten in meiner Bilanz aus. Denn es war mindestens so groß wie das, was ich selbst gegeben habe. Nein, eigentlich viel größer: jeden Morgen in diese hellen Gesichter voller Neugier zu sehen, mit denen die Braven ebenso in die Welt schauten wie die jungen Schlitzohren. Die Offenheit der Kinder, ihre sichere Beobachtungsgabe, ihr absolut unbestechlicher Gerechtigkeitssinn, ihre manchmal verdammt frechen, aber auch treffsicheren Bemerkungen. Ihre Echtheit und ihr feines Gespür dafür, ob auch ihr Gegenüber authentisch ist. All das sind Preziosen, die ich sammle und für immer aufbewahren werde.

Zu den kleinen und großen Geschenken des Jobs gehört dann noch eine Überraschung, und zwar eine, die ich nicht mehr für möglich gehalten hätte. Es ist eine vielleicht kleine, für mich aber sehr bedeutsame Wende: Evin, der Junge, der mich niemals ansieht, macht eines Tages etwas sehr Erstaunliches: Er fängt an, Blickkontakt zu mir aufzunehmen!

Der Wandel in seiner Körpersprache passiert ganz allmählich und ist zunächst nur minimal. Zuerst streift er nur kurz und fast wie aus Versehen meinen Blick, dann immer öfter, bis er mich irgendwann so selbstverständlich ansieht wie jedes andere Kind, wenn wir miteinander reden. Und seine Veränderung ist echt, weil sie spontan und unbewusst vor sich geht. Ich glaube, er hat weder das frühere Meiden des Augenkontakts noch seinen jetzigen offenen Blick überhaupt bemerkt. Evins neues Verhalten zeigt, dass er sich aus dem Korsett seiner Konditionierungen ein kleines bisschen zu befreien beginnt. Er kann mich jetzt auch im übertragenen Sinne wirklich ansehen – ohne die erlernte Erwartung, wonach Frauen keine Autoritätspersonen sein können und es einen armen Jungen verwirren muss, wenn sie es doch sind. Solche kleinen Lernschritte sind immens wichtig für den jungen Umsiedler, denn er wird später im Beruf auch mit Frauen arbeiten müssen. Und da ist ein Blick ohne Vorurteile entscheidend dafür, dass er auch im Team seinen Platz findet. Das gilt aber natürlich nicht nur für ihn. Auch seine späteren Kollegen und Freunde werden ihn nur dann kennenlernen und sein Potenzial sehen können, wenn sie den gänzlich unbelasteten Blick wagen.

Ich freue mich jedenfalls wie verrückt über Evins Wandel, den ich nicht mehr erwartet hätte. Wieder einmal beweisen mir die Kinder, was auch ich manchmal vergesse: wie groß ihr Entwicklungspotenzial ist, wie sehr sie sich verändern können.

Als ich an diesem Tag heimfahre, weiß ich sie auf einmal, die Antwort auf die Frage, ob ich eine Zugestiegene, eine Umsteigerin, gar eine Aussteigerin bin: Ich bin all das ein bisschen. In erster Linie aber bin ich eine *Ein*steigerin. Nicht nur in den Lehrerjob. Sondern vor allem in ein spontanes Wagnis, das ziemlich verrückt war und das einen gänzlich offenen Ausgang hatte. Ich akzeptiere es jetzt einfach: Es gibt eben nicht immer Kontinuität oder gar Logik im Leben. Manchmal braucht's einfach den Mut, über die Kluft zwischen dem Bekannten und der »Terra incognita« drüberzuhüpfen, auch wenn frau dabei gehöriges Muffensausen hat. Oder über ihr neues Ich anfangs noch ziemlich befremdet ist. Ich hatte vorher nicht den Hauch einer Ahnung davon, wie ich wohl als Lehrerin sein würde. Ich musste diese Frau selbst erst kennenlernen, und ja, ich bin auch ein bisschen stolz darauf, wie sie das alles so hinbekommen hat, obwohl sie am liebsten gleich wieder gekündigt hätte.

Als meine Vertretungszeit sich dem Ende nähert, tut mir das Herz arg weh. Heute unterrichte ich ein letztes Mal in der 4. Klasse, in der ich insgesamt die meiste Zeit gewesen bin und die ich während der Kur der Klassenlehrerin allein übernommen hatte. Am Schluss lassen wir auf besonderen Wunsch der gesamten Truppe noch mal die Wände mit unserem heiß geliebten Feierabend-Countdown erzittern. Doch dieses Mal stürmen bei null nicht alle sofort hinaus. Sondern die Mädchen und Jungen rennen auf mich zu und hängen sich an mich wie eine Traube, während ich gleichzeitig lache und ein bisschen flenne. Mit dieser spontanen Zuneigungsbekundung habe ich nicht gerechnet. Ich meine, schließlich musste ich oft verdammt *straight* sein, um das junge Rudel, das meine Unerfahrenheit weidlich ausgenutzt hat, einigermaßen erfolgreich zu bändigen. Ich drücke sie alle und sage ihnen, was für tolle und besondere Kinder sie sind und dass sie sich nie etwas anderes einreden lassen sollen.

Ich werde sie vermissen, und zwar ausnahmslos alle. Zwischen Kichern und Wehmut werde ich mich an die 100 überraschenden, lustigen, manchmal auch dramatischen Szenen aus all den Vormittagen erinnern, an denen es niemals Routine und nicht eine einzige Millisekunde Langeweile gab.

Nachwort

Im Moment unterrichte ich nicht. Ich bin zurückgekehrt an meinen stillen Schreibtisch unter dem schrägen Dachfenster. Hinter den Winterästen der Bäume sehe ich am Himmel kleine, gut gelaunte Wolken entlangjagen. Ich weiß nicht, ob ich noch einmal als Lehrerin arbeiten werde. Vielleicht.

Denn ich frage mich schon oft, was sie wohl gerade machen: meine anstrengenden, fröhlichen, nie berechenbaren Pappenheimer, die fast stündlich für eine Überraschung gut waren. Vermutlich verschaffen sie gerade einer anderen Lehrkraft ebenso viele glückliche Augenblicke wie schlaflose Nächte. Apropos schlaflos – genau das ist er: der Punkt, der mich bisher zögern ließ, noch weitere Vertretungsstellen anzunehmen. Seit ich wieder von zu Hause aus arbeite, schlafe ich wunderbar. Wie kostbar das ist, weiß man erst, wenn man lange Zeit nur noch wenige angstvolle, nervöse Stunden schlafen konnte.

Klar, vielleicht würde das mit der Schlaflosigkeit aufhören, wenn ich mehr Routine als Lehrerin hätte, wenn ich erst einmal länger im Job wäre. Vielleicht aber auch nicht. Denn die Schlaflosigkeit war ja nur ein Symptom, war lediglich die sichtbare Spitze des Eisbergs an Stress, Überlastung und Ängsten. Solange ich als Vertretungslehrkraft fast nur an Schulen mit einem hohen Prozentsatz an problematischen Schülern eine Chance habe, kann ich mir eine Wiederholung nur schwer vorstellen.

Ich lasse es trotzdem auf mich zukommen. Ich habe entschieden, dass ich mich eben *nicht* entscheiden muss. Ich habe ja das Glück, gleich mehrere Berufe zu haben. Das fühlt sich einerseits komisch an, denn sollte man nicht langsam mal wissen, was man will? Andererseits ist es wunderbar, dass es eine

Alternative gibt, wenn es auf einem Weg mal stockt. Ach, was sag' ich, es gibt nicht nur *eine* Alternative, sondern viele. Denn seit ich mich den Kaltstart in den Lehrerjob getraut habe, sehe ich plötzlich überall Möglichkeiten, wo ich früher keine wahrgenommen habe. Dinge rücken in greifbare Nähe, von denen ich ehemals glaubte, ich würde sie eh nicht schaffen oder sie seien nichts für mich. Ich habe dieses Buch geschrieben, ich habe einen Lektoratsservice gegründet, und auch privat haben sich fast wie von selbst einige Dinge verändert. Zu meiner eigenen Überraschung bin ich vom Sportmuffel zur Genussjoggerin mutiert, ich habe meine Ernährung auf weitgehend fleischlos umgestellt und mit Meditation angefangen. Ich weiß, auf den ersten Blick haben all diese Veränderungen scheinbar nichts mit dem Lehrerberuf zu tun, und doch hängen sie sehr damit zusammen. Die Grenzen dessen, was ich in meinem Leben für möglich halte, haben sich einfach weit nach hinten verschoben. Es fühlt sich an, als sei in meinem Inneren ein unsichtbarer Bremsklotz weggeräumt worden. Und vielleicht ist dieser Effekt, den ich überhaupt nicht erwartet hatte, sogar das schönste Ergebnis meines »Experiments Quereinstieg«.

Hinweis

Um über die Begebenheiten und Erfahrungen an einer Schule zu berichten, ist es nötig, die Persönlichkeitsrechte aller Menschen, kleiner wie großer, zu schützen. Deshalb habe ich sämtliche Namen von Lehrern und Schülern geändert. Ich habe außerdem hier und da die Geschlechter getauscht, also aus Mädchen Jungen und aus Jungen Mädchen gemacht, dasselbe gilt bei männlichen und weiblichen Mitarbeitern der Schule.

Bei bestimmten Eigenheiten und Körpereigenschaften der Kinder habe ich die eigentlichen Merkmale durch andere ersetzt, damit das betreffende Kind nicht identifiziert werden kann. Darüber hinaus habe ich die Eigenschaften eines Schülers manchmal auf mehrere Kinder verteilt, und Selbiges gilt auch für die Lehrkräfte. Umgekehrt habe ich gelegentlich verschiedene Personen in einer einzigen zusammengefasst.

Auch externe Personen wie Eltern, Religionslehrer, Geistliche und andere habe ich aus unterschiedlichen Eigenschaften und Handlungen mehrerer Menschen aus verschiedenen Bereichen neu zusammengesetzt. Keine einzelne Person ist hier identifizierbar.

Anmerkungen

1 Während eine Festanstellung als Seiteneinsteiger an Grundschulen in den meisten Bundesländern nur mit einer vorbereitenden oder berufsbegleitenden Ausbildung möglich ist, werden *befristete* Stellen in manchen Ländern auch ohne eine solche Ausbildung vergeben; so etwa in NRW, Berlin, Sachsen oder Baden-Württemberg. Dieser Einstieg ohne Lehrerausbildung ist mancherorts (z. B. in NRW) aber auch unbefristet möglich, wenn man einen Studienabschluss in einem dringend benötigten Grundschulfach wie Englisch, Musik, Kunst oder Sport hat.
Zu den Voraussetzungen der einzelnen Bundesländer für Seiteneinsteiger informiert der Deutsche Bildungsserver unter_https://www.bildungsserver.de/Quereinsteiger-Seiteneinsteiger-1573-de.html.
Außerdem der „Datenreport Erziehungswissenschaften 2020", von Hermann Josef Abs, Harm Kuper, Renate Martini (Hrsg.) im Auftrag der Deutschen Gesellschaft für Erziehungswissenschaft (DGfE) (Kap. 2.3 sowie Tabellenanhang A3).

2 Ich verwende die Begriffe Direkt-, Quer- und Seiteneinsteiger synonym. Im Amtsdeutsch werden sie unterschiedlich definiert, je nachdem ob man *mit* oder *ohne* vorbereitende oder begleitende Lehrerausbildung anfängt. Es gibt aber auch hier keine einheitliche Definition, die Bundesländer verwenden die Begriffe sehr individuell.

3 https://de.wikipedia.org/wiki/Sozialer_Brennpunkt.

4 Wie eine Analyse zum Lehrermangel an Berliner Grundschulen durch die Bertelsmann Stiftung 2018 ergab. (Lehrkräfte im Quereinstieg: sozial ungleich verteilt? *Eine Analyse zum Lehrermangel an Berliner Grundschulen*, von Dirk Richter, Alexandra Marx und Dirk Zorn.)

5 Robert Rosenthal / Lenore Jacobson: *Pygmalion im Unterricht. Lehrererwartungen und Intelligenzentwicklung der Schüler,* Beltz, Weinheim 1983.

6 Das jüngste KfW-Kommunalpanel von 2019, das die Angaben der Stadtkämmereien zugrunde legt, nennt in seiner Pressemitteilung einen Investitionsbedarf an Schulen von 42,8 Mrd. Euro.

7 *Bund der Steuerzahler Deutschland*, Schwarzbuch 2019/2020.

8 *Bund der Steuerzahler Deutschland*, Schwarzbuch 2019/2020.

9 *Zeit online* vom 27. November 2018.

10 Z. B.: Rechtschreiberfolg nach unterschiedlichen Didaktiken. *Eine kombinierte Längsschnitt-Querschnittstudie in der Grundschule*, Tobias Kuhl & Una M. Röhr-Sendlmeier, Universität Bonn 2018.

11 *Leistungsfußball unterstützt Schulerfolg*, Universität Würzburg 2019.

[12] Aus: Markus Hengstschläger: *Die Durchschnittsfalle: Gene – Talente – Chancen*, Elsbethen 2018.

[13] NRW, Niedersachsen und das Saarland verlangsamen oder stoppen den Abbau, in Bayern und Baden-Württemberg wurde das Förderschulsystem bewusst fast ganz erhalten.

[14] NRW hat, wie auch einige andere Bundesländer, keinen verbindlichen Erlass herausgegeben, wie ein Nachteilsausgleich bei Rechenschwäche aussehen muss. Es gibt hier auch keinen verpflichtenden Notenschutz, also keine gesonderte, mildere Bewertung. Wie ein solches Kind gefördert wird, bleibt im Ermessen der Schulleiter.

[15] Publikation des Grundschulverbands, Prof. Hans Brügelmann (https://grundschulverband.de/wp-content/uploads/2017/01/Bruegelmann 15-07-17.pdf).

[16] Pressemitteilung der *Stiftung Lesen* vom 29.10.2018.

[17] *Die PISA-Verlierer – Opfer ihres Medienkonsums*, Studie des Kriminologischen Forschungsinstituts Niedersachsen von 2005-2012.

[18] Reading Demands in Secondary School: *Does the Linguistic Complexity of Textbooks Increase With Grade Level and the Academic Orientation of the School Track?*, Studie der Universität Tübingen 2017.

[19] Z. B. Andreas Schleicher, Koordinator der Pisa-Studien und Bildungsdirektor bei der OECD, in einem Interview der SZ vom 11.12.2016.

[20] Deutsches Rotes Kreuz NRW, *Newsletter 2016*: »Handlungsorientierte Werteerziehung«.

[21] Nur 15 Prozent der Erwachsenen mit Eltern ohne Abitur erreichen in Deutschland ein abgeschlossenes Hochschulstudium. Zu diesem Ergebnis kommt die Organisation für wirtschaftliche Zusammenarbeit und Entwicklung OECD in ihrem Bildungsbericht 2018 (Indikator B7).

[22] Az. 518 Qs 60/09 LG Berlin, in: blz, Zeitschrift der gew Berlin, März 2010, S. 24

[23] Az. 518 Qs 60/09 LG Berlin, in: blz, Zeitschrift der gew Berlin, März 2010, S. 24

[24] Lia@die Lia_, Tweet vom 16. Oktober 2017.

[25] s. Handbuch d. Dt. Gesetzl. Unfallversicherung (DGUV) zur Ersten Hilfe in Bildungs- und Betreuungseinrichtungen für Kinder.

[26] So z. B. Peter Luecke, Dezernent für Lehreraus- und -fortbildung bei der Bezirksregierung Arnsberg, in: »Der härteste Umbruch meines Lebens«, *Spiegel*, 11.4.2019.

[27] Khalil Gibran: *Der Prophet*. Patmos 2005.

[28] Irenäus Eibl-Eibesfeldt: *Grundriß der vergleichenden Verhaltensforschung*, BuchVertrieb Blank, 2004, Kap. 15, II, A, a: Territorialität.

[29] Studie des Deutschen Zentrums für Hochschul- und Wissenschaftsforschung (DZHW), 2018. Präventionsradar der DAK, 2017/2018.

[30] KKH Kaufmännische Krankenkasse, *Pressemeldung 86* / 24.10.2018.

[31] Zeitschrift Bildung und Wissenschaft 12/2013.

[32] *Meldung der Fakultät Erziehungswissenschaften* der TU Dresden 2008.

[33] Bucher, A. A. (2009): *Wie glücklich sind Deutschlands Kinder?* Eine glückspsychologische Studie im Auftrag des ZDF.

[34] OECD: Pisa 2018.

[35] Projekt Handwerk macht Schule.

[36] Wie z. B. der Wissenschaftshistoriker Prof. Ernst Peter Fischer *im Interview zur ARD Themenwoche* »Zukunft Bildung«, 11/2019.

[37] So die Wartburg-Grundschule in Münster, wo fächerübergreifendes Lernen gefördert wird.

[38] SPIEGEL 14.11.2016.

[39] Ärzteblatt August 2018.

[40] Focus Magazin 14 (2018).

[41] *»… ultimus finis humanae vitae ponitur esse beatitudo«*, Th. v. Aquin: SummaTheologiae I-II, Quaestio I.

[42] Z. B. Bucher, A. A. (2009): *Wie glücklich sind Deutschlands Kinder?* Eine glückspsychologische Studie im Auftrag des ZDF. *Diskurs Kindheits- und Jugendforschung / Discourse*. Journal of Childhood and Adolescence Research, 4 (2).

[43] Bestimmte Meditationstechniken konnten in einer Studie des Max-Planck-Instituts für Kognitions- und Neurowissenschaften den Pegel des Stresshormons Cortisol um die Hälfte senken. (Tania Singer et al.: *Specific reduction in cortisol stress reactivity after social but not attention-based mental training*, in: Science Advances 2017).

Printed in Germany
by Amazon Distribution
GmbH, Leipzig

26258626R00168